ACCESO GRATIS *a la Lectura en la Nube*

Para visualizar el libro electrónico en la nube de lectura envíe junto a su nombre y apellidos una fotografía del código de barras situado en la contraportada del libro y otra del ticket de compra a la dirección:

ebooktirant@tirant.com

En un máximo de 72 horas laborales le enviaremos el código de acceso con sus instrucciones.

MEDIDAS TRIBUTARIAS Y ACUERDOS DE PROTECCIÓN DE INVERSIONES

Procedimiento de selección de originales, ver página web:
www.tirant.net/index.php/editorial/procedimiento-de-seleccion-de-originales

MEDIDAS TRIBUTARIAS Y ACUERDOS DE PROTECCIÓN DE INVERSIONES

BEGOÑA PÉREZ BERNABEU

tirant lo blanch
Valencia, 2024

En caso de erratas y actualizaciones, la Editorial Tirant lo Blanch publicará la pertinente corrección en la página web www.tirant.com.

La presente obra ha sido sometida a la revisión de pares ciegos según el protocolo de publicación de la editorial a efectos de ofrecer el rigor y calidad correspondiente tanto en su contenido como en su forma, aplicándose los criterios específicos aprobados por la Comisión Nacional E 016 (BOE num. 286, de 26 de noviembre de 2016).

© TIRANT LO BLANCH
EDITA: TIRANT LO BLANCH
C/ Artes Gráficas, 14 - 46010 - Valencia
TELFS.: 96/361 00 48 - 50
FAX: 96/369 41 51
Email: tlb@tirant.com
www.tirant.com
Librería virtual: https://editorial.tirant.com
DEPÓSITO LEGAL: V-691-2024
ISBN: 978-84-1197-578-0
MAQUETA: Tink Factoría de Color

Si tiene alguna queja o sugerencia, envíenos un mail a: *atencioncliente@tirant.com* En caso de no ser atendida su sugerencia, por favor, lea en *www.tirant.net/index.php/empresa/politicas-de-empresa* nuestro procedimiento de quejas.

Responsabilidad Social Corporativa: http://www.tirant.net/Docs/RSCTirant.pdf

A Lola, porque la mejor parte de mí eres tú.

ÍNDICE

PRÓLOGO 13

LISTADO DE ABREVIATURAS 19

INTRODUCCIÓN 21

Capítulo I. LOS APPRIS Y EL DERECHO TRIBUTARIO 29
1. Los APPRIs. Conceptualización general 29
2. Las medidas fiscales en los APPRIs 35
3. Relación entre los APPRIs y los Convenios para evitar la doble imposición 41
   3.1. Consideraciones previas 41
   3.2. Solapamiento en cuestiones sustantivas 41
   3.3. Solapamiento en mecanismos de resolución de controversias 42
   3.4. Remedios jurídicos para evitar el solapamiento entre APPRIs, recursos nacionales y CDIs 54
4. El alcance sustantivo de los APPRIS y la exclusión de las cuestiones fiscales 58
   4.1. La exclusión de los asuntos fiscales del ámbito objetivo de aplicación de los APPRIs: las exclusiones o *carve outs* 58
   4.2. Clasificación de las exclusiones 66
      4.2.1. Las exclusiones totales y parciales 66
      4.2.2. La exclusión REIO a la cláusula de Nación Más Favorecida .. 69
      4.2.3. Situaciones que privan de efectividad a las excepciones en materia tributaria 76
         4.2.3.1. El amplio margen de interpretación de los tribunales arbitrales 76
         4.2.3.2. La existencia de cláusulas de estabilización 79

Capítulo II. ANÁLISIS DE LAS CLÁUSULAS SUSTANTIVAS CONTENIDAS EN LOS APPRIS CON INCIDENCIA EN MATERIA TRIBUTARIA **85**

1. Cláusula de Trato Justo y Equitativo 85
   1.1. Contenido de la cláusula de Trato Justo y Equitativo e incidencia sobre las cuestiones tributarias 85
   1.2. Las medidas tributarias retroactivas a la luz de la cláusula de Trato Justo y Equitativo 104
   1.3. Las ayudas de Estado a la luz de la cláusula de Trato Justo y Equitativo: el caso de los *tax ruling* 107
   1.4. La cláusula de Trato Justo y Equitativo y los gravámenes sobre beneficios extraordinarios o *windfall taxes* 111
   1.5. La cláusula de Trato Justo y Equitativo como protección de los inversores frente a la aplicación de cláusulas antiabuso 117
2. Cláusula de protección frente a la expropiación: la expropiación indirecta. 122
   2.1. La expropiación indirecta: un concepto de límites difusos 122
   2.2. Las medidas tributarias como supuesto de expropiación indirecta 129
   2.3. La práctica de los tribunales arbitrales 130
   2.4. El *tax veto* como requisito pre-procesal en las reclamaciones basadas en la cláusula de expropiación 136
3. Cláusula de no discriminación 139
   3.1. Consideraciones previas 139
   3.2. El estándar de trato relativo al Trato Nacional 141
   3.3. El estándar de trato de Nación Más Favorecida 153
4. Cláusula relativa a la Transferencia de capitales 162
   4.1. Contenido de la cláusula y principales obligaciones derivadas de la misma 162
   4.2. La relación de la cláusula de Transferencia de capitales con las medidas tributarias 168

Capítulo III. EL PODER TRIBUTARIO DE LOS ESTADOS ANTE LOS APPRIS **183**

1. Limitaciones al poder legislativo tributario derivadas de la cláusula de resolución de controversias de los APPRIs 183
   1.1. El arbitraje internacional de inversiones 183
   1.2. El efecto de enfriamiento normativo o *regulatory chill effect* 197
2. Los APPRIs en un futuro próximo 210

2.1. La necesaria remodelación de los APPRIs 210
2.2. La compleja relación entre los APPRIs y el Derecho de la Unión Europea: la ejecución de laudos arbitrales como ayudas de Estado 214

BIBLIOGRAFÍA **219**

Anexo I. LITIGIOS ARBITRALES CONTRA ESPAÑA MOTIVADOS POR LA REFORMA DEL SECTOR DE LAS ENERGÍAS RENOVABLES 233

Anexo II. APPRIS FIRMADOS POR ESPAÑA 239

Anexo III. DECISIONES ARBITRALES Y PRONUNCIAMIENTOS JUDICIALES CITADOS EN EL TRABAJO 243

PRÓLOGO

Toda manifestación de riqueza, real o potencial, constituye el núcleo sobre el que se proyecta el ejercicio del poder tributario y la inversión puede, sin duda, considerarse una de esas manifestaciones, cualquiera que sea el ámbito, nacional o internacional, en el que se produzca.

Los Acuerdos de Promoción y Protección Recíproca de Inversiones (APPRI), son Tratados internacionales firmados entre dos Estados con la finalidad de garantizar un marco de protección recíproco a las inversiones transfronterizas, en concreto, a las realizadas por los inversores de un Estado contratante en el otro Estado contratante y viceversa. Estos Acuerdos garantizan a los inversores extranjeros un tratamiento justo y equitativo y plena protección y seguridad, así como no obstaculizar, mediante medidas arbitrarias o discriminatorias, la gestión, mantenimiento, uso y disfrute y enajenación de las inversiones, mediante un tratamiento igual que el otorgado a los nacionales y una cláusula de nación más favorecida. La protección se extiende a las inversiones, entendiendo por tal todo tipo de activos (tangibles e intangibles y derechos a la realización de actividades) invertidos por los inversores nacionales de un Estado contratante en el territorio del otro Estado contratante, extendiéndose también a las rentas producidas por dichas inversiones (en particular, beneficios, dividendos, intereses, cánones y plusvalías).

Siendo éste el contenido del Acuerdo, las inversiones incluidas en su ámbito de protección, podrían verse afectadas por las medidas tributarias adoptadas por el Estado receptor de la inversión. No obstante, y por ello mismo, a fin de salvaguardar el poder tributario de los Estados contratantes, este tipo de Acuerdos suelen incluir una cláusula de "excepción tributaria", de modo que la protección no afecte al establecimiento y aplicación de las medidas, evitando de este modo limitar este ámbito de la soberanía estatal y un efecto de congelación normativa ante el temor de posibles indemnizaciones derivadas de decisiones arbitrales favorables a los inversores.

Las cláusulas de excepción tributaria no son desde luego una novedad, sino más bien un tema recurrente, que suele aparecer cuando se trata de establecer un equilibrio entre el ejercicio del poder tributario y los derechos individuales. En este sentido, la (des) protección del inversor frente a las medidas tributarias es el resultado de dicha excepción, un efecto que expresa la tensión entre la soberanía tributaria y la protección del inversor y que, en cierto modo, puede considerarse un supuesto específico y similar al del escenario reflejado en la excepción tributaria frente a la protección del derecho de propiedad, formulada en el artículo 1 del Protocolo 1 del Convenio Europeo de Derechos Humanos. Esta regulación, como es sabido, hizo pensar inicialmente en que sería imposible plantear conflictos tributarios ante los órganos de protección del Convenio (Comisión y Tribunal), invocando la vulneración del derecho de propiedad. Sin embargo, se ha ido consolidando una jurisprudencia en la que, mediante la doctrina del "justo equilibrio" entre la protección del derecho de propiedad y la excepción tributaria, el Tribunal ha ido estableciendo criterios con arreglo a los cuales puede resolverse aquella tensión. Pues bien, una deriva similar se ha ido produciendo en los Tribunales arbitrales que resuelven los conflictos relacionados con los Acuerdos de protección de inversiones, que han ido atemperando el rigor de aquella excepción, teniendo en cuenta los objetivos perseguidos por el Estado anfitrión de acuerdo con el principio de proporcionalidad, como ya analizara la autora de esta monografía en algunos trabajos anteriores sobre cuestiones relativas a esta materia.

Me he referido antes a un indeseable efecto de congelación normativa que, sobre la legislación tributaria, podría suponer el riesgo de la indemnización en caso de vulneración del Acuerdo, declarada por el Tribunal de arbitraje. La congelación normativa no es, desde luego, una consecuencia ineludible en estos casos y es incluso posible que no se produzca; pero el riesgo de afrontar indemnizaciones por parte del Estado sí proyecta, en cierto modo, una "espada de Damocles" sobre la legislación tributaria; un efecto, por otra parte, similar al que se produce respecto de la normativa sobre ayudas de Estado. También la jurisprudencia, en este caso del Tribunal de Justicia de la Unión Europea, ha tenido un importante papel en el enjuiciamiento de la legislación tributaria a la luz de dicha normativa y en particular, de los beneficios fiscales que, eventualmente, puedan considerarse ayuda de Estado ilegal.

Deben, no obstante, advertirse dos importantes diferencias entre ambos supuestos: en el caso de la ayuda de Estado la norma tributaria es declarada ilegal y la consecuencia (la recuperación) es a favor del Estado; en el caso del Acuerdo de protección de inversiones, la medida tributaria no se invalida, sino que se fija una indemnización a favor del inversor, siendo por ello la consecuencia, en contra del Estado. En definitiva, la indemnización supone un desembolso para el Estado receptor de la inversión; es decir, un gasto público y esta condición es la que produjo, hace unos años, un punto de encuentro entre las dos situaciones descritas anteriormente, a raíz del conocido caso Micula (asunto C-284/16), en el que el Tribunal de Justicia de la Unión (la sentencia de la Gran Sala de 22 de enero de 2022, asunto C-638/19P, resolvió la casación sobre este caso devolviendo el asunto al Tribunal General para un nuevo pronunciamiento), declaró ayuda de Estado ilegal la indemnización a cargo de un Estado miembro (Rumanía) fijada por un Tribunal arbitral como consecuencia de la vulneración del Acuerdo de protección de inversiones firmado entre dos Estados miembros de la Unión Europea (Ru manía y Suecia).

Precisamente esta circunstancia, es la que llevó a la profesora Pérez Bernabeu —con una acreditada línea de investigación sobre la normativa y jurisprudencia europea en materia de ayudas de Estado y su impacto en las normas fiscales— a estudiar el tema de las medidas tributarias y los Acuerdos de protección de inversiones; un estudio que se ha ido reflejando en artículos sobre distintas cuestiones al hilo de este tema y que culmina ahora con esta excelente monografía, mediante la cual su autora se suma, con plena solvencia, a un sector de la doctrina que, desde el Derecho Tributario, ha mostrado en estos últimos años, un creciente interés sobre esta cuestión, como demuestra la simple lectura de la bibliografía citada en esta obra.

Este interés ha sido motivado, no sólo por los aspectos sustantivos del tema —la referida tensión entre el ejercicio del poder tributario y la protección de los derechos de los inversores— sino también, por el mecanismo de resolución de conflictos previsto en los Acuerdos de protección de inversiones. Se trata, en este caso, de un auténtico arbitraje que dirime directamente el conflicto entre el inversor y el Estado receptor de la inversión. También aquí, se hace evidente la asimetría y excepcionalidad del Derecho Tributario, que ha sido siempre refractario a la utilización del arbitraje como método de resolución de conflictos entre el contribuyente y el Estado. Es cierto que los Convenios de doble imposición y la Directiva europea sobre resolución de litigios, prevén el arbitraje e incluso, la posibilidad de que sea obligatorio cuando los Estados implicados no lleguen a un acuerdo mediante el procedimiento amistoso; pero dicho arbitraje no es, por ahora, más que eso: una última fase de dicho procedimiento y, por otra parte, en ningún caso (salvo desistimiento de las partes), una vía alternativa a la resolución judicial.

La posible "puerta trasera" que el arbitraje previsto en un Acuerdo de protección de inversiones abre y que pudiera ser utilizada por el contribuyente-inversor, en el caso de plantear un conflicto por considerar que una medida tributaria contraviene la protección de la inversión garantizada en el Acuerdo, fue cerrada, en el ámbito de la Unión Europea, por la sentencia del Tribunal de Justicia de 6 de marzo de 2018 en el caso Achmea (C-284/16), en la que dicho Tribunal consideró que el sistema de arbitraje previsto en estos Acuerdos es contrario al sistema de protección judicial establecido en el Derecho de la Unión. Sin duda, un torpedo en la línea de flotación de los Acuerdos de protección de inversiones suscritos entre Estados miembros de la Unión, como puso de manifiesto la Declaración de 15 de enero de 2019 mediante la cual, los representantes de estos Estados declararon la terminación de los Acuerdos celebrados entre sí.

La monografía de la profesora Pérez Bernabeu aborda con rigor, aunando conocimiento y juicio crítico, los aspectos sustantivos y procedimentales del tema, siendo destacable la premisa desde la que plantea el análisis conceptual de los Acuerdos y con ella, la conexión del Derecho Tributario con el Derecho Internacional de Inversiones como rama del Derecho Internacional Público; en mi opinión, más allá del ya conocido escenario de la Fiscalidad Internacional, un distinto y atractivo camino a explorar por parte de nuestra doctrina. Más allá del tropiezo del arbitraje con el Derecho de la Unión Europa, creo que el tema no ha perdido vigencia y tiene un recorrido, al que han venido a sumarse nuevos e importantes desafíos, como el impacto que pueda tener la aplicación de las reglas del Pilar Dos del Plan de Acción de la OCDE sobre los Acuerdos de protección de inversiones.

En cuanto a su estructura y contenido, tras un primer Capítulo en el que se plantea el marco conceptual antes mencionado y el análisis de la excepción tributaria, el Capítulo II aborda las cláusulas sustantivas de los Acuerdos de protección de inversiones, desde una perspectiva de los principios que rigen este marco contractual y su proyección e impacto recíproco con la normativa tributaria, incluyendo figuras de reciente aplicación como los windfall taxes. En el Capítulo III, la autora expone y analiza los principales retos a abordar en relación con el tema, incluyendo entre otras cuestiones, la del arbitraje y posibles reformas en aras a una remodelación de los Acuerdos de protección de inversiones. Además de la bibliografía reseñada por la autora, en el terreno meramente informativo, pero no por ello de menor interés, la obra se completa con tres Anexos, con listados relativos a los Acuerdos vigentes firmados por España, los litigios pendientes y las decisiones arbitrales y judiciales adoptadas sobre la materia.

Por todo ello, felicito muy sinceramente a la profesora Pérez Bernabeu, Catedrática de Derecho Financiero y Tributario de la Universidad de Alicante, por esta nueva publicación que, más allá del acierto en la elección del tema y la valoración positiva de su tratamiento, demuestran la solidez de su trayectoria académica y desde aquí, la animo a proseguir el recorrido al que antes me he referido, invitando asimismo a la lectura de esta monografía a los estudiosos del Derecho Tributario, esta vez con el valor añadido que siempre ofrecen los temas fronterizos con otras disciplinas, en este caso, el Derecho Internacional de Inversiones.

MARÍA TERESA SOLER ROCH
Alicante, julio 2023

LISTADO DE ABREVIATURAS

AII	Acuerdo Internacional de Inversión
ALC	Acuerdo de Libre Comercio
APPRI	Acuerdos de Promoción y Protección Recíproca de Inversiones
ASEAN	Association of Southeast Asian Nations
ATAD	Anti Tax Avoidance Directive
ATCI	Asociación Transatlántica de Comercio e Inversión
BEPS	Base Erosion and Profit Shifting
BLEU	Belgium-Luxembourg Economic Union
CDI	Convenio para evitar la Doble Imposición
CETA	Comprehensive Economic Trade Agreement between the European Union and Canada
CIADI	Centro Internacional de Arreglo de Diferencias Relativas a Inversiones
CVDT	Convención de Viena sobre el Derecho de los Tratados
EBITDA	Earnings Before Interest, Taxes, Depreciation, and Amortization
EE.UU.	Estados Unidos de América
EP	Establecimiento Permanente
FET	Fair and Equitable Treatment
GATS	General Agreement on Trade in Services
GATT	General Agreement on Tariffs and Trade
I+D+i	Investigación, Desarrollo e innovación
ICC	International Chamber of Commerce
ICSID	International Centre for Settlement of Investment Disputes
IED	Inversión Extranjera Directa
IIR	Income Inclusion Rule
IISD	International Institute for Sustainable Development
ILR	Interest Limitation Rules
ISDS	Investor-State Dispute Settlement
IVA	Impuesto sobre el Valor Añadido
IVPEE	Impuesto sobre el Valor de la Producción de la Energía Eléctrica

LGT	Ley General Tributaria
LIRNR	Ley del Impuesto sobre la Renta de no Residentes
LIRPF	Ley del Impuesto sobre la Renta de las Personas Físicas
LIS	Ley del Impuesto sobre Sociedades
LOB	Limitation on benefits
MAP	Mutual Agreement Procedure
MC OCDE	Modelo de Convenio de la OCDE
MFN	Most Favoured Nation
MIC	Multilateral Investment Court
MLI	Multilateral Instrument
NAFTA	North American Free Trade Agreement
NT	National Treatment
OCDE	Organización para la Cooperación y el Desarrollo Económicos
ODS	Objetivos de Desarrollo Sostenible
ONU	Organización de Naciones Unidas
PCA	Permanent Court of Arbitration
PPT	Principal Purpose Test
REIO	Regional Economic Integration Organisation
SCC	Stockholm Chamber of Commerce
TCE	Tratado Constitutivo de la Comunidad Europea
TFUE	Tratado de Funcionamiento de la Unión Europea
TJUE	Tribunal de Justicia de la Unión Europea
TTIP	Transatlantic Trade Investment Partnership
UE	Unión Europea
UNCITRAL	United Nations Commission on International Trade Law
UNCTAD	United Nations Conference on Trade and Development
UTPR	Undertaxed Profit Rule

INTRODUCCIÓN

El fenómeno de la globalización económica proyecta nuevas estrategias de inversión extranjera directa en las que las decisiones de los inversores se ven fuertemente afectadas por el clima económico, político y legal de los Estados candidatos a recibir la inversión cuya capacidad de atraer capital extranjero resulta decisiva.

En este contexto, el Derecho Internacional de Inversiones resulta una pieza fundamental ya que recoge el conjunto de normas y principios que regulan las relaciones entre los inversores extranjeros y el Estado anfitrión, ofreciendo las condiciones propicias para llevar a cabo la inversión, así como mayores niveles de protección al inversor extranjero al objeto de elevar los niveles de seguridad jurídica de los que disfruta la inversión en el territorio del Estado anfitrión.

Sin embargo, en la actualidad no existe un único cuerpo normativo o tratado internacional multilateral que regule de forma homogénea el Derecho Internacional de Inversiones, pues, como es sabido, a finales de la década de los 90 fracasó la iniciativa de la Organización de Países para el Desarrollo Económico (OCDE) de crear un Tratado Internacional de Inversiones, debido al desacuerdo sobre los objetivos que éste debería cumplir. En consecuencia, los Acuerdos de Promoción y Protección Recíproca de Inversiones (en adelante, APPRIs) constituyen en la actualidad el principal instrumento normativo que garantiza los derechos de los inversores en los Estados extranjeros receptores de su inversión.

Los APPRIs son tratados bilaterales entre dos Estados cuyo objetivo es la promoción de las inversiones de los nacionales de cada Estado en el territorio de la otra parte mediante la asunción no sólo de la obligación de admitir la realización de la inversión, sino también la de asegurarles un determinado estándar de protección que se recoge en las cláusulas sustantivas del acuerdo.

En los últimos años se ha producido un notable incremento en el número de estos acuerdos, de hecho, el número de Estados que han firmardo al menos un APPRI aumentó doce veces entre principios de los años 70 y los años 2010, alcanzando actualmente un número cercano a los 3.000 acuerdos, pudiendo considerarse a esta proliferación de APPRIs uno de los acontecimientos económicos más notables desde la Segunda Guerra Mundial.

A lo largo de los años, España ha firmardo acuerdos de esta naturaleza con más de 70 países, por medio de los cuales el inversor se beneficia de una serie de derechos adicionales a los que ya ofrece la legislación del país receptor de la inversión y las disposiciones de la Organización Mundial del Comercio. Aunque la mayoría de estos acuerdos siguen en vigor, hay que tener presente que tras el Tratado de Lisboa —que entró en vigor el 1 de diciembre de 2009— la competencia en el ámbito de la inversión extranjera directa pasó a ser una competencia exclusiva de la UE, como parte de la Política Comercial Común, en virtud de los artículos 207.1 y 3.1 del Tratado de Lisboa. Y, de acuerdo con lo establecido en el artículo 2.1 de este Tratado, sólo la UE puede legislar y adoptar acuerdos con validez jurídica en un área que sea de su competencia exclusiva.

Aunque un APPRI no es fuente de derechos para los inversores extranjeros en materia de tributación en términos absolutos, en el sentido de que éstos no podrán presentar objeciones ante una determinada medida tributaria *per se*, sí que genera ciertos derechos para los inversores en términos relativos, pues podrán presentar objeciones y reclamaciones sobre una medida tributaria en tanto en cuanto suponga una violación de alguna cláusula sustantiva del APPRI.

Buena prueba de que los contribuyentes también pueden encontrar en los APPRIs una fuente de protección en el ámbito tributario es el reciente incremento de casos en los que los contribuyentes acuden al arbitraje internacional de inversiones buscando la protección dispensada por las cláusulas sustantivas de éstos para solucionar controversias de naturaleza tributaria[1].

---

1 CHAISSE, J.; KIRKWOOD, J., "Foreign Investors vs. National Tax Measures: Assessing the Role of International Investment Agreements" en *Taxation, International Cooperation and the 2030 Sustainable Development Agenda,* Irma Mosquera Valderrama; Dries Lesage; Wouter Lips (Eds.), United Nations University Series on Regionalism, Vol 19. Springer, Cham, 2021.

Nuestro país no es ajeno a esta realidad, de hecho, si analizamos el caso concreto de España, destacan los más de 50 casos[2] en los que (desde 2011) España ha sido demandada como Estado anfitrión por la adopción de distintas medidas legislativas en el sector de la producción de energías renovables, entre las que se encontraba la creación de un nuevo impuesto (el Impuesto sobre el valor de la producción de la energía eléctrica) que perjudicaron los intereses de los inversores extranjeros que operaban en nuestro país[3].

Este creciente número de litigios sobre inversiones relacionados con la fiscalidad es un claro indicador de la urgente necesidad de identificar y abordar desde un punto de vista académico las principales cuestiones que surgen en este ámbito. Sin embargo, la doctrina española no se ha hecho eco de esta necesidad y, salvo excepciones puntuales, no ha mostrado interés por esta problemática.

Y es precisamente esta necesidad de análisis unida al insuficiente abordaje de esta cuestión por parte de la doctrina de nuestro país lo que nos ha movido a realizar un estudio en profundidad sobre esta temática al objeto de ofrecer una completa aproximación a la misma.

Nuestro análisis se asienta sobre la premisa de que si bien los Convenios para evitar la Doble Imposición (CDIs) son la fuente principal de derechos y obligaciones de carácter tributario para Estados y contribuyentes en la esfera internacional, también los APPRIs —a pesar de que no regulan las cuestiones tributarias de manera directa— pueden llegar a ser una importante fuente de derechos y obligaciones de carácter tributario para los inversores extranjeros, pues no olvidemos que éstos —a la par que inversores— son contribuyentes en el territorio del Estado anfitrión. Ello se debe, por un lado, a que las cláusulas sustantivas de los APPRIs cubren todos los aspectos que puedan estar relacionados con la inversión (incluídos los aspectos tributarios) y, por otro lado, a que la amplitud de los términos contenidos en sus cláusulas permite que sus efectos alcancen también a las

---

2 Véase el Anexo I.

3 Si bien, los tribunales arbitrales en virtud de la exclusión de las cuestiones fiscales prevista en el artículo 21 del Tratado de la Carta de la Energía, no se pronunciaron sobre la compatibilidad de estas medidas con los estándares de trato recogidos en dicho tratado, aunque sí que se tuvo en cuenta para el cálculo de la indemnización.

medidas tributarias[4] cuando el inversor extranjero considere que su adopción por el Estado anfitrión perjudica la viabilidad económica o la rentabilidad esperada de su inversión.

El interés científico que presenta el análisis de este tema se ve incrementado si atendemos a la actual coyuntura existente tanto a nivel europeo como internacional. Efectivamente, a nivel europeo, la compleja relación existente entre el Derecho Internacional de Inversiones y el Derecho de la UE ha cobrado recientemente gran actualidad ya que la práctica administrativa de la Comisión y la jurisprudencia europea han demostrado que, lejos de ser dos cuerpos jurídicos ajenos, ambos tienen numerosos puntos en común que generan importantes puntos de fricción. Entre ellos destacan los problemas de compatibilidad del arbitraje internacional de inversiones (como método de resolución de controversias surgidas por la aplicación del APPRI) con el Derecho de la UE y la supremacía del Tribunal de Justicia de la UE (evidenciada con el pronunciamiento de éste en el caso Achmea), así como el desafío generado por la consideración por la Comisión Europea como ayuda de Estado del pago de las indemnizaciones fijadas por tribunales arbitrales constituidos al amparo de APPRIs intracomunitarios, es decir, firmados entre dos Estados miembros de la UE y que ha cristalizado en la Decision de la Comisión en el asunto Micula[5] y en la reciente apertura de un procedimiento de investigación formal[6] el pasado mes de julio de 2021 contra España por el pago de un laudo al grupo inversor extranjero Antin.

Paralelamente, a nivel internacional constatamos la existencia de un complejo panorama en el que los retos jurídicos derivados de la Agenda 2030 aprobada por la Organización de Naciones Unidas y sus Objetivos de Desarrollo Sostenible, por un lado, y el escenario post-BEPS, por otro lado, justifican igualmente la necesidad y oportunidad de este análisis.

---

4 Sin embargo, no todos los APPRIs, ni todas las cláusulas sustantivas de éstos son idóneos para ofrecer protección a los contribuyentes debido a que es posible excluir las cuestiones tributarias del ámbito objetivo de aplicación bien del texto íntegro del APPRI o bien de algunas de sus cláusulas sustantivas en concreto mediante la inclusión de excepciones.

5 Decisión (UE) 2015/1470 de la Comisión de 30 de marzo de 2015, relativa a la ayuda estatal SA.38517 (2014/C) (ex 2014/NN) ejecutada por Rumanía Laudo arbitral Micula/Rumanía de 11 de diciembre de 2013.

6 Véase SA.54155 (2021/NN-2021/C) Arbitration award to Antin-Spain, https://ec.europa.eu/competition/elojade/isef/case_details.cfm?proc_code=3_SA_54155

En efecto, la actual red de APPRIs —debido a los postulados neoliberales que los inspiran— constituye una intolerable limitación a la capacidad de los Estados anfitriones para abordar los nuevos retos derivados de la crisis del COVID19, el cambio climático y la necesidad de avanzar en la consecución de los Objetivos de Desarrollo Sostenible en 2030, resultando inaplazable abordar la compleja tarea de remodelación de los APPRIs actualmente en vigor.

Por otro lado, el contexto actual post-BEPS —presidido por el enfoque de dos pilares auspiciados por la OCDE para abordar los retos fiscales derivados de la globalización y la digitalización— también presenta importantes desafíos jurídicos desde un punto de vista del Derecho Internacional de Inversiones. Ello se debe, principalmente, a que, para implementar las medidas derivadas de BEPS, los Estados deben realizar cambios en la normativa tributaria a nivel nacional que, en ocasiones, presentan un complejo encaje en los estándares de trato recogidos en los APPRIs y pueden ser percibidos por los inversores extranjeros como un incumplimiento de los estándares de trato recogidos en las cláusulas de los APPRIs.

Un claro ejemplo de ello viene constituido por las principales reglas GloBE del Pilar 2 del *Work Plan* de la OCDE: la *Income Inclusion Rule* (IIR)[7] y la *Undertaxed Profit Rule* (UTPR)[8] que presentan un alto riesgo de incumplir las obligaciones tributarias contraídas por los Estados en virtud de los APPRIs, especialmente en lo que se refiere de los estándares de trato recogidos en las cláusulas de Trato Justo y Equitativo y de prohibición de Expropiación indirecta, tal y como algunas voces de la doctrina extranjera han advertido[9].

7 Regla de aplicación primaria que permite a un Estado de residencia de la sociedad matriz gravar las rentas de sus filiales extranjeras si han tributado por debajo del 15%.

8 Regla secundaria de la anterior, de aplicación cuando la renta del grupo multinacional no haya sido gravada conforme al IIR.

9 Véanse AVI-YONAH, R., "Pilar 2 and the BITs" [en línea], (2023), https://ssrn.com/abstract=4461285 o http://dx.doi.org/10.2139/ssrn.4461285 [Consulta 10/07/2023] BROWN C.; WHITSITT, E., "Implementing Pillar Two: potential conflicts with Investment Treaties", *Canadian Tax Journal/ Revue Fiscale Canadienne*, Vol. 71, nº. 1, 2023, págs. 189-207; CARDEN, N.; DAVIES KC.; PERMESLY, J.; HONE, J., "Exploring Potential Investor-State Treaty Challenges to the OECD's Pillar Two Model Tax Rules", [en línea] (2023) https://www.skadden.com/insights/publications/2023/03/exploring-potential-investor-state-treaty-challenges [Consulta 12/07/2023); DEBELVA, F.; DE BROE, L., "Pillar 2: An Analysis of the IIR and UTPR from an International

Si atendemos al hecho de que estas reglas han comenzado a ser implementadas de manera unilateral en el ordenamiento interno de muchos Estados, sin olvidar que a nivel europeo el pasado 15 de diciembre de 2022 se aprobó la denominada Directiva del Pilar 2[10] que debe ser traspuesta y de aplicación por los Estados miembros para los ejercicios que comiencen a partir del 31 de diciembre de 2023, es decir, en la mayoría de los supuestos, para 2024, resulta apremiante llevar a cabo actuaciones de coordinación normativa al objeto de evitar una oleada de reclamaciones arbitrales que resulten en una limitación de la capacidad de maniobra del Estado anfitrión para luchar contra la erosión de bases imponibles.

Tras la investigación realizada alcanzamos una doble conclusión, por un lado, que el inversor extranjero que accede a la protección conferida por un APPRI puede ver reforzada su posición como contribuyente frente al Estado anfitrión —ostentando incluso una posición privilegiada frente al resto de contribuyentes de dicho Estado que no encuentran protección en este tipo de acuerdos— y, por otro lado, que el creciente número de reclamaciones arbitrales presentadas por los inversores en materia tributaria demuestra que estos son cada vez más conscientes de esta protección que les asiste, prefiriendo incluso en algunos casos acudir a ella en detrimento de la clásica protección conferida a los contribuyentes en el ámbito internacional por los CDIs.

Este creciente recurso de los inversores extranjeros al arbitraje internacional de inversiones para solucionar sus controversias de naturaleza tributaria en un cambiante contexto internacional está evidenciando no sólo los riesgos de limitar el poder tributario de los Estados anfitriones, sino también que el Derecho Internacional de Inversiones no es un compartimento estanco, sino que interacciona con otros ordenamientos jurídicos —como es el caso del

Customary Law, Tax Treaty Law and European Union Law Perspective", *Intertax*, Vol. 50, Issue 12, 2022, págs. 898-906; HONGLER, P.; MOSQUERA, I.; DEBELVA, F.; CHAND, V.; CHAISSE, J., "UTPR Potential Conflicts With International Law?", *Tax Notes International,* Vol. 111, 10 de julio, 2023, págs. 141-150.

10 Directiva (UE) 2022/2523 del Consejo de 14 de diciembre de 2022 relativa a la garantía de un nivel mínimo global de imposición para los grupos de empresas multinacionales y los grupos nacionales de gran magnitud en la Unión DO L 328, 22.12.2022, pág. 1-58 [*Tol 9630107*].

Derecho de la UE o los ordenamientos tributarios nacionales— ofreciendo complejas situaciones jurídicas carentes en la actualidad de una solución adecuada. Y es, precisamente, esa necesidad de ofrecer soluciones jurídicas la que pretende colmar nuestro estudio.

Capítulo I
LOS APPRIS Y EL DERECHO TRIBUTARIO

1. LOS APPRIS. CONCEPTUALIZACIÓN GENERAL

El Derecho internacional de Inversiones es una rama del Derecho Internacional Público y puede definirse como el conjunto de reglas que protegen la inversión extranjera directa (IED)[11] y al inversor extranjero frente a las actuaciones del Estado donde se realiza la inversión, es decir, el Estado anfitrión.

El Derecho Internacional de Inversiones es de reciente aparición, pues no fue hasta 1959 cuando comenzó a tener entidad como cuerpo jurídico que brinda protección a los inversores en un país ajeno al suyo. Hasta este momento, cuando un inversor extranjero padecía un trato perjudicial y discriminatorio por parte del Estado anfitrión de su inversión tenía dos posibles vías de actuación. Una de ellas consistía en demandar al Estado anfitrión ante los tribunales locales, solución que podría resultar insuficiente, en determinadas situaciones, y la otra opción venía constituida por la protección diplomática,

---

11 La Inversión Extranjera Directa (IED) es la colocación de capital a largo plazo por parte de inversores extranjeros (personas físicas, sociedades o incluso otros gobiernos) en otro Estado al objeto de establecer en este otro Estado una empresa o filial o bien obtener una participación relevante en empresas radicadas en ese otro Estado. La IED debe distinguirse de la Inversión Extranjera No Directa o Inversión de cartera que suele tener lugar a corto plazo cuando los inversores compran en una bolsa de valores extranjera participaciones de sociedades extranjeras sin ánimo de adquirir una participación de control en dicha sociedad extranjera.

que consistía en una petición del inversor a su Estado de nacionalidad solicitando la protección diplomática frente al Estado anfitrión[12].

La protección diplomática descansaba sobre una relación interestatal entre el Estado que realizó el acto ilícito y el Estado que ha visto violado un derecho subjetivo propio, pues aun cuando el origen residiese en un perjuicio causado a un particular, la protección diplomática constituía el ejercicio de un derecho subjetivo del Estado del que es nacional el inversor perjudicado contra el Estado que ha cometido la afrenta contra el inversor. El Estado de nacionalidad del inversor, si lo consideraba oportuno, iniciaba negociaciones con el Estado anfitrión de la inversión que, en caso de desacuerdo, podían acabar dilucidándose ante la Corte Permanente Internacional de Justicia o, su sucesora, la Corte Internacional de Justicia. Los principales inconvenientes que presentaba la protección diplomática eran el limitado alcance de su protección y la total discrecionalidad de que gozaba el ejercicio de la protección diplomática por parte del Estado de la nacionalidad del inversor agraviado, quien ostentaba una total libertad de acción y el control absoluto de la reclamación[13].

En el Derecho Internacional de Inversiones no existe un único cuerpo jurídico o código que regule la materia, por lo que, "a falta de un tratado mundial de inversiones, la mayoría de las disciplinas jurídicas internacionales sobre la relación entre los países receptores y los inversores internacionales se ha desarrollado a escala bilateral"[14].

Históricamente, el primer instrumento legislativo de carácter bilateral entre dos Estados que confirió protección a los inversores extranjeros vino constituido por los Tratados de Amistad, Comercio y Navegación que proliferaron en el siglo XIX cuyo objetivo consistía en proteger el desarrollo del comercio entre los países firmantes, establecer medidas para salvaguardar

---

12 VICENTE BLANCO, D.J., "La protección de las inversiones extranjeras y la codificación internacional del arbitraje", *Anales de Estudios Económicos y Empresariales*, nº 7, 1992, págs. 360-362.

13 VICENTE BLANCO, D.J., "La protección de las inversiones extranjeras y la codificación internacional del arbitraje", *ob. cit.*, págs. 360-362.

14 Nota preparada por la Secretaría de la Conferencia de las Naciones Unidas sobre Comercio y Desarrollo (UNCTAD), sobre Fijación de Normas sobre las inversiones internacionales: tendencias, cuestiones emergentes y consecuencias, TD/B/COM. 2/73, de 5 de enero de 2007.

la paz y regular la navegación. No obstante, con el progreso de las relaciones comerciales internacionales, el ámbito objetivo de estos tratados se fue ampliando paulatinamente, incluyendo reglas similares a las que hoy día podemos encontrar en la práctica internacional que establecían el trato a los inversores de los países firmantes, así como el reconocimiento internacional de seguros contra riesgos no comerciales[15].

Ya en el siglo XX apareció otro instrumento normativo más adecuado para regular las relaciones entre el inversor extranjero y el Estado anfitrión cuando en 1959 se firmó el primer APPRI entre Alemania y Pakistán. La firma de este tipo de acuerdos se convirtió en tendencia y pronto Alemania fue seguida por otros países como Bélgica, Dinamarca, Francia, Italia, Luxemburgo, Noruega, los Países Bajos, Suecia y Suiza, que concluyeron sus primeros APPRIs entre 1960 y 1966[16].

En este proceso de expansión de los APPRIs, la firma en 1965 del Convenio de Washington por el que se creó el Centro Internacional de Arreglo de Diferencias Relativas a Inversiones (CIADI) actuó como agente catalizador, pues, tras su entrada en vigor el 14 de octubre de 1966, los Estados sintieron una mayor necesidad de suscribir APPRIs para reforzar la seguridad jurídica de las inversiones en el extranjero[17].

En un primer momento, los países exportadores de capital, interesados en firmar APPRIs con los Estados receptores de las inversiones de sus nacionales, firmaron este tipo de acuerdos con los países de África y Asia. Posteriormente, la firma de APPRIs se extendió por los países de Europa central y más tardíamente, en la década de 1990, los países de Sudamérica, inicialmente reticentes[18] a la firma de este tipo de convenios, comenzaron a firmarlos, si bien

15 MORENO BLESA, L., "El arbitraje del CIADI y su contribución al desarrollo a la luz de las inversiones directas en mercados emergentes", *Revista Iberoamericana de Estudios de Desarrollo*, Vol. IV-1, 2015, págs. 77-78.

16 UNCTAD, Regulación internacional de la inversión: balance, retos y camino a seguir, Naciones Unidas, Nueva York y Ginebra, 2008, págs. 9-10.

17 GRANATO, L., NAHUEL ODDONE, C., "Derecho internacional, ¿protección del inversor extranjero y acuerdos bilaterales, quo vadis?", *Revista Universidad EAFIT*, nº 148, 2007, págs. 31-32.

18 El motivo de sus reticencias se debe a la gran influencia que tenía en estos Estados la denominada doctrina Calvo. Esta doctrina panamericana aboga por la competencia

en los últimos años algunos de estos países, como Bolivia[19] y Ecuador[20], han optado por alejarse del régimen previsto en los APPRIs. A pesar de todo, en la actualidad el número de APPRIs firmados y en vigor en se cifra en 2.584[21].

Ante la proliferación de APPRIs, la OCDE trabajó entre 1995 y 1998 en el texto de un acuerdo denominado *Multilateral Agreement on Investment* al objeto de proveer un marco multilateral para la inversión internacional con altos estándares de protección favorables para el inversor y dotado de un procedimiento de resolución de controversias efectivo. Sin embargo, ante la falta de consenso, las negociaciones se abandonaron en abril de 1998.

Más recientemente, junto a los APPRIs ha aparecido otro instrumento jurídico: los Acuerdos de Libre Comercio (ALC) de nueva generación, que constituyen otra categoría de acuerdos que están llamados a desempeñar en parte una función similar en el ámbito del Derecho Internacional de Inversiones.

Hasta épocas recientes, los ALCs tradicionales se distinguían claramente de los APPRIs por su contenido, dado que estos últimos contienen medidas y cláusulas destinadas a proteger, en el plano del Derecho internacional, las inversiones realizadas por los inversores de cada Estado parte en el territorio del otro Estado; mientras que los ALCs tradicionales resultan ajenos al ámbito del Derecho Internacional de Inversiones, ya que su objetivo es facilitar el acceso a los mercados mediante la concesión de preferencias arancelarias mutuas y la reducción de barreras no arancelarias al comercio de bienes y servicios. Sin embargo, en los últimos años las líneas divisorias entre los APPRIs y los ALCs se han difuminado.

exclusiva de los órganos jurisdiccionales de los Estados receptores de la inversión, así como la aplicación de su legislación a las inversiones realizadas en sus Estados por extranjeros.

19 Bolivia aprobó una nueva constitución en 2009 que expresamente prohíbe que los inversores extranjeros demanden al Estado boliviano ante cualquier jurisdicción internacional, como es el caso del arbitraje internacional de inversiones.

20 Ecuador ha impulsado la creación de un Centro de solución de controversias regional propio de UNASUR en materia de inversiones que remplace la jurisdicción del CIADI.

21 UNCTAD, World Investment Report 2023, United Nations, 2023, véase Chapter 2, pág. 71.

Efectivamente, tras el estancamiento de las negociaciones multilaterales de la Ronda de Doha de la Organización Mundial del Comercio (OMC), la Unión Europea (UE) se vio obligada a buscar vías alternativas para garantizar un mejor acceso a los mercados de terceros países. Con este fin se introdujo una nueva generación de ALC de alcance amplio que van más allá del tradicional ámbito de los ALCs limitado a las reducciones arancelarias y del comercio de bienes incluyendo, entre otros contenidos, capítulos destinados a regular la protección de inversiones[22], contenido éste propio de APPRIs.

A raíz de la aparición de estos ALCs de nueva generación, ha comenzado a utilizarse el término Acuerdo Internacional de Inversión (AII) para englobar tanto a los ALCs como a los APPRIs, si bien la gran mayoría de AIIs son APPRIs y los estándares de trato de protección a la inversión que se recogen en el capítulo de inversión de los ALCs son los mismos que los que se recogen en los APPRIs de los que copian su contenido. Por ello y porque el instrumento normativo propio del Derecho Internacional de Inversiones es el APPRI, en nuestro estudio nos centraremos en el análisis de éstos, sin perjuicio de que todas las afirmaciones de este trabajo son, como regla general, extensibles también al capítulo de inversiones recogido en los ALCs de nueva generación, a los que haremos referencias puntuales en este trabajo.

Si bien el objetivo de este trabajo no es llevar a cabo un análisis exhaustivo de los APPRIs, sino centrarse en la relación que mantienen con los aspectos tributarios, resulta conveniente realizar una serie de precisiones sobre este instrumento normativo con carácter previo. Por este motivo, ofrecemos a continuación unas pinceladas sobre la naturaleza y contenido de los APPRIS.

---

22 La paulatina inclusión en los Acuerdos de Libre Comercio de capítulos destinados a regular la protección de la inversión ha llevado a algunos autores a predecir la gradual sustitución de los APPRIs por los ALCs de nueva generación. Para un estudio en profundidad de esta cuestión véanse CHANG-FA LO, "A comparison of BIT and the Investment Chapter of Free Trade Agreement from policy perspective", *Asian Journal of WTO & International Health Law*, Vol. 3, 2008, págs. 147-170 y FONTANELLI, F; BIANCO, G., "Converging Towards NAFTA: an analysis of FTA Investment Chapters in the European Union and the United States", *Standford Journal of International Law*, nº 50, 2014, págs. 211-246.

En consecuencia, afirmamos que los APPRIs son tratados bilaterales entre dos Estados cuyo objetivo es la promoción de las inversiones de los nacionales de cada Estado firmante en el territorio de la otra parte mediante la asunción no sólo de la obligación de admitir la realización de la inversión, sino también la de asegurarle unos determinados estándares de protección que se recogen en las cláusulas sustantivas del acuerdo.

La naturaleza bilateral y negociada de los APPRIs impide que exista uniformidad en el texto de los distintos acuerdos firmados, por ello, aunque es posible encontrar Estados que tienen su propio Modelo[23] de APPRI que presentan a las negociaciones bilaterales, cada APPRI es único, puesto que su contenido varía como resultado de las negociaciones llevadas a cabo y de los intereses en juego, siendo imperativo acudir al texto de cada acuerdo para determinar las obligaciones del Estado anfitrión.

A grandes rasgos, podemos afirmar que el contenido esencial de todo APPRI es, por un lado, un conjunto de cláusulas sustantivas que recogen los estándares mínimos de protección que debe ofrecer el Estado anfitrión al inversor extranjero y, por otro lado, la regulación de un método de resolución de las controversias nacidas de la aplicación del acuerdo.

Entre los principales estándares de trato destacamos la cláusula de Trato Justo y Equitativo, la cláusula de no discriminación (que incluye los estándares de Nación más Favorecida y de Trato Nacional) o la cláusula de protección frente a la Expropiación indirecta y la cláusula relativa a la Transferencia de capitales que serán analizadas con mayor profundidad en este trabajo. Todas estas cláusulas están destinadas a garantizar que el Estado anfitrión dispense a la inversión extranjera realizada en su territorio un tratamiento favorable, asegurando la rentabilidad de la inversión. Además, estas cláusulas sustantivas se caracterizan por estar redactadas en términos muy amplios que necesitan de interpretación por parte de los tribunales arbitrales para su concreción y materialización en derechos subjetivos determinados del inversor.

---

23 Pudiendo citar como ejemplos los Modelos de APPRI actualmente en vigor de España de 2008, Canadá de 2021 o Estados Unidos de 2012. Para un listado completo de los Modelos de APPRI actualmente en vigor a nivel mundial puede consultarse: https://investmentpolicy.unctad.org/international-investment-agreements/model-agreements

En cualquier caso, el contenido de las cláusulas sustantivas de un APPRI, por muy amplio que sea, no constituye garantía suficiente para el inversor, salvo que éste cuente con un mecanismo de solución de controversias que le permita dirigirse directamente contra el Estado anfitrión de la inversión cuando considere que éste último ha incumplido las obligaciones que le incumben en virtud del acuerdo, lo que generalmente se traduce en un mecanismo arbitral conocido como arbitraje internacional de inversiones.

El arbitraje internacional de inversiones se configura como la "piedra angular"[24] del régimen de protección que los APPRIs ofrecen y supone una excepción a la regla general según la cual los particulares —tanto personas físicas como jurídicas— no tienen acceso directo, en principio, a los mecanismos internacionales para reclamar sus derechos. Este mecanismo es la consecuencia de lo que algunos sectores doctrinales han venido a identificar como el reconocimiento de un papel creciente a los individuos en el orden internacional y se ha convertido en un medio de conciliación entre Estados y particulares, propiciando el abandono de lo que se ha venido en llamar el dogma de la soberanía absoluta del Estado[25].

2. LAS MEDIDAS FISCALES EN LOS APPRIS

Los APPRIs no regulan las cuestiones tributarias de manera directa, pero la amplitud de los términos contenidos en sus cláusulas permite que sus efectos alcancen también a las medidas tributarias cuando el inversor extranjero considere que su adopción por el Estado anfitrión perjudica la viabilidad económica o la rentabilidad esperada de su inversión.

Cuando los APPRIs se refieren a las cuestiones fiscales tradicionalmente utilizan la expresión "medida fiscal" (*taxation matters, taxation measures,* en inglés) en lugar de utilizar el término "tributo" o "impuesto". En relación a

---

24 DÍEZ-HOCHLEITNER RODRÍGUEZ, J. "El arbitraje internacional como cauce de protección de los inversores extranjeros en los APPRIS", *Actualidad Jurídica Uría y Menéndez*, nº 11, 2005, pág. 50.

25 VICENTE BLANCO, D.J., "La protección de las inversiones extranjeras y la codificación internacional del arbitraje", *ob. cit.*, págs. 373.

este término, es posible encontrar ejemplos de APPRIs que definen el término "medida" incluyendo dentro de este término a la normativa tributaria (ya se trate de leyes o de reglamentos) y los procedimientos o los requisitos exigidos por el Estado anfitrión.

Aunque un número reducido[26] de APPRIs contienen una definición de medida fiscal, la mayoría de ellos carecen de una definición a los efectos del acuerdo[27], lo que dota a este concepto de cierto carácter evolutivo[28] y concede a los tribunales arbitrales un amplio margen interpretativo que debe ser

---

26 Uno de los pocos ejemplos que podemos encontrar de este tipo de definiciones es el apartado 7 del artículo 21 del Tratado sobre la Carta de la Energía, el cual contiene una amplia y detallada definición de "medida impositiva" que hace referencia tanto a las disposiciones nacionales de los Estados, como a las disposiciones del CDI firmado y en vigor entre las partes. Sin embargo, el mismo tratado menciona el término "impuestos" en el artículo 21(5) sin definir el término ni distinguirlo del término "medida fiscal". En este sentido, los tribunales han sostenido que la definición de "impuestos" no puede ser más restringida que la de "medidas fiscales" (Veteran Petroleum Limited (Cyprus) v. The Russian Federation, UNCITRAL, PCA Case No. 2005-05/AA228, Final Award, 18 July 2014, paras.1411-1413; Hulley Enterprises v. Russia PCA, Final Award, 18 July 2014, paras.1411-1413; Yukos Universal v. Russia, PCA, Final Award, 18 July 2014, para.1411, paras.1412-1413). A falta de una definición exhaustiva, los tribunales constituidos en virtud del TCE se han remitido al significado ordinario de medida fiscal, definido a través de los criterios citados anteriormente (Sevilla Beheer and others v. Spain ICSID, Decision on Jurisdiction, Liability and the Principles of Quantum, 11 February 2022, para.699; Infracapital F1 S.à r.l. and Infracapital Solar B.V. v. Kingdom of Spain, ICSID Case No. ARB/16/18, Decision on Jurisdiction, Liability and Directions on Quantum, 13 September 2021, paras. 357-358, paras.361-364; Mathias Kruck and others v. Spain ICSID, Decision on Jurisdiction and Admissibility, 19 April 2021, para.318; Eurus Energy v. Spain ICSID, Decision on Jurisdiction and Liability, 17 March 2021, para.172; InfraRed v. Spain ICSID, Award, 2 August 2019, para. 2999.

27 Murphy v. Ecuador (II) PCA, Partial Final Award, 6 May 2016, para.158; Duke Energy v. Ecuador, ICSID Case No. ARB/04/19, Award, 18 August 2008, para.174; Encana v. Ecuador LCIA, Award, 3 February 2006, para.141; Canada-Ecuador BIT (1996); Adopted on 29 April 1996, Art. XII; Ecuador-United States of America BIT (1993) Adopted on 27 August 1993, Art. X.

28 Algunos autores defienden que resulta aconsejable mantener una interpretación amplia, para conseguir un nivel de estabilidad y seguridad aceptable en términos de protección de los Acuerdos, véase MELO VIEIRA, M., "The regulation of tax matters in bilateral investment treaties: a dispute resolution perspective", *Dispute Resolution International*, Vol. 8, nº 1, 2014, pág. 68.

ejercido teniendo en cuenta[29] lo previsto en los artículos 31 a 33 de la Convención de Viena sobre el Derecho de los Tratados (CVDT)[30].

Esta libertad interpretativa ha llevado a los tribunales arbitrales a concluir que estamos ante una medida fiscal cuando concurran de forma cumulativa los siguientes cuatro requisitos: (1) que la medida sea impuesta por una ley (2) que se impongan gravámenes a determinado tipo de sujetos (3) que esos gravámenes consistan en pagar dinero al Estado (4) y que el pago de dichos gravámenes obedezca a fines públicos. No obstante, la calificación de una medida como medida fiscal se realiza de forma casuística por los tribunales arbitrales lo que —unido a la ausencia de fuerza vinculante de la figura del precedente en el contexto del arbitraje internacional[31]— la misma medida puede recibir calificaciones contradictorias por distintos tribunales arbitrales.

La práctica arbitral, a través de su variada casuística, ha permitido perfilar el concepto de medida fiscal a través de distintos pronunciamientos en los que se ha precisado que:

- no sólo las propias normas tributarias pueden considerarse medidas fiscales, sino también los actos de aplicación de las normas tributarias[32], de manera que también se incluyen en este concepto las liquidaciones tributarias, las investigaciones por fraude fiscal o los procedimientos de

---

29 Aunque el término "medida fiscal" deba interpretarse según el Derecho Internacional, algunos tribunales arbitrales sostienen que puede ser útil tener en cuenta la caracterización nacional de una medida, véase Nissan v. India PCA, Decision on Jurisdiction, 29 April 2019, para.383; Murphy v. Ecuador (II) PCA, Partial Final Award, 6 May 2016, para.161, para.185.

30 Nissan v. India PCA, Decision on Jurisdiction, 29 April 2019, para.383; Burlington v. Ecuador, ICSID Case No ARB/08/5, Decision on Jurisdiction, 2 June 2010, paras.161-162; Murphy v. Ecuador (II) PCA, Partial Final Award, 6 May 2016, para.158; Encana v. Ecuador LCIA, Award, 3 February 2006, paras.141-142.

31 BENTOLILA, D., "Hacia una jurisprudencia arbitral en el arbitraje internacional de inversiones", *Anuario Mexicano de Derecho Internacional*, 2012, págs. 373-420; BERNAL GUTIÉRREZ, R.; CANO VALENCIA, J.C.; GUZMÁN-MARTÍNEZ, D.; CASTAÑEDA JIMÉNEZ, L. SÁNCHEZ MARTÍNEZ, J. P., "El precedente en el arbitraje internacional", *UNA Revista de Derecho,* Vol. 4, 2019; PRIETO MUÑOZ, J.G., "El precedente en el derecho internacional de inversiones. El valor argumentativo de decisiones arbitrales previas", *Iuris Dictio*, nº 22, 2018, págs. 89-99.

32 Encana v. Ecuador, LCIA, Award, 3 February 2006, paras.142-143.

inspección tributaria[33], especialmente cuando son arbitrarias e irrazonables[34], las modificaciones de los derechos de aduana[35], la recalificación fiscal en el marco de una reestructuración de empresas[36] e incluso las devoluciones del IVA[37] y la obligación de repercusión del IVA que recae sobre el proveedor pues "las disposiciones legales que contemplen la posición del productor intermedio, sus derechos y sus obligaciones en relación al proceso de contabilización del IVA (incluyendo el derecho a devolución), es y seguirá siendo una «medida fiscal»"[38].

- no sólo las disposiciones de la ley que imponen un impuesto, sino también otros aspectos del régimen fiscal que determinan la cuantía del impuesto a pagar o a devolver forman parte de la noción de medidas fiscales[39];
- salvo que se especifique lo contrario, las medidas de alivio fiscal o beneficios fiscales, incluidas las devoluciones de naturaleza tributaria, se consideran también medidas fiscales[40] como es el caso, por ejemplo, relativo a la exención de impuestos[41], en concreto las exenciones del IVA[42], la

---

33 Encana v. Ecuador, LCIA, Award, 3 February 2006, para.142.

34 Roussalis v. Romania ICSID, Award, 7 December 2011, para.182; Feldman v. Mexico ICSID, Award, 16 December 2002, para. 1.

35 MMS v. Central African Republic CIRDI, Sentence arbitrale (extraits), 12 May 2011, para.223; Duke Energy v. Ecuador, ICSID Case No. ARB/04/19, Award, 18 August 2008, para.173, para.174, para.175.

36 Vodafone International Holdings BV v India, Final Award, PCA Case No. 2016-35, 25 September 2020; Duke Energy v. Ecuador, ICSID Case No. ARB/04/19, Award, 18 August 2008, para.173.

37 Encana v. Ecuador LCIA, Award, 3 February 2006, para.142.

38 Encana v. Ecuador LCIA, Award, 3 February 2006, para.142.

39 Encana v. Ecuador LCIA, Award, 3 February 2006, para.142.

40 Nissan v. India PCA, Decision on Jurisdiction, 29 April 2019, para.384; Duke Energy v. Ecuador, ICSID Case No. ARB/04/19, Award, 18 August 2008, para.175; Encana v. Ecuador LCIA, Award, 3 February 2006, para.142.

41 JSW Solar v. Czech Republic PCA, Final Award, 11 October 2017; Ampal-American and others v. Egypt ICSID, Decision on Liability and Heads of Loss, 21 February 2017, para.172; Aucoven v. Venezuela ICSID, Award, 23 September 2003, para.177.

42 Link-Trading Joint Stock Company v. Department for Customs Control of the Republic of Moldova, UNCITRAL, Final Award, 18 April 2002, para.65, para. 91.

derogación de dichas exenciones[43] o la retirada de ventajas o incentivos fiscales[44];

- a menos que se indique lo contrario, tanto los impuestos directos como indirectos quedan incluidos en el concepto de medida fiscal[45]; de hecho, los tribunales arbitrales han incluido dentro del concepto de medidas fiscales una gran variedad de impuestos como, por ejemplo, los impuestos sobre los beneficios[46], los derechos de exportación[47], los impuestos de importación[48], el impuesto sobre las ventas[49], el impuesto sobre el valor de la producción de la energía eléctrica[50], el impuesto sobre las extracciones[51] o los gravámenes extraordinarios[52].

---

43 Antaris v. Czech Republic PCA, Award, 2 May 2018, para.217; Ampal-American and others v. Egypt ICSID, Decision on Liability and Heads of Loss, 21 February 2017, para. 182.

44 Micula v. Romania (I) ICSID, Final Award, 11 December 2013, para.132, Micula v. Romania (I) ICSID, Decision on Jurisdiction and Admissibility, 24 September 2008, para.137, para.140; Antoine Goetz et consorts v. République du Burundi, ICSID Case No. ARB/95/3, Award, February 10 1999.

45 EnCana Corporation v. Republic of Ecuador, LCIA Case No. UN3481, Award, 3 February 2006, para.142.

46 RosInvestCo UK Ltd. v. The Russian Federation, SCC Case No. V079/2005, Final Award, 12 September 2010, para. 620.

47 El Paso Energy International Company v. The Argentine Republic, ICSID Case nº ARB/03/15, Award, 31 October 2011, para. 292.

48 Mamidoil v. Albania ICSID, Award, 30 March 2015, para. 790.

49 Enron v. Argentina ICSID, Award, 22 May 2007, para. 63.

50 STEAG v. Spain ICSID, Decision on Jurisdiction, Liability and Directions on Quantum, 8 October 2020, para. 299; ESPF and others v. Italy ICSID, Award, 14 September 2020, para. 355; Cavalum SGPS v. Spain ICSID, Decision on Jurisdiction, Liability and Directions on Quantum, 31 August 2020, para. 121; SunReserve v. Italy SCC, Final Award, 25 March 2020, para. 553; Hydro Energy 1 and Hydroxana v. Spain ICSID, Decision on Jurisdiction, Liability and Directions on Quantum, 9 March 2020, para.503; Watkins Holdings v. Spain ICSID, Award, 21 January 2020, para. 256; BayWa v. Spain ICSID, Decision on Jurisdiction, Liability and Directions on Quantum, 2 December 2019, para. 302; JSW Solar (zwei) Gmbh & Co. Kg, Gisela Wirtgen, Júrgen and Stefan Wirtgen v. Czech Republic, PCS Case No. 2014-03, Final Award, 11 October 2017, para. 16; Eiser v. Spain ICSID, Award, 4 May 2017, para. 266, REEF v. Spain ICSID, Decision on Jurisdiction, 6 June 2016, para. 170, para. 197.

51 Mobil and others v. Venezuela ICSID, Award of the Tribunal, 9 October 2014, para. 248.

- Además, dado que la diferencia entre impuesto y tasa en los APPRIs no suele estar clara, suelen incluirse dentro del concepto de medida fiscal no sólo los impuestos, sino el resto de categorías tributarias, incluso las contribuciones a la seguridad social y, en general, cualquier tipo de carga financiera exigida por una Administración pública[53] destacando la inclusión en dicho concepto de las sanciones impuestas por la Administración tributaria o los intereses de demora exigidos por ésta[54]. Este concepto amplio de medida fiscal fue expresado claramente por el tribunal arbitral que conoció del asunto EnCana v. Ecuador, al tener que interpretar el término medidas fiscales y concluir que *"whether something is a tax measure is primarily question of its legal operation, not its economic effect"*[55], concluyendo que cualquier medida que impone la obligación de pagar dinero al Estado motivado por fines públicos debe ser considerado una medida tributaria. Esta idea fue posteriormente ampliada en el pronunciamiento del asunto Burlington v. Ecuador en el que, además de reafirmar esta idea, añadió como requisito adicional para que una medida sea considerada medida fiscal el que no haya un beneficio directo para quien lo paga[56].

La principal conclusión que debemos extraer de la práctica arbitral es que el concepto de medida fiscal y de impuesto, aunque coincidentes de forma parcial, no son equivalentes, puesto que el concepto de medida fiscal a los efectos de un APPRI es más amplio que el de impuesto.

---

52 Perenco v. Ecuador ICSID, Decision on Remaining Issues of Jurisdiction and on Liability, 12 September 2014, para.582; Burlington v. Ecuador ICSID, Decision on Liability, 14 December 2012, para.137; Perenco v. Ecuador ICSID, Decision on Jurisdiction, 30 June 2011, para.235; Sergej Paushok, CJSC Golden East Company and CJSC Vostokneftegaz Company v the Government of Mongolia, UNCITRAL, Award on jurisdiction and liability, 28 April 2011, para. 263.

53 WÄLDE, T; KOLO, A., "Investor-State disputes: the interface between Treaty-based international investment protection and fiscal sovereignity", *Intertax*, Vol. 35, Issue 8/9, 2007, págs. 424-449.

54 Enron Corporation and Ponderosa Assets, L.P. v. The Argentine Republic ICSID, Case No. ARB/01/03, Award 22 May 2007, paras. 27-30.

55 EnCana Corporation v. Republic of Ecuador, LCIA Case No. UN3481, UNCITRAL, Award 3 February 2006, para. 142.

56 Burlington Resources Inc. v. Republic of Ecuador, ICSID Case No. ARB/08/5, Decision on Reconsideration and Award dated 7 February 2017, para. 159.

3. RELACIÓN ENTRE LOS APPRIS Y LOS CONVENIOS PARA EVITAR LA DOBLE IMPOSICIÓN

3.1. CONSIDERACIONES PREVIAS

Aunque en un primer momento podría pensarse que los CDIs y los APPRIs son dos cuerpos jurídicos independientes sin relación alguna debido a que persiguen objetivos distintos, lo cierto es que hay solapamiento tanto en la protección dispensada por las cláusulas sustantivas como respecto del método de resolución de controversias previsto en ambos tipos de acuerdos.

Esta interacción se traduce en que, si bien los CDIs son la principal fuente en la esfera internacional de derechos y obligaciones tanto para los Estados como para los contribuyentes en materia fiscal, los contribuyentes extranjeros también pueden encontrar en los APPRIs una fuente de protección en el ámbito tributario.

3.2. SOLAPAMIENTO EN CUESTIONES SUSTANTIVAS

El solapamiento entre las cláusulas sustantivas de los CDIs y los APPRIs se produce principalmente en relación a las cláusulas de no discriminación (es decir, la cláusula de Trato Nacional y de Nación Más Favorecida), de Expropiación, de Trato Justo y Equitativo y Transferencia de capitales, de manera que una medida fiscal adoptada por el Estado anfitrión de la inversión que sea considerada desfavorable por el inversor extranjero puede ser impugnada por éste ante un tribunal arbitral constituido al amparo de lo previsto en el APPRI firmado entre el Estado anfitrión y el Estado de la nacionalidad del inversor.

Igualmente, el inversor extranjero puede recurrir a estas cláusulas sustantivas de los APPRIs no ya en los supuestos de adopción de una medida fiscal desfavorable por el Estado anfitrión, sino también en aquellos supuestos en los que una situación de doble imposición (situación de naturaleza fiscal desfavorable por antonomasia) no haya sido corregida por el CDI aplicable, ya sea porque el CDI en concreto no prevé ninguna medida de corrección o porque el Estado anfitrión aplicó la normativa nacional en detrimento del CDI —situación conocida como *treaty override*— o porque no aplicó el CDI de forma correcta.

En lo relativo al estudio del incumplimiento de las cláusulas contenidas en los APPRIs por una medida fiscal adoptada por el Estado anfitrión de la inversión, nos remitimos al análisis de las cláusulas sustantivas que se desarrollará más adelante en este trabajo.

3.3. SOLAPAMIENTO EN MECANISMOS DE RESOLUCIÓN DE CONTROVERSIAS

La práctica arbitral más reciente demuestra que, cada vez con mayor frecuencia, los inversores presentan reclamaciones ante los tribunales internacionales de inversión relacionadas con aspectos tributarios, siendo resueltas estas controversias según lo dispuesto en los APPRIs en lugar de resolver estas controversias al amparo de lo previsto en los CDIs.

No obstante, en nuestra opinión, resulta paradójico que los contribuyentes busquen solución a sus disputas de carácter fiscal en los APPRIs acudiendo al arbitraje de inversiones, ya que el objetivo de este mecanismo arbitral no es resolver la cuestión de fondo del asunto que motiva la disputa, sino fijar una indemnización por el daño que se ha infringido a la inversión (entendida como pérdida de valor de la misma o pérdida de los beneficios esperados), con lo que la situación de fondo que generó la disputa no es corregida, perviviendo tras el arbitraje sin que nada obste a que pueda reproducirse en el futuro.

Pero, a pesar de ello, lo cierto es que, como evidencia la Conferencia de las Naciones Unidas sobre Comercio y Desarrollo (*United Nations Conference on Trade and Development*, UNCTAD), según los registros históricos, de un total de 1.000 arbitrajes de inversión llevados a cabo, 140 de ellos han estado relacionados con medidas de carácter fiscal[57].

El primer asunto del que se tiene noticia que versara sobre medidas de carácter fiscal fue el caso Antoine Goetz v. République du Burundi[58], cuya demanda se presentó en 1995, alcanzándose un acuerdo entre las partes en 1999. Los hechos que motivaron el caso consistieron en la retirada por parte

57 UNCTAD, International investment agreements and their implications for tax measures: what tax policymakers need to know, 2021, pág. 3.

58 Antoine Goetz et consorts v. République du Burundi, ICSID Case No. ARB/95/3, Award, February 10 1999.

del gobierno de Burundi de un certificado de zona franca que permitía al inversor disfrutar de exenciones fiscales y aduaneras. El inversor en su demanda solicitaba el reembolso de los impuestos y derechos de aduana solicitados por las demandantes en el marco del procedimiento de arbitraje, el restablecimiento del certificado de zona franca, así como una indemnización por daños y perjuicios. Finalmente, las partes alcanzaron un acuerdo el 23 de diciembre de 1998 dictándose un laudo arbitral que únicamente se pronunció sobre la responsabilidad de Burundi y las costas.

A este caso le siguieron otros como Link Trading v. Moldova[59] (2002), Feldman v. Mexico[60] (2002), Occidental Exploration and Production Company v. Ecuador[61] (2004), EnCana v. Ecuador[62] (2006), Enron Corporation & Ponderosa Assets LP v. The Argentine Republic[63] (2007), Tokios Tokelés v. Ukraine[64] (2007), Archer Daniels Midland Company and Tate & Lyle Ingredients Americas Inc v. The United Mexican States[65] (2007), Amto v. Ukraine[66] (2008), Noble Energy v. Ecuador[67] (2008), Duke Energy v. Ecuador[68] (2008), Marvin and Elaine Gottlieb v. Canada[69] (2008), Plama v. Re-

59 Link-Trading Joint Stock Company v. Department for Customs Control of the Republic of Moldova, UNCITRAL, Final Award, 18 April 2002.

60 Feldman v. Mexico, ICSID Case No. ARB(AF)/99/1, Award, 16 December 2002.

61 Occidental Exploration and Production Company v. Ecuador, LCIA Case No. UN3467, Award, 1 July 2004.

62 EnCana Corporation v. Republic of Ecuador, LCIA Case No. UN3481, Award, 3 February 2006.

63 Enron Corporation & Ponderosa Assets LP v. The Argentine Republic, ICSID Case No. ARB/01/3, Award, 22 May 2007.

64 Tokios Tokelés v. Ukraine, ICSID Case No. ARB/02/18, Award, 26 July 2007.

65 Archer Daniels Midland Company and Tate & Lyle Ingredients Americas Inc v. The United Mexican States, ICSID Case no. ARB (AF)/04/5, Award, 21 November 2007.

66 Limited Liability Company Amto v. Ukraine, SCC Case No. 080/2005, Award, 26 March 2008.

67 Noble Energy Inc. and Machala Power Cía. Ltd. v. Republic of Ecuador and Consejo Nacional de Electricidad, ICSID Case No. ARB/05/12, Decision on Jurisdiction, 5 March 2008.

68 Duke Energy v. Ecuador, ICSID Case No. ARB/04/19, Award, 18 August 2008.

69 Marvin and Elaine Gottlieb v. Canada, Letter from Canada Tax Authority, 22 April 2008.

public of Bulgaria[70] (2008), Lacich v. Canada[71] (2009), Phoenix Action v. Czech Republic[72] (2009), TCW v. The Dominican Republic (2009), Corn Products International, Inc. v. United Mexican States[73] (2009), EDF v. Romania[74] (2009), JKX Oil & Gas and Poltava v. Ukraine, RosInvestCo UK Ltd. v. Russian Federation[75] (2010), Grand River v. United States of America[76] (2011), Tza Yap Shum v. The Republic of Peru[77] (2011), Paushok v the Government of Mongolia[78] (2011), El Paso Energy International Company v. The Argentine Republic[79] (2011), Jan Oostergetel v. The Slovak Republic[80] (2012), Rompetrol v. Romania[81] (2013), Hulley Enterprises Limited v. The Russian Federation[82] (2014), Veteran Petroleum Limited (Cyprus) v.

70 Plama Consortium Limited v. Republic of Bulgaria, ICSID Case No. ARB/03/24, Award, 28 August 2008.

71 Lacich v. Canada, Withdrawn, Notice of Intent, 2 April 2009.

72 Phoenix Action, Ltd. v. The Czech Republic, ICSID Case No. ARB/06/5, Award, 15 April 2009.

73 Corn Products International, Inc. v. United Mexican States, ICSID Case No. ARB (AF)/04/1, Award, 18 August 2009.

74 EDF (Services) Limited v. Romania, ICSID Case No. ARB/05/13, Award, 8 October 2009.

75 RosInvestCo UK Ltd. v. Russian Federation, SCC Case No. V 079/2005, Award, 22 December 2010.

76 Grand River Enterprises Six Nations, Ltd., et.al. v. United States of America, UNCITRAL, Award, 11 January 2011.

77 Tza Yap Shum v. The Republic of Peru, ICSID Case No. ARB/07/6, Award, 7 July 2011.

78 Sergej Paushok, CJSC Golden East Company and CJSC Vostokneftegaz Company v the Government of Mongolia, UNCITRAL, Award on jurisdiction and liability, 28 April 2011.

79 El Paso Energy International Company v. The Argentine Republic, ICSID Case nº ARB/03/15, Award, 31 October 2011.

80 Jan Oostergetel and Theodora Laurentius v. The Slovak Republic, UNCITRAL, Award, 23 April 2012.

81 The Rompetrol Group N.V. v. Romania, ICSID Case No. ARB/06/3, Award, 6 May 2013.

82 Hulley Enterprises Limited (Cyprus) v. The Russian Federation, PCA Case No. AA 226, Award, 18 July 2014.

The Russian Federation[83] (2014), Yukos Universal Ltd (Isle of Man) v the Russian Federation[84] (2014) Mobil v. Venezuela[85] (2014), Burlinton Resources v. Republic of Ecuador[86] (2017), ENGIE SAA v. Hungary[87] (2018), Total E&P Uganda BV v. Republic of Uganda[88] (2018), Vodafone v. India (II)[89], conocido como Cairn, (2020) y Vodafone v. India (I)[90] (2020), Vedanta Resources v. India[91], IC Power v. Guatemala[92] (2020), Manolium Processing v Belarus[93] (2021) y finalmente en 2022 el asunto LSF-KEB v Republic of Korea[94], más conocido como asunto Lone Star, o el todavía pendiente asunto Earlyguard v. India[95].

83 Veteran Petroleum Limited (Cyprus) v. The Russian Federation, UNCITRAL, PCA Case No. 2005-05/AA228, Final award, 18 July 2014.

84 Yukos Universal Ltd (Isle of Man) v the Russian Federation, PCA Case nº AA 227, Final Award, 18 July 2014.

85 Mobil Cerro negro, Ltd., Mobil Cerro Negro Holding, Ltd. Mobil Corporation, Mobil Venezolana de Petróleos Holdings, Inc., Mobil Venezolana de Petróleos, Inc., Venezuelza Holdings, B.V. v. Bolivarian Republic of Venezuela, ICSID Case No. ARB/07/2/, Award, 9 October 2014.

86 Burlington Resources Inc. v. Republic of Ecuador, ICSID Case No. ARB/08/5, Award, 7 February 2017.

87 ENGIE SAA v. Hungary, ICSIC Case No. ARB/16/14, Order of the Tribunal, 23 February 2018.

88 JKX Oil & Gas and Poltava v. Ukraine, Total E&P Uganda BV v. Republic of Uganda, ICSID Case No. ARB/15/11, Note of the Tribunal, 3 August 2018.

89 Vodafone Group Plc and Vodafone Consolidated Holdings Limited v. India (II) PCA Case No. 2016-7, Award, 21 December 2020.

90 Vodafone International Holdings BV v India, Final Award, PCA Case No. 2016-35, 25 September 2020.

91 Vedanta Resources PLC v. The Republic of India, PCA Case No. 2016-05, Judgment of high Court of Singapore, 8 October 2020.

92 IC Power Asia Development Ltd v Republic of Guatemala, UNCITRAL, PCA Case No 2019-43, Award, 7 October 2020.

93 OOO Manolium Processing v. Republic of Belarus, PCA Case No. 2018-06, Award, 22 June 2021.

94 ULSF-KEB Holdings SCA and others v Republic of Korea ("Lone Star"), ICSID Case No. ARB/12/37, 30 August 2022.

95 La demanda se presentó el 17 de febrero de 2021 y a la fecha de cierre del presente trabajo todavía se encuentra en fase de desarrollo.

También es posible encontrar asuntos en los que los demandantes fueron inversores españoles que se vieron perjudicados por medidas fiscales adoptadas por el Estado anfitrión de su inversión, como por ejemplo, Albacora S.A. v. Republic of Ecuador[96](2016) y Quasar de Valores SICAV and others v. Russia[97] (2017), entre otros[98].

Mención especial merecen los más de 50 casos[99] en los que desde 2011 España ha sido demandada, como estado anfitrión, por la adopción de distintas medidas legislativas en el sector de la producción de energías renovables, entre las que se encontraba la creación de un nuevo impuesto (el Impuesto sobre el valor de la producción de la energía eléctrica, IVPEE) que perjudicaron los intereses de los inversores extranjeros que operaban en nuestro país. Todos estas demandas arbitrales están basadas en el Tratado de la Carta de la Energía y traen causa de la reforma operada en el régimen tarifario de las energías renovables por el Real Decreto Ley 9/2013, de 12 de julio[100] que condujo a la aprobación de la Ley 24/2013, de 26 de diciembre, del Sector Eléctrico y por el que se deroga el actual sistema de venta de energía regulado en el Real Decreto 661/2007[101].

Esta reforma legislativa presentaba, desde el punto de vista del Derecho Internacional de Inversiones, un importante inconveniente, pues no contenía disposiciones transitorias ni ningún mecanismo compensatorio que garantizase un cambio paulatino del anterior régimen favorable para las empresas al nuevo régimen. Sin embargo, como contaba con el visto bueno tanto del

---

96 Albacora S.A. v. Republic of Ecuador, PCA Case No. 2016-11, Award, 18 July 2019.

97 Renta 4 S.V.S.A, Ahorro Corporación Emergentes F.I., Ahorro Corporación Eurofondo F.I., Rovime Inversiones SICAV S.A., Quasar de Valors SICAV S.A., Orgor de Valores SICAV S.A., GBI 9000 SICAV S.A. and others v. Russia, SCC Case No. 24/2007, Award, 20 July 2012.

98 Para más ejemplos véase WALDE, T.; KOLO, A., "Investor-State disputes: the interface between Treay-based international investment protection and fiscal sovereignty", *ob. cit.*, pág. 425 y SIMONIS, P.H.M.,"BITs and taxes", *Intertax,* Vol. 42, Issue 4, 2014, pág. 238.

99 Véase el Anexo I de este trabajo.

100 Real Decreto Ley 9/2013, de 12 de julio, por el que se adoptan medidas urgentes para garantizar la estabilidad financiera del sistema eléctrico [*Tol 3804793*]

101 Real Decreto 661/2007, de 25 de mayo, por el que se regula la actividad de producción de energía eléctrica en régimen especial [*Tol 1067745*].

Tribunal Constitucional[102] como del Tribunal Supremo[103], las reclamaciones de los inversores extranjeros ante los tribunales nacionales no prosperaron, por lo que presentaron las correspondientes demandas arbitrales.

Si bien los inversores alegaron en sus demandas que la creación del IVPEE incumplía los estándares de trato previstos en la Carta de la Energía, debido a la excepción general de las cuestiones fiscales prevista en su artículo 21, los tribunales arbitrales no conocieron de esta cuestión, si bien sí que tuvieron en cuenta la existencia de este impuesto y la merma de beneficios que los inversores alegaban que provocaba, para calcular la cuantía de la indemnización que debía abonar España.

Además, se da la particularidad de que algunos de los laudos dictados en asuntos de naturaleza fiscal han fijado las indemnizaciones más cuantiosas de entre todas las fijadas por tribunales arbitrales, siendo buenos ejemplos de ello, el asunto Occidental Exploration and Production Company v. The Republic of Ecuador[104], en el que el tribunal arbitral acordó una indemnización que ascendió a 1,7 mil millones de dólares, o el asunto Yukos Universal Ltd (Isle of Man) v the Russian Federation[105] en el que el Tribunal acordó una indemnización de 50 mil millones de dólares.

Ante la evidencia que demuestra la práctica arbitral, la literatura académica ha comenzado prestar atención a las reclamaciones de carácter fiscal ante los tribunales internacionales de inversión, centrándose en especial en aquellos casos en los que el contribuyente prefiere solucionar la controversia fiscal acudiendo al arbitraje de inversiones[106] en detrimento de los meca-

---

102 El Tribunal Constitucional ratificó la plena constitucionalidad del sistema regulado en 2013 en su Sentencia 42/2016, de 3 de marzo de 2016 [*Tol 5686193*].

103 El Tribunal Supremo, en diversas sentencias, también reconoció la legalidad del Real Decreto 413/014 y la Orden IET/1045/2014 que desarrollan la normativa con rango legal. Valga como ejemplo, la Sentencia del Tribunal Supremo 772/2018, de 6 de marzo de 2018 *[Tol 6538439]*.

104 Occidental Exploration and Production Company v. The Republic of Ecuador, UNCITRAL, Award on Jurisdiction and Liability, 28 April 2011.

105 Yukos Universal Ltd (Isle of Man) v the Russian Federation, PCA Case nº AA 227, Final Award, 18 July 2014.

106 Sirva como ejemplo de los abundantes casos en los que los contribuyentes acudieron al arbitraje internacional despreciando el CDI firmado entre el Estado de residencia y el

nismos de resolución de controversias previstos en los CDIs, en concreto el Procedimiento Amistoso (MAP, por sus siglas en inglés *Mutual Agreement Procedure*)[107].

Hay autores que ven con buenos ojos el hecho de que los contribuyentes prefieran acudir al arbitraje internacional de inversiones antes que al MAP contenido en los CDIs[108] alegando que la posición de los contribuyentes se ve reforzada al disponer de una vía más para hacer valer sus derechos o que incluso el arbitraje de inversiones es una vía más apropiada para resolver las controversias tributarias porque, en realidad, estas disputas no están relacionadas con casos de doble imposición[109]. Es más, incluso algún autor ha propuesto la desaparición del MAP a favor de los arbitrajes internacionales de inversiones para dirimir cuestiones tributarias[110].

Estado anfitrión de la inversión los siguientes casos: RosInvestCo UK Ltd. v. Russian Federation, SCC Case No. V 079/2005, Award, 22 December 2010 y Mobil Cerro negro, Ltd., Mobil Cerro Negro Holding, Ltd. Mobil Corporation, Mobil Venezolana de Petróleos Holdings, Inc., Mobil Venezolana de Petróleos, Inc., Venezuelza Holdings, B.V. v. Bolivarian Republic of Venezuela, ICSID Case No. ARB/07/2/, Award, 9 October 2014.

107 Para un estudio en profundidad sobre el Procedimiento Amistoso véase SOLER ROCH, Mª T., "El arbitraje internacional en materia tributaria: ¿cuestión pendiente o nueva frontera?" en *Conflictos actuales de derecho tributario: Homenaje a la profesora doctora Manuela Fernández Junquera*, Eva María Cordero González (Coord.); Isabel García-Ovies Sarandeses, José Pedreira Menéndez, Begoña Sesma Sánchez (Dirs.), Thomson Reuters Aranzadi, 2017, págs. 359-380 y RIBES RIBES, A., "Modificación del artículo 25 del convenio modelo de la OCDE y de sus comentarios: el borrador de la OCDE de 1 de febrero de 2006", *Quincena Fiscal,* nº 20, 2006, págs. 35-47.

108 DE HEER, L. J.; KRAAN, P.C.R., "Legal protection in International Tax Disputes-How Investment protection agreements address arbitration", *European Taxation*, Vol. 52, nº 1, 2012, págs. 3 ss.; SIMONIS, P.H.M., "BITs and taxes", *ob. cit.*, pág. 234; WALDE, T.; KOLO, A., "Investor-State disputess: the interface between Treay-based international investment protection and fiscal sovereignty", *ob. cit.,* pág. 434.

109 CHAISE, J., International Investment Law and Taxation: from coexistence to cooperation, E15 Task Force on Investment Policy, [en línea] (2016), pág. 13, http://e15initiative.org/publications/international-investment-law-taxation-coexistence-cooperation/ [Consulta: 10/07/2023]

110 AVI YONAH, R.S.; HALABI, O., "Double or nothing: a tax treaty for the 21st century", *Law and Economics Research Paper Series*, Paper nº 12-009, November 2012, págs. 3 ss.

Sin embargo, son también numerosas las voces que se han pronunciado en contra[111] e incluso han advertido de los riesgos que esta tendencia conlleva apuntando que esta preferencia de los contribuyentes por solucionar sus controversias de carácter fiscal acudiendo a los APPRIs en lugar de acudir a los remedios previstos en los CDIs crea el riesgo de que se frustre el objetivo principal de los CDIs que es evitar la doble imposición[112].

Si abundamos en los motivos que han llevado a los contribuyentes a acudir al arbitraje de inversiones e incluso preferir esta vía frente al MAP para dilucidar sus controversias tributarias debemos coincidir con MARTÍN JIMÉNEZ en que la causa por la que los APPRIs han ganado terreno en las disputas fiscales, especialmente en las de considerable importancia, frente al MAP radica en que la posición de los contribuyentes en los arbitrajes internacionales es más sólida en cuanto a legitimación y derechos que en los MAPs previstos en los CDIs[113] debido a distintas razones.

En primer lugar, porque el apartado 5 del artículo 25 del Modelo de Convenio de la OCDE (MC OCDE) regulador del recurso al arbitraje vinculante como mecanismo subsidiario cuando no prospere la vía amistosa en el plazo de dos años no está presente en todos los CDIs. Ello se debe a que este apartado se introdujo en el año 2008 en el MC OCDE y todos los CDIs firmados con anterioridad carecen de él y son pocos los CDIs que, firmados con posterioridad, lo incorporan dada la "tímida aceptación"[114] que ha te-

---

111 Entre otros, DE MELO VIERA, M., "The regulation of tax matters in bilateral investment treaties: a dispute resolution perspective", *Dispute Resolution International*, Vol. 8, nº 1, 2014, págs. 80 ss.

112 ISMER, R., PIOTROWSKI, S., "A BIT too much: or how best to resolve tax treaty disputes?", *Intertax*, Vol. 44, Issue 5, 2016, pág. 350.

113 MARTÍN JIMÉNEZ, A., "International Investment Agreements and anti-tax avoidance measures: incoherencies in the International Law system, systemic interpretation and taxpayer rights" en *Building Global International Tax Law*, Pasquale Pistone (Ed.), IBFD, Países Bajos, 2022, pág. 538.

114 Tal y como afirma RIBES RIBES, pues hasta 2014, el arbitraje se había introducido en unos 150 Convenios de Doble Imposición, careciendo dicha previsión de la uniformidad deseable, de anexos en los que se detallen las reglas procedimentales (salvo en los convenios estadounidenses) y otorgando derechos muy limitados a los contribuyentes implicados, véase RIBES RIBES, A., "Necesidad y viabilidad del arbitraje internacional tributario: el reto de la acción 14 BEPS", *Comunicación presentada a las XXIX Jornadas*

nido esta solución, siendo pocos los Estados —entre ellos, España[115]— que han decidido incorporar esta cláusula arbitral en sus convenios bilaterales[116].

En segundo lugar, se debe al hecho de que, en el arbitraje internacional de inversiones, el contribuyente puede iniciar directamente el procedimiento presentando una demanda arbitral, mientras que en el MAP el contribuyente está privado de acceso directo al procedimiento arbitral debiendo acudir primero a lo previsto en los apartados 1 y 2 del artículo 25 del MC OCDE, pues el arbitraje previsto en el artículo 25 (5) del Modelo de Convenio es una extensión del MAP y no lo sustituye.

Un elemento de peso en la decisión de los contribuyentes a la hora de optar por el arbitraje de inversiones en detrimento del MAP es que el ámbito objetivo de la cláusula arbitral de los CDIs está limitado a determinadas cues-

---

Latinoamericanas de Derecho Tributario, organizadas por el Instituto Latinoamericano de Derecho Tributario (ILADT), Santa Cruz de la Sierra (Bolivia), noviembre 2016, pág. 20.

115 RIBES RIBES destaca el desinterés ante el arbitraje que ha manifestado España, atestiguado por los escasos convenios bilaterales suscritos desde 2008 hasta la actualidad que han incorporado esta cláusula, siendo los únicos ejemplos de ello los firmados con EEUU (Protocolo que modifica el Convenio entre España y Estados Unidos), Reino Unido (Convenio entre el Reino de España y el Reino Unido de Gran Bretaña e Irlanda del Norte) y Suiza (Protocolo que modifica el Convenio entre España y la Confederación Suiza), véase RIBES RIBES, A., "Necesidad y viabilidad del arbitraje internacional tributario: el reto de la acción 14 BEPS", *ob. cit.*, pág. 20.

116 En este contexto la OCDE, consciente de la insuficiencia del mecanismo dual (procedimiento amistoso + arbitraje) previsto en el artículo 25 de Convenio Modelo de la OCDE, destina la Acción 14 BEPS a desarrollar soluciones para luchar contra los obstáculos que impiden que los países resuelvan las controversias relacionadas con los CDIs mediante los procedimientos amistosos, entre los que se cuentan la ausencia de disposiciones sobre arbitraje en la mayoría de convenios y el hecho de que el acceso a los procedimientos amistosos y el arbitraje pueda ser denegado en algunos casos (RIBES RIBES, A., "Necesidad y viabilidad del arbitraje internacional tributario: el reto de la acción 14 BEPS", *op. cit.*, pág. 19) y propone en el Informe final de la Acción 14 BEPS (OECD/G20: Base Erosion and Profit Shifting Project. "Making dispute resolution mechanisms more effective". Action 14: 2015 Final Report) incorporar el arbitraje vinculante en los CDIs como mecanismo de resolución de controversias, si bien, en opinión de RIBES RIBES "el carácter conservador de las previsiones de dicho Informe, que no recuerda sino al MEMAP publicado en 2007 por la OCDE, no permite augurar progresos significativos en esta materia" (RIBES RIBES, A., "Necesidad y viabilidad del arbitraje internacional tributario: el reto de la acción 14 BEPS", *ob. cit.*, pág. 21).

tiones como, por ejemplo, las controversias surgidas en relación con los precios de transferencia y siempre relacionadas con la fiscalidad directa. En claro contraste, el ámbito objetivo del arbitraje de inversiones es más amplio al incluir no sólo la fiscalidad directa, sino también la indirecta[117] e incluir también actuaciones de la administración tributaria del Estado anfitrión donde el inversor realiza la inversión[118] como las liquidaciones administrativas o las inspecciones tributarias[119], investigaciones de operaciones consideradas fraude fiscal[120] o evasión[121], impuesto especial sobre el tabaco, impuesto de timbre e impuestos a la importación[122] e incluso la cancelación de licencias para operar en la zona franca económica[123], como hemos indicado anteriormente en este trabajo.

En cuarto lugar, debido a que el artículo 25(5) del Modelo de Convenio veta el acceso al arbitraje del MAP en aquellos casos en los que un tribunal doméstico haya resuelto previamente la controversia, para acceder al arbitraje previsto en el artículo 25(5) del MC OCDE, el contribuyente debe renunciar a su derecho a acudir a los tribunales nacionales para resolver la controversia en cuestión. Sin embargo, esta limitación no existe, como regla general[124], en el acceso al arbitraje internacional de inversiones que puede ser

117 Como, por ejemplo, en el caso Occidental Exploration and Production Company v. The Republic of Ecuador, LCIA Case no. UN 3467, Award, 1 July 2004.

118 Como apunta CHAISSE, J., International Investment Law and Taxation: from coexistence to cooperation, *ob. cit.*, pág. 11.

119 Como demuestra el caso Tza Yap Shum v. The Republic of Peru, ICSID Case No. ARB/07/6, 7 July 2011.

120 Como atestigua el caso Hulley Enterprises Limited (Cyprus9 v. The Russian Federation, PCA Case No. AA 226, Award, 18 July 2014.

121 RosInvestCo UK Ltd. v. Russian Federation, SCC Case No. V 079/2005, Award, 22 December 2010.

122 Véase Enron Corporation & Ponderosa Assets, L.P. v Argentine Republic, ICSID Case No. ARB/01/3, Award, 22 May 2007.

123 Antoine Goetz et consorts c. Républic du Burundi, ICSID Case No. ARB/95/3, Award, 22 May 2007.

124 No obstante, algunos APPRIs contienen ciertas condiciones para acceder a su protección como, por ejemplo, las cláusulas *"no U-turn"* o *"fork in the road"*. Es más, como evidencia CHAISSE, un número creciente de APPRIs incluyen limitaciones de acceso, a la luz de lo cual este autor se cuestiona si el acceso al arbitraje previsto

previo, posterior o incluso simultáneo a la resolución del caso por los tribunales nacionales del Estado anfitrión[125].

En quinto lugar, también debe tenerse en cuenta que en el MAP el contribuyente no es parte en el procedimiento, pues se trata de un procedimiento que involucra únicamente a los dos Estados firmantes del CDI, mientras que en el arbitraje de inversiones el contribuyente sí tiene la consideración de parte en el procedimiento y puede intervenir directamente en él llevando a cabo su propia defensa del caso[126].

En último término, también influye en la decisión de los contribuyentes a la hora de inclinarse por el arbitraje de inversiones el hecho de que en el MAP la decisión adoptada vincula únicamente a los dos Estados firmantes del CDI y si el Estado obligado a implementar la decisión no procede a ello, ni el otro Estado firmante ni el propio contribuyente tienen recursos para forzar al Estado incumplidor a cumplir con lo acordado en el laudo. Ello se debe a que el Modelo de Convenio de la OCDE no prevé ni mecanismos de ejecución forzosa del laudo ni tampoco medidas sancionadoras para el Estado incumplidor a diferencia de lo que ocurre con los laudos emitidos por los tribunales internacionales de inversión, en cuyo caso la ejecución de los laudos se rige por los artículos 53 a 55 del Convenio Sobre Arreglo de Diferencias Relativas a Inversiones entre Estados y Nacionales de Otros Estado (conocido como Convenio del CIADI) en el caso de tra-

---

en los APPRIs está siendo progresivamente limitado, CHAISSE, J. International Investment Law and Taxation: from coexistence to cooperation, *ob. cit.*, pág. 10

125 DANON, R.J., "Interpreting tax treaties in light of investment agreements: the role of the principle of systemic integration in tax treaty disputes", en *Building Global International Tax Law*, Pasquale Pistone (ed.), IBFD, Países Bajos, 2022, pág. 512, DANON, R.J.; WUSHKA, S., "International Investment Agreements and the international tax system: the potential of complementarity and Harmonious interpretation", *Bulletin of International Taxation*, Vol. 75, nº 11/12, 2021, pág. 694; PISTONE, P., *"General Report"*, en The impact of Bilateral Investment Treaties on Taxation, IBFD, Países Bajos, 2017, págs. 4 ss; WÄLDE, T; KOLO A., "Investor-State disputes: the interface between Treaty-based international investment protection and fiscal sovereignity", ob. cit., pág. 427.

126 Sobre la falta de capacidad jurídica del contribuyente en el marco del MAP véase RIZA, L., "Taxpayers' Lack of Standing in International Tax Dispute Resolutions: An Analysis Based on the Hybrid Norms of International Taxation", *Pace Law Review,* Vol 34, nº 3, 2014, pág. 1064.

tarse de un arbitraje llevado a cabo por el CIADI y, en el caso de un laudo auspiciado por la UNCTAD, su ejecución se regirá por la Convención sobre el Reconocimiento y la Ejecución de las Sentencias Arbitrales Extranjeras de 1958 (conocida con el nombre de Convención de Nueva York)[127] elaborado por la UNCTAD.

Ambos textos establecen el principio de aplicación directa en los Estados parte de estos convenios[128]. Teniendo en cuenta que el Convenio del CIADI está firmado por 151 Estados y que del Convenio de Nueva York son parte 156 Estados, las posibilidades de ejecución del laudo emitido por un tribunal de inversiones son considerablemente mucho mayores que en relación con el arbitraje del MAP. Además, dado que el CIADI es una institución del Banco Mundial, los Estados firmantes ejecutan voluntariamente los laudos ante la posibilidad de que el Banco Mundial les imponga sanciones en caso de incumplimiento.

En opinión de CHAISSE[129], esta tendencia podría revertirse si los Estados tomaran como ejemplo los positivos resultados que el arbitraje está ofreciendo en el marco de los convenios internacionales ajenos a la materia tributaria para diseñar un sistema moderno de resolución de controversias tributarias en el ámbito internacional. En esta línea de reforzar el papel del arbitraje en el ámbito fiscal, ISMER y PIOTROWSKI proponen mejorar la regulación del arbitraje del MAP previsto en los CDIs reforzando la posición jurídica del contribuyente[130].

---

127 La Convención de Nueva York establece normas legislativas comunes para el reconocimiento de los acuerdos o pactos de arbitraje y el reconocimiento y la ejecución de las sentencias o laudos arbitrales extranjeros y no nacionales.

128 Para un análisis en profundidad de esta cuestión véase: CHOI, S., "Judicial Enforcement of Arbitration Awards under the ICSID and New York Conventions", *New York University Journal of International Law and Politic*, nº 1-2, 1995, págs. 175 ss.

129 CHAISSE, J., International Investment Law and Taxation: from coexistence to cooperation, *ob. cit.*, pág. 15.

130 ISMER, R., PIOTROWSKI, S., "A BIT too much: or how best to resolve tax treaty disputes?", *ob. cit.*, pág. 358.

3.4. REMEDIOS JURÍDICOS PARA EVITAR EL SOLAPAMIENTO ENTRE APPRIS, RECURSOS NACIONALES Y CDIS

Sobre los mecanismos a los que se puede recurrir para reconducir la situación de solapamiento de remedios jurídicos, constatamos que algunos APPRIs han introducido cláusulas especiales al objeto de evitar que un inversor duplique su reclamación solicitando la reparación de un mismo agravio en paralelo ante los tribunales nacionales y ante un tribunal arbitral. Estas cláusulas son la cláusula de elección de foro o *fork-in-the-road* y la cláusula de no retorno o cláusula *no-U-turn* o *waiver*.

La cláusula de elección de foro o *fork-in-the-road* obliga a los inversores a elegir desde el principio entre los tribunales nacionales y el arbitraje internacional, de manera que, una vez que el inversor ha iniciado un procedimiento nacional, pierde el derecho a recurrir al arbitraje y viceversa.

No obstante, la cláusula de elección de foro o *fork-in-the-road* no siempre es un obstáculo insalvable para el inversor que tiene la intención de reclamar la reparación del daño sufrido en dos foros. Ello se debe a que los principios de litispendencia sobre los que se asienta esta cláusula impiden una segunda reclamación en otro foro siempre que haya identidad de partes, objeto y causa de la acción entre el primer procedimiento pendiente y el segundo procedimiento que el inversor pretende iniciar y, en ocasiones, para un inversor extranjero resulta factible soslayar esta prohibición de identidad, especialmente en lo que se refiere a la identidad de partes.

Ello es debido a que el requisito de la identidad de las partes puede eludirse debido a que en los procedimientos nacionales el actor de la acción es una filial local del inversor extranjero, en lugar del propio inversor extranjero que es quien recurre al arbitraje internacional. Además, también puede eludirse esta identidad de partes cuando la demanda ante los tribunales nacionales se presenta contra una unidad territorial del Estado anfitrión, mientras que la demanda arbitral se presenta contra el propio Estado anfitrión. En cuanto a la causa de la acción, la identidad también puede salvarse pues los procedimientos nacionales suelen implicar una demanda por incumplimiento de un contrato de la legislación nacional y no por incumplimiento de una cláusula de un APPRI, como sucede en el caso de las reclamaciones ante un tribunal arbitral de inversiones.

Para evitar estas situaciones, algunos APPRIs han modificado la redacción original de esta cláusula y ya no exigen identidad de partes, objeto y causa de la acción, sino que adoptan una visión más amplia e impiden una segunda reclamación en otro foro si hay identidad de objeto y de la medida subyacente que motiva la reclamación[131].

Por su parte, la cláusula de no retorno o cláusula *no-U-turn* permite al inversor extranjero acudir a un arbitraje internacional tras haber iniciado un procedimiento ante los tribunales nacionales, pero en este caso, el inversor debe renunciar al procedimiento nacional. Esta cláusula presenta la ventaja de ofrecer a los tribunales nacionales la oportunidad de reparar el daño causado antes de que el inversor acuda al arbitraje internacional. Sin embargo, una vez que el inversor acude al tribunal arbitral no pude retroceder y volver a los tribunales nacionales, salvo en los casos en los que el inversor solicite medidas cautelares, declaratorias u otras medidas extraordinarias[132].

Otros APPRIs contienen cláusulas que regulan sus relaciones con los CDIs concediendo preferencia a estos últimos en caso de conflicto sobre la base de los principios de *lex specialis* (como sucede generalmente en los APPRIs firmados por Australia, Canadá, Alemania[133] o Rusia) o *lex superior* (como, por ejemplo, hace el artículo 21(4) del Modelo de APPRI de EE. UU.)[134]. Un buen ejemplo de ello podemos encontrarlo en el artículo 20 del APPRI firmado en 2012 entre Japón e Iraq que prevé *"Nothing in this Agreement shall affect the rights and obligations of either Contracting Party under any tax convention. In the event of any inconsistency between this Agreement and any such convention, that convention shall prevail to the extent of the inconsistency"*. Otros ejemplos vienen constituidos por el artículo 3(3) del AP-

131 UNCTAD, Investor-State Dispute Settlement-UNCTAD series on issues in International Investment Agreements (II), United Nations, 2014, págs. 87-89.

132 UNCTAD, Investor-State Dispute Settlement-UNCTAD series on issues in International Investment Agreements (II), United Nations, 2014, págs. 89-90.

133 Los APPRIs firmados por Alemania suelen incluir a tal fin una cláusula con la siguiente redacción: *"With regard to the treatment of income and assets for the purpose of taxation, precedence shall be given to the application of the agreements in force at the time between the Federal Republic of Germany and ... for the avoidance of double taxation in the field of taxes on income and assets"*, para un análisis en detalle sobre la relación que los APPRIs firmados por Alemania mantienen con los CDIs firmados por este Estado véase, GIL-DEMEISTER, A., "Germany" en *The impact of Bilateral Investment Treaties on Taxation*, IBFD, 2017, págs. 312-316.

134 PISTONE, P., "General Report", *ob. cit.*, pág. 14.

PRI entre México y la República de Corea[135] o el apartado 3[136] del artículo 196 del Acuerdo de Asociación entre Chile y la UE, en donde en ambos casos se declara que, en caso de contradicción entre lo dispuesto en un APPRI y las previsiones de un CDI, debe prevalecer este último[137].

En estos casos los asuntos fiscales no están excluidos del ámbito de aplicación del APPRI, pero en la medida en que las previsiones fiscales del CDI resulten aplicables a la cuestión planteada por el inversor en concreto, prevalecerá éste frente al APPRI.

Desde la doctrina también se han formulado propuestas para evitar el solapamiento entre APPRIs y CDIs que pasan por los esfuerzos de los Gobiernos de los distintos Estados para alcanzar un mayor grado de coordinación entre la política fiscal y la política comercial de cada Estado que paliara o eliminara esta superposición normativa[138]. Al objeto de alcanzar un mayor grado de coordinación entre los APPRIs y los CDIs, DANON propone interpretar los CDIs (sobre todo los beneficios concedidos por el CDI) a la luz de los APPRIs, especialmente a la luz de la cláusula de Trato Justo y Equitativo. La propuesta de este autor se basa en el principio de interpretación sistemática contenido en el artículo 31(3)(c) de la CVDT y en la consideración de la cláusula de Trato Justo y Equitativo como regla de Derecho Internacional en el sentido del artículo 31(3)(c) CVDT[139].

---

135 Agreement between the Government of the United Mexican States and the Government of the Republic of Korea for th Promotion and Reciprocal Protection of Investments (2000), citado por CHAISSE, J, International Investment Law and Taxation: from coexistence to cooperation, *ob. cit.*, pág. 16.

136 Artículo 196 Impuestos: "Ninguna de las disposiciones de esta Parte del Acuerdo afectará a los derechos y obligaciones de cualquiera de las Partes en virtud de un convenio fiscal/tributario. En caso de incompatibilidad entre el presente Acuerdo y un convenio de esa naturaleza, prevalecerán las disposiciones de dicho convenio respecto de la incompatibilidad".

137 Article 3(3) *"Nothing in this Agreement shall affect the rights and obligations of either Contracting Party derived from any tax convention. In the event of any inconsistency between the provisions of this Agreement and any tax convention, the provisions of the latter shall prevail"*.

138 CHAISSE, J., International Investment Law and Taxation: from coexistence to cooperation, *ob. cit.*, pág. 15.

139 DANON, R.J., "Interpreting tax treaties in light of investment agreements: the role of the principle of systemic integration in tax treaty disputes", *ob. cit.*, págs. 507, 526, 534.

No obstante, esta labor de coordinación encuentra un serio obstáculo materializado en la supremacía del Derecho de la UE. Como apunta PISTONE, la supremacía del Derecho de la UE plantea un problema añadido a las relaciones entre los ALCs de nueva generación firmados por la UE (en ejercicio de su competencia exclusiva en materia de política comercial) y los CDIs firmados por los Estados miembros. Este problema de carácter técnico surgiría, no tanto en relación con los CDIs firmados entre dos Estados miembros (situación en la que, en virtud del principio de *lex superior*, los Estados miembros estarían obligados a interpretar los CDIs de forma que no prive de efectos a los IIAs de la UE), sino entre un Estado miembro y un tercer Estado especialmente en relación con la aplicación de la cláusula de Nación más Favorecida la cual está especialmente reñida con la limitación de la concesión de los beneficios previstos en el CDI exclusivamente a los residentes de los dos Estados firmantes. En estas situaciones PISTONE señala que la solución más evidente a este problema consistente en introducir una excepción o *carve out* en el IIA que excluyera del ámbito de aplicación de dicho IIA las cuestiones reguladas por el CDI en cuestión, plantea problemas de incompabilidad con la normativa europea sobre ayudas de Estado que, a fecha de hoy, carecen de solución[140].

Sin embargo, la solución más efectiva para soslayar el problema de solapamiento de normativas pasa por incluir excepciones o *carve outs* en los APPRIs, cuestión que analizaremos en las próximas páginas y que constituye la solución a la que con más frecuencia se recurre al objeto de separar y aislar la materia tributaria de la política de fomento de inversiones.

De hecho, la UNCTAD propone incluir en los APPRIs una exclusión general relativa a las cuestiones fiscales al objeto de garantizar que no se produzca un solapamiento entre el ámbito del acuerdo y las materias cubiertas por los CDIs. Asimismo, la UNCTAD recomienda que esta exención vaya más allá del ámbito de un CDI (que sólo cubre los impuestos directos) e incluya también los impuestos indirectos, como el IVA o los impuestos sobre las ventas. Con la introducción de una limitación de este tipo la capacidad de un inversor para solicitar una compensación por medidas fiscales que supuestamente violen las normas sustantivas del AP-

140 PISTONE, P., "General Report", *ob. cit.*, págs. 15-16.

PRI[141] se ve limitada drásticamente. Como analizaremos seguidamente, estas excepciones pueden referirse en bloque a todo el contenido del APPRI o pueden referirse a cláusulas concretas del APPRI o a determinadas materias.

4. EL ALCANCE SUSTANTIVO DE LOS APPRIS Y LA EXCLUSIÓN DE LAS CUESTIONES FISCALES

4.1. LA EXCLUSIÓN DE LOS ASUNTOS FISCALES DEL ÁMBITO OBJETIVO DE APLICACIÓN DE LOS APPRIS: LAS EXCLUSIONES O *CARVE OUTS*

La protección conferida por las cláusulas sustantivas de los APPRIs cubre todos los aspectos que puedan estar relacionados con la inversión, de manera que si los Estados quieren evitar la aplicación del APPRI a determinadas ámbitos, como bien puede ser la fiscalidad o la contratación pública, deben incluir una exclusión expresa[142] en el clausulado del APPRI que exceptúe su aplicación en dichos ámbitos. En estos casos, esta excepción posee carácter constitutivo, pues numerosos[143] pronunciamientos arbitrales han reconocido la competencia a los tribunales arbitrales internacionales en materia de

---

141 UNCTAD, International investment agreements and their implications for tax measures: what tax policymakers need to know, United Nations, 2021, pág. 16.

142 Es conveniente aclarar que la figura de la excepción o *carve out* prevista en el texto del APPRI no debe identificarse con una reserva hecha al mismo, pues esta última es una declaración unilateral realizada por parte de un Estado firmante mediante la cual excluye o modifica el efecto legal de ciertas previsiones del acuerdo únicamente en relación a la aplicación del mismo a este Estado, NEWCOMBE, A.; PARADELL, L., *Law and practice of investment Treaties: Standars of Treatment,* Kluwer Law International, The Hague, 2009, pág. 482.

143 Como, por ejemplo, Amco v. Indonesia ICSID Case nº ARB/81/1, Award, 20 November 1984; Kaiser Bauxite v. Jamaica ICSID Case nº ARB/74/3, Decision on Jurisdiction and Competence, 6 July 1975; Alcoa Minerals v. Jamaica ICSID Case nº ARB/74/2, Decision on Jurisdiction and Competence Case nº ARB/95/3, Award, 10 February 1999; Feldman v. Mexico, ICSID Case nº ARB(AF)/99/1, Award, 16 December 2002, citados por GREGOIRE, M., "Taxation and expropiation under bilateral investment treaties: setting the standard", *Butterworhs Journal of International Banking and Financing Law*, November, 2015, pág. 631, nota 4.

inversión para conocer de las disputas nacidas de medidas tributarias adoptadas por el Estado anfitrión de la inversión en ausencia de exclusión expresa.

En el ámbito tributario la inclusión de estas excepciones es clave pues, como ya hemos indicado, aunque un APPRI no regula la materia de forma directa y, por tanto, no resulta aplicable a la materia tributaria de la misma manera que resulta aplicable un CDI, también resulta de aplicación a las cuestiones tributarias relacionadas con la inversión en ausencia de exclusiones expresas sobre la materia[144]. Ello se debe a que, aunque un APPRI no es fuente de derechos para los inversores privados en materia de tributación en términos absolutos, en el sentido de que éstos no podrán presentar objeciones ante una determinada medida tributaria *per se*, sí que genera ciertos derechos para los inversores en términos relativos, pues podrán presentar objeciones y reclamaciones sobre una medida tributaria en la medida en que suponga una violación de alguna cláusula sustantiva del APPRI.

Según la UNCTAD[145], son numerosos los APPRIs que excluyen la materia tributaria total o parcialmente del ámbito objetivo de aplicación del Acuerdo. Algunos autores han intentado darle una explicación a esta realidad, como por ejemplo, AVERY JONES, quien mantiene que el motivo por el que los aspectos tributarios son excluidos del ámbito de aplicación de los APPRIs es que los negociadores de estos Acuerdos consideran que la tributación directa es una cuestión demasiado compleja para ser introducida en este tipo de Acuerdos de inversiones y confían en que la red de CDIs existente resolverá las eventuales controversias que puedan surgir al respecto[146].

---

144 VANDERBRUGGEN, E., "Investment arbitration in tax matters: some thoughts on selected international Case Law", Conferencia presentada en el 25 th Annual Conference of the Australian Tax Teachers Association, University of Auckland Business School el 25 de enero de 2013, [en línea], (2013), pág.5 https://www.nzica.com/~/media/NZICA/Docs/Resources%20and%20publications/2013%20Tax%20Conference/TC13%20E%20Vanderbruggen%20paper.ashx [Consulta: 16/07/2023]

145 UNCTAD, Taxation, Series on Issues in International Investment Agreements, 2000, pág. 77.

146 AVERY JONES, J.F., "Are tax treaties necessary?, (The David R. Tillinghast Second Lecture, 1997)", *Tax Law Review (New York University School of Law)*, Vol.53, nº 1, 1999, págs. 1-38.

Pero tal vez, COCKFIELD y ARNOLD[147] realicen una valoración más exacta del verdadero motivo por el que las cuestiones tributarias resultan ajenas a la protección dispensada por los APPRIs. Estos autores parten del hecho de que los contribuyentes residentes y los no residentes reciben un trato distinto por la normativa tributaria de los Estados, recibiendo éstos últimos un peor trato. DESAX[148] ilustra esta idea apuntando dos situaciones en las que esta disparidad de trato se aprecia. En el primer caso, este autor se refiere a la diferencia de tipos de retención aplicables en la fuente a los dividendos distribuidos por sociedades residentes frente a los aplicados a las sociedades no residentes, situación que podría verse empeorada si la sociedad no residente en el Estado de la fuente es residente en otro Estado con el que el Estado de la fuente no ha suscrito un CDI[149].

El segundo ejemplo que aporta este autor se refiere a aquellos supuestos en los que, ante un reembolso de una cantidad pagada por el contribuyente por parte de la Administración tributaria, el contribuyente residente está facultado a solicitar y obtener el pago de intereses por parte de la Administración, mientras que al contribuyente no residente le está vetada esta posibilidad o bien la cuantía de los mismos es menor por diferir el método de cálculo o por retrasarse la fecha de inicio del cómputo del plazo de abono de los mismos. Si bien hay que recordar que este supuesto no sólo supondría una vulneración de los estándares de trato previstos en un APPRI, sino que también vulneraría el Derecho de la UE, tal y como vino a sentar el Tribunal de Justicia de la Unión Europea (TJUE)[150].

Retomando el razonamiento de COCKFIELD y ARNOLD, dicho trato discriminatorio difícilmente puede ser justificado alegando motivos de

147 COCKFIELD, A. J.; ARNOLD, B. J., "What can trade teach tax? Examining reform options for article 24 (Non-discrimination) of the OECD Model", *World Tax Journal*, Vol. 2, nº 2, 2010, págs. 139 ss.

148 DESAX, M., "Bilateral investment protection treaties: hidden fount of taxpayer protection", *ASA (Archiv für Schweizerisches Abgaberecht)*, Vol. 83, nº 11/12, 2014/2015, pág. 899.

149 Puesto que el artículo 10 del Modelo Convenio de la OCDE limita la tributación de los dividendos en el Estado de la fuente (a través de una retención) si el beneficiario efectivo residente en el otro Estado posee determinados porcentajes de participación.

150 Sentencia del TJUE de 13 de julio de 1993, The Queen contra Inland Revenue Commissioners, ex parte Commerzbank AG, Asunto C-330/91, *[Tol 9662962]*.

protección del interés nacional bajo el prisma del Derecho Internacional, esto es, esta discriminación entre contribuyentes residentes y no residentes contraviene los estándares de trato recogidos en los APPRIs, especialmente, aunque no de manera exclusiva, la cláusula de Trato Nacional. Por este motivo, consideran estos autores que los aspectos relacionados con la imposición directa sobre la renta deben quedar exceptuados del ámbito objetivo de aplicación de los APPRIs, siendo tratados de manera exclusiva por los CDIs.

Desde los inicios del Derecho Internacional de Inversiones, los Estados se han mostrado reacios a la aplicación de la protección conferida por un APPRI a las medidas tributarias debido a la gran importancia que en aquel momento histórico se concedía a la idea del Estado-nación, según la cual, el poder tributario constituía una parte muy sensible de la soberanía del Estado y, por tanto, eran excluidos en bloque de la protección de los APPRIs.

Este recelo se hacía patente en los pronunciamientos arbitrales de la época como atestigua el razonamiento seguido por el tribunal arbitral en el asunto Kügele v. Polish State[151] de 1932, que constituye uno de los más importantes precedentes en el campo del arbitraje internacional de inversiones en materia tributaria, en el cual se afirmó que:

> *"The increase of the tax cannot be regarded as taking away or impairment of the right to engage in a trade, for such taxation presupposes the engaging in the trade (...) The trader may feel compelled to close his business because of the new tax. But this does not mean that he has lost the right to engage in the trade. For had he paid the tax, he would be entitled to go on with his business".*

No obstante, con el transcurso del tiempo, la tradicional perspectiva del Estado-nación ha transitado de manera gradual —si bien no lo ha hecho de una manera pacífica— hacia una idea más cercana al Estado moderno que acepta someter el ámbito tributario a los postulados del Derecho Internacional de Inversiones[152]. Esta transición ha ido acompañada de cambios en la

---

151 Kügele v. Polish State, Upper Silesian Arbitral Tribunal, Decision, 5 February 1932, 6 Annual Digest (1931-1932)

152 WÄLDE y KOLO afirman que "*The contrast between the post-World War I Kuegele case and the post-Feldman case illustrates the transition from the pure nation-state focus to acceptance of the new paradigm of market states in international economic law*", WÄLDE T.; KOLO, A., "*Coverage of taxation under modern investment Treaties*", en *The*

redacción de los APPRIs que se han materializado en cláusulas específicas o referencias expresas que excluyen las cuestiones tributarias de la protección conferida por algunas cláusulas en concreto del APPRI (excepciones parciales) o del APPRI en su totalidad (excepciones totales).

Aunque resulte paradójico, la aparición de las excepciones o *carve outs* parciales han conseguido que, progresivamente, los Estados fueran venciendo sus reticencias a someter las medidas tributarias que adoptaban al escrutinio de la protección conferida por un APPRI al permitir excluir la aplicación de ciertos estándares de trato que consideraban más controvertidos a las medidas tributarias, permitiendo en cambio la aplicación de otras cláusulas.

La aparición de estas excepciones o *carve outs* en la práctica convencional es relativamente reciente, pues, como constata DAVIE, no hay constancia de ellas en los primeros acuerdos[153] firmados en la década de los años cincuenta y sesenta, probablemente porque en este estadio tan temprano del Derecho Internacional de Inversiones las cuestiones tributarias no eran tenidas en consideración. Es más, tampoco es posible encontrar referencia alguna a las cuestiones tributarias en los primeros proyectos de Convenios de la época en materia de inversiones como el *Abs-Shawcross Draft Convention on Investments Abroad*[154] de 1959 o el *OEDC Draft Convention on the Protection of Foreign Property*[155] de 1967[156].

Es a finales de los años sesenta y principios de los setenta —momento en el que los Estados comienzan a desarrollar una red de CDIs— cuando aparecen las primeras *carve outs* en los APPRIs referidas a la materia tributaria para

Oxford Handbook of International Investment Law, Peter Muchlinski; Federico Ortino; Christoph Schreuer (Eds.), Oxford University Press, 2008, págs. 347-348.

153 El autor cita como muestra de ello el *Treaty for the Promotion and Protection of Investments between Pakistan and the Federal Republic of Germany, 25 november 1959; Traité entre la Confédération Suisse et la Répubique Tunisienne relative à la protection et à l'encouragement des investissements de capitaux, 2 December 1961* o el *Treaty between the Federal Repubic of Germany and the Republic of Sudan concerning the Encouragement of Investments, 7 February, 1963*, véase DAVIE, M., "Taxation-Based Investment Treaty Claims", *Journal of International Dispute Settlement*, nº 8, 2015, pág. 211.

154 https://www.international-arbitration-attorney.com/wp-content/uploads/137-volume-5.pdf.

155 https://www.oecd.org/investment/internationalinvestmentagreements/39286571.pdf.

156 DAVIE, M., "Taxation-Based Investment Treaty Claims", *ob. cit.*, pág. 211.

excluirla del ámbito objetivo de aplicación de éstos sobre el convencimiento de que las cuestiones tributarias estaban debidamente resueltas por los CDIs y sólo algunas cuestiones marginales relacionadas con la tributación necesitaban solución por parte de los APPRIs como, por ejemplo, la expropiación indirecta[157].

En la actualidad, se constata una tendencia creciente a incluir en los APPRIs más modernos *carve outs* para excluir de su ámbito objetivo de aplicación las cuestiones tributarias y aunque no hay uniformidad en el contenido y redacción de las *carve out*[158], es posible distinguir dos estilos de redacción de estas cláusulas[159]. Por un lado, la corriente Europea se sirve de las *carve outs* para evitar eventuales conflictos entre los CDIs y los APPRIs restringiendo la aplicación de estos últimos a favor de los CDIs en aquellas cuestiones directamente relacionadas con la materia tributaria. En particular estas excepciones establecen la no extensión de determinados estándares de protección privilegiados contenidos en el APPRI o incluso en la normativa doméstica[160], a situaciones relacionadas con el ámbito tributario, las cuales se regirán únicamente por lo previsto en los CDIs, a veces mencionados expresamente en la *carve out*.

La redacción de las *carve outs* en el continente europeo sigue un método de dos niveles en virtud del cual, en primer lugar, se refuerza la autonomía normativa de los Estados firmantes para, en un momento posterior, excluir cuestiones concretas del ámbito de aplicación del APPRI o del ALC. Un claro ejemplo de esta estructura puede verse en el capítulo de inversiones (Capítulo VIII) del Acuerdo Económico y Comercial Global entre Canadá, por una parte, y la Unión Europea y sus Estados miembros, por otra (conocido

---

157 DAVIE, M., "Taxation-Based Investment Treaty Claims", *ob. cit.*, pág. 211.

158 DAVIE, M., "Taxation-Based Investment Treaty Claims", ob. cit., pág. 216.

159 ERMAN ÖZGUR, U., Taxation of foreign investments under International Law: Article 21 of the Energy Charter Treaty in context, Energy Charter Secretariat, Brussels, 2016, pág. 33.

160 Como es el caso del artículo 7(1) del Modelo de APPRI de Reino Unido que excluye la aplicación del Trato Nacional y la Cláusula de Nación más favorecida a los privilegios contenidos en "*any international agreement or arrangement relating wholly or mainly to taxation or any domestic legislation relating wholly or mainly to taxation*", TITI, C., *The Right to Regulate in International Investment Law,* Bloomsbury Publishing, 2014.

como CETA, por sus siglas en inglés *Comprehensive Economic Trade Agreement*) en cuyo artículo 8.9 recoge un listado no cerrado de políticas estratégicas (como la protección de los consumidores, de la salud pública o del medio ambiente, entre otras) en las que los firmantes mantienen de forma plena sus competencias legislativas excluyendo que cualquier modificación del marco normativo en esos sectores, aunque tenga efectos negativos para el inversor, pueda ser considerada un incumplimiento del Acuerdo.

Posteriormente, el artículo 28 recoge una serie de sectores a los que no les resulta de aplicación lo dispuesto en algunos Capítulos del CETA o bien la totalidad del contenido del CETA. El apartado 7 de este precepto, en su primera frase, hace referencia expresa a las cuestiones tributarias recogiendo una excepción específica para este sector al afirmar que *"nothing in the Agreement shall be construed to prevent a Party from adopting or maintaining any taxation measure that distinguishes between persons who are not in the same situation, in particular with regard to the place where their capital is invested"*.

A esta previsión debe unirse la exclusión del ámbito de aplicación del Acuerdo referida a las medidas adoptadas para evitar el fraude fiscal contenida en la segunda frase de este apartado el cual prevé que *"nothing in this Agreement shall be construed to prevent a party from adopting or maintaining any taxation measure aimed at preventing the avoidance or evasión of taxes pursuant to its tax laws or tax conventions"*.

Por otro lado, la tendencia predominante en el continente americano pasa por introducir una cláusula que recoge lo que, *a priori*, parece una exclusión general de las cuestiones tributarias del ámbito del APPRI para, en un segundo momento, introducir un listado de excepciones a esa excepción general a las que sí se les va a aplicar las disposiciones del Acuerdo.

El resultado de esta técnica legislativa es un complejo esquema de excepciones en la que la excepción general incluye dentro de sí una excepción de menor ámbito la cual, a su vez, puede ser exceptuada por otra excepción cuyo ámbito objetivo de aplicación es más reducido que la anterior y que supone una excepción a la excepción de la primera excepción o *carve out*. Como afirma PARK[161], esta cadena de excepciones recuerda en cierto modo a una

161 PARK, W., "Arbitrability and Tax", en *Arbitrability & Comparative Perspectives*, Loukas Mistelis, Stavros Brekoulakis (Eds.), Kluwer International Law, 2009, pág. 189.

matryoska rusa, pues al igual que estas muñecas rusas albergan en su interior otra de menor tamaño, estas excepciones o *carve outs* prevén dentro de sí, excepciones a las excepciones.

Esta técnica legislativa ha llevado a algunos autores[162] a clasificar las excepciones o *carve outs* atendiendo al hecho de si son exceptuadas por otra excepción, estableciendo una distinción entre aquellas que no son exceptuadas (que reciben el nombre de *unconditional limitations*) y las que son exceptuadas por excepciones de menor ámbito (que reciben el nombre de *conditional limitations*).

Por ejemplo, el artículo 21 del Modelo de APPRI de EE. UU. de 2012 exceptúa del ámbito objetivo de aplicación del convenio cualquier medida de naturaleza tributaria. Sin embargo, esta excepción de carácter general es, a su vez, exceptuada por una previsión contenida en el mismo precepto que permite la aplicación del convenio a aquellas medidas tributarias que sean consideradas por el inversor como una expropiación indirecta[163].

No obstante, uno de los mejores ejemplos de la complejidad que las distintas exclusiones pueden presentar lo encontramos en el artículo 21 de la Carta de la Energía, el cual en sus seis primeros apartados recoge un intrincado sistema de exclusiones. Este precepto establece inicialmente una excepción general a las cuestiones tributarias, para pasar, posteriormente a enumerar una serie de previsiones que resultan de aplicación en todo caso al ámbito tributario, refiriéndose en concreto a la prohibición de discriminación y las previsiones relativas a la expropiación indirecta. Sin embargo, la prohibición de discriminación excluye, a su vez, de su aplicación los impuestos sobre la renta y el patrimonio, así como toda medida relacionada con la recaudación tributaria. No obstante, otra excepción, permite la aplicación de estas previsiones a algunas medidas relacionadas con la recaudación.

Ya sea mediante una fórmula u otra, el objetivo que persiguen los Estados al incluir estas excepciones en los APPRIs es excluir las cuestiones tributarias

---

162 ERMAN ÖZGUR, U., Taxation of foreign investments under International Law: Article 21 of the Energy Charter Treaty in context, *ob. cit.*, págs. 30-33.

163 Siempre que se cumpla con el requisito de una previa reclamación a la autoridad competente, siguiendo el procedimiento de la denominada figura del *tax veto*, que será analizada en detalle en futuras páginas de este trabajo.

del ámbito objetivo de aplicación del APPRI, pues las medidas fiscales que entran en el ámbito de una exclusión fiscal o *carve out* no son arbitrables[164], aunque ello no es óbice para que los tribunales las tengan en cuenta como cuestiones de hecho[165]. En el fondo, lo que pretenden los Estados mediante estas exclusiones es asegurarse plena libertad para ejercer su soberanía fiscal sin cortapisas de ningún tipo y reservando su facultad de conceder privilegios fiscales en el marco de negociaciones en los que puedan obtener una contrapartida a cambio de su concreta concesión.

4.2. CLASIFICACIÓN DE LAS EXCLUSIONES

4.2.1. Las exclusiones totales y parciales

Dependiendo de la exclusión o no de las cuestiones tributarias del ámbito objetivo de aplicación de los APPRIs o de alguna cláusula en concreto y de su amplitud podemos clasificar a las excepciones o *carve outs* contenidas en los APPRIS en generales y parciales.

Las exclusiones totales de las cuestiones tributarias suelen plasmarse en cláusulas generales que excluyen los asuntos tributarios de la totalidad del ámbito objetivo de aplicación del texto íntegro del APPRI, resultando en consecuencia que ninguna cuestión tributaria podrá ser cuestionada sobre la base del Acuerdo, ya que la exclusión se incluye de manera explícita en dichas cláusulas generales.

164 Tal y como se apreció en los asuntos Foresight Luxembourg Solar 1 S.Á.R.L., Foresight Luxembourg Solar 2 S.Á.R.L., Greentech Energy System A/S, GWM Renewable Energy I S.P.A and GWM Renewable Energy II S.P.A v. Kingdom of Spain, SCC Case No. 2015/150, Final Award, 14 November 2018, para. 260; Antaris Solar GmbH and Dr. Michael Göde v. Czech Republic, PCA Case No. 2014-01, Award, 2 May 2018, para. 217; Isolux Netherlands, BV v. Kingdom of Spain, SCC Case V2013/15, Award, 12 July 2016, para. 721.

165 Como se hizo en los asuntos RREEF Infrastructure (G.P.) Limited and RREEF Pan-European Infrastructure Two Lux S.à r.l. v. Kingdom of Spain, ICSID Case No. ARB/13/30, Decision on Responsibility and on the Principles of Quantum, 30 November 2018, para. 191; RosInvestCo UK Ltd. v. The Russian Federation, SCC Case No. V079/2005, Final Award, 12 September 2010, para. 619; Cargill, Incorporated v. United Mexican States, ICSID Case No. ARB(AF)/05/2, Award, 18 September 2009, para. 297.

Claros ejemplos de ello son el artículo 5(2) del APPRI Argentina-Nueva Zelanda de 1999 que prevé que *"The provisions of this Agreement shall not apply to matters of taxation in the area of either Contracting Party. Such matters shall be governed by the domestic laws of each Contracting Party and the terms of any agreement relating to taxation concluded between the Contracting Parties"* o el artículo 8(2) del APPRI entre Hong Kong y Nueva Zelanda que afirma que *"The provisions of this Agreement shall no apply to matters of taxation in the area of either Contracting Party. Such matters shall be governed by the domestic laws of each Contracting Party and the terms of any agreement relating to taxation concluded between the Contracting Parties".*

Encontramos otros ejemplos en la parte V del *Association of Southeast Asian Nations' (ASEAN's) Agreement on the Promotion and Protection of Investments* (*ASEAN Investment Agreement*) de 1987[166] y el Artículo 5 de la Convención de Moscú sobre protección de los derechos del inversor de 1997[167].

VANDERBRUGGEN[168] sostiene que los términos definitorios de esta exclusión general pueden ser interpretados tanto en un sentido estricto como en un sentido amplio. En sentido estricto, la exclusión se refiere a cuestiones relacionadas directamente con la tributación dejando fuera de la exclusión las cuestiones relacionadas con la interpretación y aplicación de las normas tributarias.

Por el contrario, en un sentido amplio, la exclusión abarcaría también a cuestiones relacionadas con los estándares generales de protección conferidos al inversor por el Acuerdo, por lo que quedarían incluidas, por ejemplo, todas aquellas cuestiones relacionadas con la sujeción al impuesto, es decir, que en este caso, la exclusión se haría extensiva a cualquier cuestión sobre protección del inversor que directa o indirectamente estuviera relacionada con cuestiones tributarias.

---

166 Añadiendo que las cuestiones tributarias *"shall be (exclusively) governed by (DTTs) between Contracting Parties and the domestic laws of each Contracting P*arty", citado por ERMAN ÖZGUR, U., Taxation of foreign investments under International Law: Article 21 of the Energy Charter Treaty in context", *ob cit.*, págs. 30-31.

167 *Moscow Convention on Protection of the Rights of the Investor*, citado por ERMAN ÖZGUR, U., Taxation of foreign investments under International Law: Article 21 of the Energy Charter Treaty in context", ob. cit., págs. 30-31.

168 VANDERBRUGGEN, E., "Investment arbitration in tax matters: some thoughts on selected international Case Law", *ob. cit.*, págs. 8-10.

Este autor es partidario de llevar a cabo una interpretación amplia de los términos de la exclusión, ya que una exclusión entendida en términos restrictivos no tendría sentido, pues dejaría fuera del ámbito de aplicación del APPRI las cuestiones relacionadas directamente con la materia tributaria, pero quedarían dentro del ámbito de aplicación del Acuerdo aquellas cuestiones relativas al estándar de protección de la inversión indirectamente relacionadas con la materia tributaria.

Por su parte, las exclusiones parciales pueden, a su vez, ser de dos tipos. Por un lado, aquellas exclusiones referidas a determinados tipos de impuestos que suelen ser enumerados por el Acuerdo como, por ejemplo, hace el artículo 21.2 del APPRI firmado entre EE. UU. y Uruguay que excluye del ámbito de aplicación del APPRI a los impuestos directos, teniendo esta consideración, según indica el propio precepto, los impuestos sobre la renta, las plusvalías o el capital imponible de sociedades o personas físicas, los impuestos sobre el patrimonio, las sucesiones, las donaciones y las transferencias con salto generacional o el artículo 2103(4) (b) del Tratado de Libre Comercio entre los Gobiernos de Canadá, México y EE.UU. (NAFTA, por sus siglas en inglés *North American Free Trade Agreement*) al afirmar que *"Articles 1102 and 1103 (Investment-National Treatment and Most-Favored Nation Treatment) [...] shall apply to all taxation measures, other than those on income, capital gains or on the taxable capital of corporations, taxes on estates, inheritances, gifts and generation-skipping transfers [...]"*.

Por otro lado, aquellas que excluyen las cuestiones tributarias de la aplicación de algún capítulo en concreto del acuerdo o de ciertas cláusulas o determinados aspectos del APPRI. Dentro de esta tipología, las más habituales son las exclusiones respecto de estándares de trato en concreto, como suele ser habitual en relación con la cláusula de Trato Justo y Equitativo, los estándares de Trato Nacional y de Nación Más Favorecida o la cláusula relativa a la expropiación. En estos supuestos, la materia tributaria se excluye del ámbito objetivo de aplicación de la cláusula sustantiva a la que se refiere, no de la totalidad del Acuerdo. Podemos encontrar ejemplos de ello en el artículo 4(4) del APPRI entre Etiopía y Luxemburgo de 2006, el artículo III(3)(b) del APPRI entre España y México de 2006, el artículo 3(4) del APPRI entre Alemania y Afganistán de 2005[169], el artículo 5

[169] Ejemplos citados por ERMAN ÖZGUR, U., Taxation of foreign investments under International Law: Article 21 of the Energy Charter Treaty in context", *ob. cit.*, pág. 31

del APPI entre Reino Unido y México[170] o el artículo 5 del Modelo de APPRI de Francia[171].

4.2.2. La exclusión REIO a la cláusula de Nación Más Favorecida

Resulta imperativo hacer una referencia a la denominada excepción relativa a los acuerdos de organizaciones de integración nacional o *"regional economic integration organisation (REIO) exception"*[172], la cual constituye una *carve out* de la cláusula de Nación Más Favorecida.

La *REIO exception* ha surgido en el contexto de los acuerdos de integración regional y/o económica tanto de carácter multilateral, regional o bilateral y toma como punto de partida la situación en la que un Estado firmante (A) de un concreto APPRI es miembro de una determinada organización (*REIO member*) en la que todos sus miembros se dispensan recíprocamente un trato preferencial entre sí y a sus inversores, pero el otro Estado firmante (B) de este APPRI no es miembro de dicha organización.

En este contexto, la inclusión de la *REIO exception* en el texto del APPRI persigue la exclusión de la aplicación de la cláusula de Nación Más Favorecida en relación con los tratos preferenciales dispensados a los inversores del resto de Estados miembros de la organización por el Estado firmante A a los inversores del otro Estado firmante B, que no es parte de esa organización.

La *REIO exception* encuentra su fundamento tanto en la reticencia existente en la práctica internacional sobre la posibilidad de que los *pacta in favo-*

---

170 Article 5: "*Article 4 of this Agreement shall not be construed so as to oblige one Contracting Party to extend to the investors of the other Contracting Party the benefit of any treatment, preference or privilege resulting from: (...) (b) any international agreement or arrangement relating wholly or mainly to taxation or any domestic legislation relating wholly or mainly to taxation. Nothing in this Agreement shall affect the rights and obligations of either Contracting Party derived from any international agreement or arrangement relating wholly or mainly to taxation to which either Contracting Party is a party. In th event of any inconsistency between the provisions of this Agreement and any such agreement or arrangement, the provisions of the latter shall prevail*".

171 Citado por TITI, C., The Right to Regulate in International Investment Law, *ob. cit.*

172 UNCTAD, The REIO exception in MFN treatment clauses, Series on International Investment Policies for Development, United Nations, New York and Geneva, 2004.

rem tertii puedan ser fuente no sólo de ventajas, sino de derechos a terceros Estados, en consonancia con las cautelas establecidas en artículo 34[173] y más especialmente en el apartado 1 del artículo 36[174] de la CVDT.

La inclusión de una cláusula REIO está muy extendida en la práctica convencional pudiendo citar como ejemplos[175] el artículo 4.3 del modelo de APPRI de Chile[176], artículo 3.3 del modelo de APPRI de China[177], el artículo 4 del modelo de APPRI de Francia[178], el artículo 3.4 del modelo de APPRI de Alemania[179], el artículo 4.4 del modelo de APPRI de Suiza[180], el artículo 7

173 Artículo 34 Norma general concerniente a terceros Estados.
"Un tratado no crea obligaciones ni derechos para un tercer Estado sin su consentimiento".

174 Artículo 26 Tratados en que se prevén derechos para terceros Estados.
1. "Una disposición de un tratado dará origen a un derecho para un tercer Estado si con ella las partes en el tratado tienen la intención de conferir ese derecho al tercer Estado o a un grupo de Estados al cual pertenezca, o bien a todos los Estados y si el tercer Estado asiente a ello. Su asentimiento se presumirá mientras no haya indicación en contrario, salvo que el tratado disponga otra cosa".

175 UNCTAD, Taxation, Series on Issues in International Investment Agreements, United Nations, New Yourk and Geneva, 2000, págs. 34-35.

176 *"If a Contracting Party accords special advantages to investors of any third country by virtue of an agreement establishing a free trade area, a customs union, a common market, an economic union or any other form of regional economic organization to which the Party belongs or through the provisions of an agreement relating wholly or mainly to taxation, it shall not be obliged to accord such advantages to investors of the other Contracting Party".*

177 *"The treatment and protection as mentioned in Paragraphs 1 and 2 of this Article shall not include any preferential treatment accorded by the other Contracting Party to investments of investors of a third State based on customs union, free trade zone, economic union, agreement relating to avoidance of double taxation or for facilitating frontier trade".*

178 *"Ce traitement [MFN/national treatment] ne s'étend toutefois pas aux privilèges qu'une Partie contractante accorde aux nationaux ou sociétés d'un Etat tiers, en vertu de sa participation ou de son association à une zone de libre échange, une union douanière, un marché commun ou toute autre forme d'organisation économique régionale. Les dispositions de cet Article ne s'appliquent pas aux questions fiscales".*

179 *"The treatment [MFN/national treatment] granted under this Article shall not relate to advantages which either Contracting Party accords to nationals or companies of third States by virtue of a double taxation agreement or other agreements regarding matters of taxation".*

180 *"If a Contracting Party accords special advantages to investors of any third State by virtue of an agreement establishing a free trade area, a customs union or a common market or by*

del modelo de APPRI de Reino Unido[181] o el artículo 25.1 del Tratado sobre la Carta de Energía[182].

En algunos APPRIs la *REIO exception* hace una referencia expresa al concreto tipo de organización de integración regional a la que se refiere la excepción, como por ejemplo el artículo 4.4[183] del Modelo suizo de Acuerdo sobre inversiones o el artículo 3.3[184] del Modelo alemán de Acuerdo sobre inversiones. En otras ocasiones, esta cláusula extiende sus efectos a acuerdos de naturaleza similar, como es el caso del artículo 7[185] del Modelo de Acuerdo sobre inversiones del Reino Unido o el artículo 4.2[186] del Modelo francés de Acuerdo sobre inversiones. Finalmente, un limitado número de APPRIs incluyen en esta cláusula una definición ge-

---

virtue of an agreement on the avoidance of double taxation, it shall not be obliged to accord such advantages to investors of the other Contracting Party".

181 *"The provisions of this Agreement relative to the grant of treatment not less favourable than that accorded to the nationals or companies of either Contracting Party or of any third State shall not be construed so as to oblige one Contracting Party to extend to the nationals or companies of the other the benefit of any treatment, preference or privilege resulting from... (b) any international agreement or arrangement relating wholly or mainly to taxation or any domestic legislation relating wholly or mainly to taxation".*

182 "Lo dispuesto en el presente Acuerdo no podrá interpretarse de manera que obligue a ninguna Parte Contratante que sea Parte en un Acuerdo de Integración Económica (en adelante denominado "AIE"), a que haga extensivas, mediante el trato de nación más favorecida, a otra Parte Contratante que no sea Parte en dicho AIE las ventajas de cualquier tipo de trato preferente aplicable entre las Partes por ser Partes en dicho Acuerdo".

183 *"If a Contracting Party accords special advantages to Investors of any third State by virtue of an agreement establishing a free trade area, a customs union or a common market or by virtue of an agreement on the avoidance of double taxation, it shall not be obliged to accord such advantages to Investors of the other Contracting Party".*

184 "Dicho trato no se refiere a los privilegios que uno de los Estados Contratantes conceda a los nacionales o sociedades de terceros Estados por formar parte de una unión aduanera o económica, un mercado común o una zona de libre comercio, o a causa de su asociación con tales agrupaciones".

185 Este precepto se refiere a *"any existing or future customs union or similar International agreement to which either of the Contracting Parties is or may become a party".*

186 "(...) Este tratamiento no se extiende a los privilegios otorgados por una Parte Contratante a inversionistas de un tercer Estado en virtud de su participación o asociación en una zona de libre comercio, unión aduanera, mercado común o cualquier otra forma de organización económica regional".

neral de REIO, como es el caso del artículo 25.2[187] del Tratado sobre la Carta de Energía[188].

A pesar de que la excepción REIO puede implicar un conflicto con el principio de Nación Más Favorecida, desde un punto de vista internacional, se ha venido aceptando su existencia como medida de apoyo de los procesos de integración regional[189], si bien en la actualidad esta medida sigue generando cierta controversia.

Por un lado, los defensores de esta excepción la consideran imprescindible en los procesos de integración regional, pues ante la ausencia de la misma, los Estados no miembros podrían reclamar de manera unilateral el disfrute de los beneficios acordados entre los Estados REIO, sin verse sometidos a las obligaciones que incumben a los miembros. Esta situación no sólo sería políticamente inaceptable, sino que generaría distorsiones y debilitarían la posición negociadora de los Estados REIO en sus Acuerdos de inversiones con terceros Estados, poniendo en serio peligro el proceso de integración regional.

Por otro lado, los detractores de este tipo de *carve outs* sostienen que una excepción de este tipo conculca el espíritu multilateralizador inherente al estándar de trato de Nación Más Favorecida. Además, su aplicación no estaría exenta de dificultades en cuanto a la determinación de su ámbito subjetivo de aplicación. En este sentido, sería cuestionable la exclusión operada por una excepción REIO de una sociedad inversora creada en el territorio de un Estado no REIO en el que desarrolla su actividad, pero que es controlada por nacionales de un Estado REIO. Justo en una situación opuesta se encontraría un inversor no REIO que comienza a operar en el territorio REIO mediante una filial con el único motivo de adquirir la condición de inversor REIO.

---

187 "A los efectos del apartado 1), se entenderá por "Acuerdo de Integración Económica" un acuerdo que liberalice sustancialmente, entre otras cosas, el comercio y la inversión estableciendo la ausencia o eliminando toda discriminación entre las Partes en el acuerdo mediante la supresión de las medidas discriminatorias existentes o la prohibición de nuevas medidas discriminatorias, ya sea en el momento de la entrada en vigor del acuerdo o dentro de un plazo razonable".

188 UNCTAD, *The REIO exception in MFN treatment clauses,* Series on International Investment Policies for Development, United Nations, New York and Geneva, 2004, págs. 44-45.

189 UNCTAD, *The REIO exception in MFN treatment clauses,* Series on International Investment Policies for Development, United Nations, New York and Geneva, 2004, pág. 5.

Aunque no hay una redacción común de la excepción REIO, es posible distinguir una evolución en el diseño de las mismas, pues inicialmente las excepciones REIO presentaban unos términos amplios (recibiendo la denominación de *generic REIO exception)* que, si bien generaban un alto grado de inseguridad jurídica en las consecuencias que se derivan de las mismas, favorecían la uniformidad en las interpretaciones que sobre ellas realizaban los distintos Estados REIO[190].

Por el contrario, un buen número de las excepciones REIO incorporadas de forma más reciente en distintos acuerdos de inversión comparten una redacción más precisa en aras a delimitar su ámbito de aplicación[191]. Esta formulación más concreta recibe la denominación de *individual country-specific exception*[192] y presenta la virtud de disfrutar de un mayor grado de transparencia, pues en virtud de la misma, se identifican las medidas que son exceptuadas del ámbito de aplicación de la cláusula de Nación Más Favorecida. Esta delimitación es llevada a cabo en muchas ocasiones no tanto por la organización REIO, sino por el Estado miembro de dicha organización firmante de un APPRI[193].

En el marco de una excepción REIO resulta fundamental la forma en que el Estado REIO firmante de un APPRI con otro Estado no REIO define a sus inversores y ello en relación con el disfrute de los beneficios aplicables a los Estados REIO.

Consecuentemente, la definición de inversor se torna una cuestión nuclear en estos casos, porque su delimitación lleva implícita la delimitación del derecho de establecimiento de un inversor no REIO en el territorio REIO, lo que, a la postre, posibilita que los inversores extranjeros acaben disfrutando de los beneficios previstos para los inversores de los Estados REIO.

Así pues, la definición de inversor prevista en el acuerdo de inversión puede, por ejemplo, exigir únicamente que el inversor extranjero del Estado no REIO se

---

190 UNCTAD, *The REIO exception in MFN treatment clauses,* Series on International Investment Policies for Development, United Nations, New York and Geneva, 2004, pág. 32.

191 UNCTAD, *The REIO exception in MFN treatment clauses,* Series on International Investment Policies for Development, United Nations, New York and Geneva, 2004, págs. 3-4.

192 UNCTAD, *The REIO exception in MFN treatment clauses,* Series on International Investment Policies for Development, United Nations, New York and Geneva, 2004, pág. 31.

193 UNCTAD, *The REIO exception in MFN treatment clauses,* Series on International Investment Policies for Development, United Nations, New York and Geneva, 2004, pág. 32.

ubique en el territorio del Estado REIO firmante para disfrutar de la protección que confiere el APPRI. En este caso, el derecho de establecimiento está definido de una manera muy amplia y al inversor extranjero REIO le resulta sencillo evitar la aplicación de la excepción REIO, incluso mediante la realización de prácticas constitutivas de *treaty shopping*, y adquirir la condición de inversor REIO disfrutando así de los privilegios previstos en exclusiva para ellos.

Al objeto de atajar las distintas conductas de *treatty shopping* por parte de los inversores no REIO, en la práctica convencional la definición de inversor suele venir acompañada de la cláusula de denegación de ventajas (*denial of benefits clause*) que introduce el *substantive business operations test*[194], exigiéndose también de forma alternativa, aunque en la mayoría de ocasiones se exige de manera acumulativa, que la sociedad inversora extranjera sea controlada o participada mayoritariamente por inversores del Estado REIO firmante o de cualquier otro Estado REIO. Muestra de ello son los artículos 1113[195] y 1139[196]

194 El *Mainland-Hong Kong Closer Economic Partnership Arrangement* en su Anexo V contiene previsiones detalladas para determinar cuándo una empresa desarrolla o no *substantial Business activities*, que examina la naturaleza de la actividad, exige una duración mínima de 3 años de desarrollo previo de la actividad, haber tributado en el lugar donde realiza la actividad, haber obtenido los permisos de actividad oportunos, que al menos el 50% de los trabajadores sean residentes del lugar donde realiza la actividad, entre otros requisitos. Disponible en https://www.tid.gov.hk/english/cepa/legaltext/files/consolidated_a5.pdf

195 *Article 1113: Denial of Benefits*
1. "A Party may deny the benefits of this Chapter to an investor of another Party that is an enterprise of such Party and to investments of such investor if investors of a non-Party own or control the enterprise and the denying Party:
(a) does not maintain diplomatic relations with the non-Party; or
(b) adopts or maintains measures with respect to the non-Party that prohibit transactions with the enterprise or that would be violated or circumvented if the benefits of this Chapter were accorded to the enterprise or to its investments.
2. Subject to prior notification and consultation in accordance with Articles 1803 (Notification and Provision of Information) and 2006 (Consultations), a Party may deny the benefits of this Chapter to an investor of another Party that is an enterprise of such Party and to investments of such investors if investors of a non-Party own or control the enterprise and the enterprise has no substantial business activities in the territory of the Party under whose law it is constituted or organized".

196 *Article 1139: Definitions*
"Enterprise of a Party means an enterprise constituted or organized under the law of a Party, and a branch located in the territory of a Party and carrying out business activities there".

NAFTA, el artículo 25 del *Afreement on a Closer Economic Partnership* entre Nueva Zelanda y Singapur[197] o en artículo 17 Tratado de la Carta de la Energía[198], entre otros.

En el ámbito de la Unión Europea la *REIO exception* adquiere una especial importancia, pues cualquiera de los APPRIs firmados por alguno de los Estados miembros o por la UE contiene la cláusula de Nación Más Favorecida o de Trato Nacional. En esta situación, la ausencia de esta *carve out* conllevaría que cualquier inversor nacional de un Estado que no es miembro de la UE, pero cuyo Estado anfitrión es un Estado miembro pudiera reclamar la aplicación de los beneficios fiscales restringidos únicamente a los nacionales de los Estados miembros. Así pues, se hace imprescindible que en los APPRIs firmados por los Estados miembros de la UE se incluya o bien una *carve out* de carácter general que excluya del ámbito objetivo de aplicación de los acuerdos todas las cuestiones relativas a la materia tributaria o bien una *REIO exception* en relación con la cláusula de Nación Más Favorecida. En este último supuesto, una *generic REIO exception* permitiría extender los términos de la excepción a los futuros pasos en materia de integración en el ámbito de la UE.

En relación con los países miembros de la UE, la cláusula REIO ha adquirido recientemente una nueva dimensión al aplicarse como instrumento para enervar no sólo la aplicación de la cláusula de Nación Más Favorecida

197 *Article 25 Extension of benefits*
"A service supplier of a non-Party that is a legal person constituted under the laws of a Party shall be entitled to treatment granted under this Part provided that it engages in substantive business operations in the territory of one or both parties".

198 Artículo 17 No aplicación de la Parte III en determinadas circunstancias
Cada Parte Contratante se reserva el derecho de denegar los beneficios de la presente Parte a:
1) cualquier entidad jurídica cuando ciudadanos o nacionales de un tercer país posean o controlen dicha entidad y cuando ésta no lleve a cabo actividades empresariales importantes en el territorio de la Parte Contratante en la que esté establecida, o
2) a una inversión, cuando la Parte Contratante que decida dicha denegación establezca que se trata de la inversión de un inversor de un tercer Estado con el cual, la Parte Contratante que decide la denegación:
a) no mantenga relaciones diplomáticas, o
b) adopte o mantenga disposiciones que: i) prohíban las transacciones con los inversores de dicho Estado, o ii) puedan resultar infringidas o soslayadas de concederse las ventajas de la presente Parte a los inversores de dicho Estado o a sus inversiones.

a los Estados no REIO, sino también, para asegurar la compatibilidad de la cláusula de transferencia de capitales con el derecho de la UE. Muestra de ello es el artículo 5 del modelo de APPRI alemán[199/200], el artículo 7 del modelo de APPRI francés[201], el artículo 3.4.b) del modelo de APPRI austríaco de 2011[202] o el artículo 7.1.c) del modelo de APPRI de Reino Unido de 2008.

4.2.3. Situaciones que privan de efectividad a las excepciones en materia tributaria

4.2.3.1. El amplio margen de interpretación de los tribunales arbitrales

Si nos centramos en aquellos APPRIs que contienen excepciones o *carve outs* relativas a la materia tributaria, la práctica convencional revela que, salvo casos puntuales, precisar el alcance de la exclusión puede ser una tarea compleja. De hecho, salvo los casos extremos que bien ejemplifican el nuevo modelo de APPRI de India de 2016 que excluye la aplicación del Acuerdo a cualquier legislación o medida tributaria excluyendo así de manera absoluta las cuestiones tributarias de su ámbito objetivo de aplicación o, situado en el otro extremo, el caso del Modelo de APPRI seguido por Alemania hasta su revisión en 2008 que permitía sin ningún tipo de reservas la aplicación de las

199 *"The provisions of this Article shall not be so construed as to prevent a Contracting State from fulfilling in good faith its obligations as a member of an economic and monetary union".*

200 Reflejado en la redacción del artículo 5.7 del APPRI firmado entre Alemania y Pakistán en el año 2009.

201 *"Les dispositions des alinéas précédents du présent article, ne s'opposent pas à l'exercice de bonne foi, par une Partie contractante, de ses obligations internationales ainsi que de ses droits et obligations au titre de sa participation ou de son association à une zone de libre échange, une unión douanière, un marché commun, une unión économique et monétaire ou toute autre forme de coopération ou d'integration régionale".*

202 *"No provision of this Agreement shall be construed (b) as to prevent a Contracting Party from fulfilling its obligations as a member of an economic integration agreement such as a free trade area, customs union, common market, economic community, monetary union, e.g. the European Union, or as to oblige a Contracting Party to extend to the investors of the other Contracting Party and to their investments or returns the present or future benefit of any treatment preference or privilege by virtue of its membership in such an agreement or any multilateral agreement on investment".*

disposiciones del convenio a la materia tributaria[203], lo cierto es que las *carve outs* deben ser interpretadas por los tribunales arbitrales que deben aplicarlas.

En esta labor hermenéutica los tribunales arbitrales gozan de un generoso margen de discrecionalidad debido a la concurrencia de diversos factores como son el hecho de que los términos utilizados en las exclusiones son amplios y vagos, a que, como ya hemos apuntado, la redacción de una exclusión puede llegar a ser intrincada, sobre todo si son del tipo *matryosca*, al amplio concepto de medidas fiscales existente en la práctica arbitral, así como a la amplia interpretación consolidada de algunas cláusulas sustantivas del APPRI.

Este amplio margen de interpretación conduce, en ocasiones, a resultados indeseables como, por un lado, la inconsistencia entre laudos arbitrales emitidos por distintos tribunales que, enjuiciando la misma o una situación muy similar, interpretan de forma distinta una exclusión alcanzando soluciones radicalmente opuestas y, por otro lado, la limitación de los efectos de una exclusión prevista en el APPRI resultado de la interpretación llevada a cabo.

La primera situación de inconsistencia entre laudos arbitrales puede ilustrarse con los pronunciamientos en los asuntos Occidental v. Ecuador[204] y EnCana v. Ecuador[205]. En ambos casos los demandantes eran sociedades extranjeras que operaban en el sector del petróleo y gas en Ecuador, en ambos casos las reclamaciones de los inversores estuvieron motivadas por la negativa de las autoridades fiscales ecuatorianas a reconocer el derecho a obtener unas devoluciones de IVA y en los dos APPRIs que sirvieron de base a sus reclamaciones se contenía una exclusión de las cuestiones tributarias del ámbito objetivo del Acuerdo. La dispar interpretación llevada a cabo por los tribunales arbitrales que conocieron de ambos asuntos condujo a que en el caso Occidental v. Ecuador se considerara que la medida fiscal estaba excluida del

203 KELLER, X., *International Tax Arbitration: Private International Authority in the realm of Taxation*, Term Paper, Otto-Suhr-Institut für Politikwissenschaft, Freie Universität Berlin, 2013, pág. 18, https://www.academia.edu/8550394/International_Tax_Arbitration_and_Private_Authority?auto=download

204 Occidental Exploration and Production Co. v. Ecuador, London Court of International Arbitration, Case UN 3467, Award, 1 July 2004.

205 EnCana Corporation v. Republic of Ecuador, UNCITRAL, LCIA Case nº UN3481, Award, 3 February 2006, para. 173.

ámbito del APPRI debido a la exclusión realizada por la *carve out*, mientras que en el asunto EnCana v. Ecuador la medida fiscal no estaba excluida del ámbito del APPRI porque la exclusión no le resultaba aplicable[206].

Por lo que respecta a la segunda situación en que los efectos de la exclusión se ven limitados por la interpretación de los términos de la exclusión llevada a cabo por el tribunal arbitral, el caso Yukos[207] relacionado con el Tratado de la Carta de la Energía es un ejemplo paradigmático. En este asunto, el tribunal interpretó la *carve out* contenida en el artículo 21 de la Carta de la Energía llegando a la conclusión de que sólo las medidas fiscales adoptadas de buena fe por el Estado anfitrión pueden ser excluidas del ámbito de aplicación del Acuerdo por efecto de la exclusión. Esta interpretación se basa en la idea de que si bien los Estados ostentan el poder soberano de aprobar medidas fiscales, si ejercen este poder de forma abusiva no podrán beneficiarse de la exclusión de estas cuestiones del ámbito objetivo del Acuerdo.

Para el tribunal en este caso, la nota fundamental que caracterizaba una medida fiscal como *bona fide* es el hecho de obtener recursos económicos para el Estado, de manera que una medida fiscal cuyo objetivo no es generar ingresos debe ser reputada *mala fide* y, por tanto, supone un incumplimiento de alguna de las cláusulas sustantivas del APPRI.

No obstante, esta doctrina —que ha sido acogida de forma desigual en ulteriores pronunciamientos arbitrales— presenta un importante inconveniente, ya que es posible encontrar ejemplos de tributos, siendo el más claro ejemplo los impuestos pigouvianos, cuyo objetivo principal no es la obtención de recursos públicos, sino mitigar los efectos de las externalidades negativas. Si aplicamos la doctrina del caso Yukos, lo más probable es que cualquier impuesto pigouviano sería considerado una medida fiscal *mala fide* y, por tanto, un incumplimiento del APPRI[208].

---

206 Para un mayor grado de detalle sobre esta comparativa véase URIBE, D; MONTES, M.F., "Building a mirage: the effectiveness of tax carve-out provisions in International Investment Agreements", *Investment Policy Brief*, nº 14, marzo, 2019, pág. 7.

207 Yukos Universal Limited (Isle of Man) v. The Russian Federation, UNCITRAL, PCA Case No. 2005-04/AA227, Interim Award on Jurisdiction and Admissibility, 30 November 2009.

208 Para profundizar sobre esta cuestión véase MARIAN, C., *The State's Power to Tax in the Investment Arbitration of Energy Disputes*, Kluwer Law International, 2020.

Si bien con carácter general el Estado que invoca una excepción fiscal contenida en un acuerdo de inversión tiene la carga de demostrar que la medida fiscal entra en el ámbito objetivo de la *carve out* y, por tanto, está efectivamente excluida de la aplicación del APPRI o de una clásula en concreto del mismo, en el caso de aplicar la doctrina del caso Yukos, el Estado anfitrión cuenta con una importante presunción a su favor, pues se presupone que la medida fiscal adoptada es *bona fide*, desplazándose la carga de la prueba de la existencia de mala fe del Estado anfitrión hacia el inversor.

4 2.3.2. La existencia de cláusulas de estabilización

Las cláusulas de estabilización carecen de naturaleza convencional teniendo carácter contractual, es decir, no se recoge entre el clausulado de un APPRI, sino que suele recogerse en los contratos de inversión firmados entre un inversor extranjero y el Estado anfitrión. Es una herramienta de gestión del riesgo que pretende mantener el equilibrio jurídico y económico del proyecto de inversión impidiendo acciones unilaterales del Estado anfitrión en el ejercicio de sus funciones soberanas.

A grandes rasgos, las cláusulas de estabilización pueden clasificarse en dos grandes grupos. Por un lado, las cláusulas de estabilización clásicas (denominadas cláusulas de congelación o *freezing clauses*) que persiguen la congelación del marco normativo aplicable a la inversión en el Estado inversor. A tal fin eximen a la inversión respecto de la cual se ha firmado el contrato de la aplicación de nuevas leyes, congelando de este modo la legislación del Estado anfitrión. Algunas formas de compromisos de congelación estipulan que el contrato se aplicará como *lex specialis* sobre las posteriores normas aprobadas, o que las modificaciones legislativas sólo se aplicarán si son coherentes con el contrato de inversión. Otras cláusulas pueden aislar la relación contractual de cualquier efecto material adverso.

En realidad, en estos casos, el Estado anfitrión conserva su derecho a aprobar nuevas normas, pero el inversor puede reclamar una indemnización sobre la base del incumplimiento del compromiso de congelación, incluso aunque esa medida sea *bona fide*. Ello evidencia el marcado carácter disuasorio de esta cláusula contractual al desincentivar al Estado anfitrión en la adopción de nuevas medidas legislativas generando el indeseado *regulatory chilling effect*, al que haremos referencia más adelante en este trabajo.

Por otro lado, encontramos una visión más moderna de estas cláusulas que persiguen un equilibrio económico entre el Estado anfitrión y el inversor mediante la adopción de soluciones como el reajuste automático de las condiciones del contrato, la renegociación de los términos del contrato o una compensación en caso de un cambio en la legislación del Estado anfitrión que perjudique la rentabilidad o viabilidad de la inversión. Son las denominadas cláusulas de equilibrio económico o *equilibrium clauses*.

Finalmente, encontramos una categoría híbrida de cláusulas que combinan caracteres tanto de las cláusulas de congelación como de equilibrio económico.

Ya se trate de una cláusula de estabilización clásica, de equilibrio económico o híbrida, su ámbito puede ser general y cubrir los cambios normativos en cualquier sector o puede referirse en concreto a determinados sectores como, por ejemplo, el fiscal, el medioambiental o el laboral.

Centraremos nuestra atención en las cláusulas de estabilización fiscal cuyo objetivo es hacer a la inversión inmune frente a cualquier modificación legislativa o nueva medida administrativa en materia tributaria que pueda repercutir negativamente en la rentabilidad y viabilidad económica de la inversión. La inclusión de una cláusula de estabilización fiscal en un contrato firmado entre el inversor y el Estado anfitrión supone un riesgo para la efectividad de las excepciones previstas en los APPRIs ya que, en función de cómo sea interpretada la cláusula de estabilización fiscal por el tribunal arbitral, la exclusión de las cuestiones tributarias consagrada en el APPRI puede verse vacía de contenido.

Esta situación se refleja claramente en el laudo dictado en el caso Burlington v. Ecuador[209] en el que el tribunal atribuyó a la cláusula de estabilización —que era, concretamente, del tipo de equilibrio económico[210]— contenida en el contrato firmado entre demandante y demandado la naturaleza de cláusula de indemnización fiscal de carácter privado considerando que su invo-

[209] Burlington v. Ecuador, ICSID Case No ARB/08/5, Decision on Jurisdiction, 2 June 2010.

[210] Dicha cláusula preveía que *"In the event of a modification to the tax system or the creation or elimination of new taxes not foreseen in this Contract, which have an impact on the economics of this Contract, a correction factor will be included in the production sharing percentages to absorb the impact of the increase or decrease in the tax"*.

cación por el inversor no planteaba en el litigio ninguna "cuestión tributaria" y, por tanto, no le resultaba de aplicación la exclusión total a las cuestiones fiscales recogida en el artículo X del APPRI aplicable. En concreto el tribunal arbitral razonó que *"Indeed, Respondent's indemnification obligation under the PSCs is unrelated to its taxing power as a sovereign state. The contract indemnification clauses bind the investor just as much as they bind Respondent. [...] Thus, two private parties who have no power whatsoever over taxes could enter into an indemnification clause identical to those contained in the PSCs, i.e. if there is a tax increase, the contract price is reduced, and viceversa. And if one of the parties were to seek enforcement of the indemnification clause, it would not mean that that party is challenging the tax that prompted the application of the clause; rather, it would simply invoke the tax to substantiate its claim for indemnification. This logic does not change when the State is one of the parties subject to the clause. Hence, the Tribunal is of the view that this claim does not raise «matters of taxation»"*[211].

En el marco del análisis de los efectos de la cláusula de estabilización, procede hacer una serie de reflexiones no sólo sobre el encaje constitucional de la misma, sino también sobre su relación con la normativa de la UE en materia de ayudas de Estado, en aquellos casos en los que uno o ambos Estados firmantes del APPRI sean Estados miembros.

En primer término, la cláusula de estabilización debe ponerse en tela de juicio a la luz de las prohibiciones que tanto la normativa interna tributaria, como los textos constitucionales recogen frecuentemente sobre la eventual concesión de regímenes tributarios excepcionales a determinados contribuyentes.

En estos supuestos surge un conflicto jurídico de hondo calado pues el Estado anfitrión no puede inaplicar esta cláusula bajo el pretexto de que la misma contraviene su Derecho interno, incluida la norma constitucional, tal y como prescribe el artículo 27 de la CVDT[212].

---

211 Burlington v. Ecuador, ICSID Case No ARB/08/5, Decision on Jurisdiction, 2 June 2010, paras. 182-183.

212 Artículo 27. El derecho interno y la observancia de los tratados.
"Una parte no podrá invocar las disposiciones de su derecho interno como justificación del incumplimiento de un tratado. Esta norma se entenderá sin perjuicio de lo dispuesto en el artículo 46".

Tal es el caso español, pues nuestra Carta Magna consagra en su artículo 31.1 el principio de generalidad que prohíbe la existencia de discriminaciones no justificadas en la capacidad económica. Igualmente este principio se recoge en el artículo 3.1 de la Ley 58/2003, General Tributaria (LGT). Sobre esta cuestión, coincidimos con MARTÍN QUERALT cuando afirma que "el principio constitucional de generalidad constituye un requerimiento directamente dirigido al legislador para que cumpla con una exigencia: tipificar como hecho imponible todo acto, hecho o negocio jurídico que sea indicativo de capacidad económica (...) vedando la concesión de exenciones y bonificaciones tributarias que puedan reputarse como discriminatorias"[213].

Y, a mayor abundamiento, no consideramos que la pretensión de estabilidad del régimen tributario ostentada por el inversor extranjero pueda basarse en la teoría de los derechos adquiridos, pues entendemos que el disfrute de un determinado régimen fiscal vigente en el momento de la firma del contrato de inversión no constituye un derecho subjetivo incorporable al patrimonio del contribuyente, basándonos para realizar esta afirmación en la interpretación que ha hecho nuestro Tribunal Constitucional[214] desde épocas tempranas negando la existencia de derechos tributarios adquiridos, coincidiendo con FALCÓN Y TELLA, en que "en sentido técnico no existen derechos adquiridos frente al legislador"[215].

Consecuentemente, no consideramos que las cláusulas de estabilización que despliegan sus efectos en el ámbito tributario encuentren acomodo legal para su existencia en nuestro ordenamiento jurídico, lo que impide, a nuestro modo de ver, la inclusión de dichas cláusulas en los contratos de inversión firmados por España.

En segundo lugar, cuando al menos uno de los Estados firmantes del contrato sea un Estado miembro de la UE resulta imperativo analizar el encaje de la cláusu-

---

Convención de Viena sobre el Derecho de los Tratados, Viena, 23 de mayo de 1969 (U.N. Doc A/CONF.39/27 (1969), 1155 U.N.T.S. 331, entered into force, January 27, 1980).

213 MARTÍN QUERALT, J; LOZANO SERRANO, C.; CASADO OLLERO, G; TEJERIZO LÓPEZ, J.M., *Curso de Derecho Financiero*, Tecnos, Madrid, 2022, pág. 108.

214 Sentencia del Tribunal Constitucional de 4 de febrero de 1983, ratificada posteriormente por otra de contenido similar de 18 de mayo de 1983.

215 FALCÓN Y TELLA, R., "Exenciones, beneficios fiscales y derechos adquiridos en el Impuesto sobre Sociedades", *Crónica Tributaria*, nº 59, 1989, pág. 53.

la de estabilización en el marco de la normativa europea sobre ayudas de Estado. En este contexto, la "inmunidad" frente a cambios en la normativa tributaria que supongan un aumento de tributación que concede el Estado firmante en exclusiva a los inversores extranjeros del otro Estado firmante del Acuerdo constituye un claro trato ventajoso discriminatorio[216] frente al resto de inversores, tanto nacionales como extranjeros de otros Estados, que operen en el Estado anfitrión.

Por ello consideramos que la aplicación de la cláusula de estabilización reuniría los requisitos para ser considerada ayuda de Estado. Es más, creemos que para adquirir tal consideración basta la mera existencia de dicha cláusula sin que sea necesario que efectivamente se produzca un cambio legislativo que consume la instauración de un régimen tributario más gravoso, pues el riesgo a su invocación que la mera existencia de esta cláusula implica es suficiente para considerarla como una amenaza para el falseamiento de la competencia[217].

Así pues, desde el punto de vista del Derecho de la UE, la firma de un contrato de inversión por parte de un Estado miembro de la UE que incluya una cláusula de estabilización fiscal le coloca en una encrucijada de la que difícilmente saldrá airoso. Ello se debe, por un lado, a que el respeto de esta cláusula de estabilización por parte del Estado miembro que tenga la consideración de Estado anfitrión le sitúa en una situación de incumplimiento en relación con la normativa europea de ayudas de Estado, mientras que, por otro lado y de forma simultánea, la inobservancia de dicha cláusula le puede acarrear reclamaciones de indemnización ante los tribunales arbitrales por parte de los inversores extranjeros del otro Estado firmante que ven cómo su "inmunidad" frente a los cambios legislativos en materia tributaria no ha sido respetada.

216 Es discriminatorio porque los Acuerdos de Inversión tienen carácter bilateral, por lo que, constituyen *per se* una discriminación, al no resultar de aplicación al resto de operadores económicos de otros Estados.

217 Como la jurisprudencia comunitaria ha precisado en numerosas ocasiones desde épocas tempranas, el requisito del falseamiento de la competencia "se cumple también cuando dicha distorsión sea sólo potencial", véanse, entre otras, las Sentencias del TJUE de 17 de septiembre de 1980, Philip Morris contra Comisión, Asunto 730/79 *[Tol 9662961]*, apartados 11 y 12; de 10 de julio de 1986, Bélgica contra Comisión, Asunto 40/85 *[Tol 9662963]*, apartados 22 y las STG de 30 de abril de 1998, Vlaams Gewest contra Comision, Asunto T-214/95 *[Tol 103827]*, apartado 46 y de 30 de enero de 2002, Keller y Keller Mecánica contra Comisión, Asunto T-35/99 *[Tol 154605]*, apartado 85.

Mas no acaba aquí el infortunio del Estado miembro de la UE que incluye una cláusula de estabilización fiscal en un contrato de inversión, puesto que, si en un intento de ser respetuoso con la normativa europea de ayudas de Estado, decide no respetar la cláusula de estabilización y recibe reclamaciones de indemnización por ello, siendo condenado por un tribunal arbitral al pago de las mismas y procediendo a su pago en virtud de las obligaciones contraídas por mor del Derecho Internacional, el pago de estas indemnizaciones puede ser considerado por la Comisión Europea como ayuda de Estado, tal y como demuestra el precedente habido en el caso Miccula[218].

Por todo lo expuesto, colegimos que las cláusulas de estabilización de los contratos de inversión tienen muy difícil encaje en la normativa europea sobre ayudas de Estado. Por ello, el Estado miembro que en la actualidad cuenta con contratos de inversión que contienen esta cláusula se ve abocado o bien a un incumplimiento de la normativa sobre ayudas de Estado (tanto en aquellos supuestos en los que respeta la cláusula, como en los supuestos en los que no la respeta, pero procede al pago de la indemnización fijada por el tribunal arbitral como consecuencia del incumplimiento) con la consiguiente obligación de recuperación de la ayuda de Estado considerada ilegal, la cual, en este caso, tiene carácter fiscal, o incluso arriesgándose a la imposición de sanciones si persiste en su incumplimiento, o bien a un incumplimiento de sus obligaciones derivadas del Derecho Internacional (bien por no respetar la cláusula de estabilización recogida en el contrato de inversión, bien por incumplir su obligación de pagar la indemnización impuesta por el laudo arbitral sin causa justificada para ello reconocida internacionalmente) lo que terminaría generando la responsabilidad internacional de este Estado miembro.

218 Decisión (UE) 2015/1470 de la Comisión de 30 de marzo de 2015, relativa a la ayuda estatal SA.38517 (2014/C) (ex 2014/NN) ejecutada por Rumanía Laudo arbitral Micula/Rumanía de 11 de diciembre de 2013.

Capítulo II ANÁLISIS DE LAS CLÁUSULAS SUSTANTIVAS CONTENIDAS EN LOS APPRIS CON INCIDENCIA EN MATERIA TRIBUTARIA

1. CLÁUSULA DE TRATO JUSTO Y EQUITATIVO

1.1. CONTENIDO DE LA CLÁUSULA DE TRATO JUSTO Y EQUITATIVO E INCIDENCIA SOBRE LAS CUESTIONES TRIBUTARIAS

La cláusula de Trato Justo y Equitativo (conocida como cláusula FET, por sus siglas en inglés *Fair and Equitable Treatment*) se ha descrito como la cláusula que contiene el estándar de trato más importante en las controversias sobre tratados de inversión[219], la cláusula invocada con más frecuencia[220] y la que en los últimos años se considera incumplida en un mayor número de ocasiones[221], pues aunque, históricamente la cláusula

---

219 SCHREUER, C., "Fair and Equitable Treatment in Arbitral Practice", *Journal of World Investment & Trade*, Vol. 6, nº 3, 2005, pág. 357.

220 ÁLVAREZ, J., The Public International Law Regime Governing International Investment, Cambridge University Press, 2011, pág. 177.

221 BLACKABY, N.; PARTASIDES, C.; REDFERN, A.; HUNTER, M., *Redfern and Hunter on International Arbitration,* 7th Edition, Oxford University Press, 2022, paragraph 8.96.

de expropiación era la más frecuentemente alegada, las demandas basadas en la cláusula FET han ganado popularidad a medida que las nacionalizaciones masivas se han vuelto cada vez menos frecuentes y los Estados adoptan medidas menos intrusivas, junto con el desarrollo del arbitraje de inversiones[222].

Como hemos afirmado antes, la cláusula FET es un contenido estándar de los acuerdos de inversión[223], tal y como la propia práctica arbitral ha reconocido y la UNCTAD ha puesto de manifiesto al evidenciar que sólo 125 de un total de 2.574 acuerdos de inversión no contienen esta cláusula[224]. Sin embargo, en los últimos años es posible apreciar una tendencia a omitir esta cláusula como ejemplifican el Modelo de APPRI de la India (2016)[225], el Acuerdo Global de Cooperación Económica India-Singapur, el Tratado de libre Comercio entre Australia y China (2015) —que solo contiene el Trato Nacional y el Trato de Nación Más Favorecida como protecciones sustantivas del tratado[226]—, la enmienda al Protocolo de Inversión de la Comunidad Sudafricana de Desarrollo (2016) —que solo contiene la prohibición de expropiación y el Trato Nacional como protecciones sustantivas del tratado[227]— y el APPRI entre Marruecos y Ruanda

---

222 United Nations Conference on Trade and Development (UNCTAD), '*Fair and Equitable Treatment: UNCTAD Series on IIAs II: A Sequel*', New York and Geneve, 2012, pág. 10.

223 Total S.A. v. Argentine Republic, ICSID Case No. ARB/04/01, Decision on Liability, 27 December 2010, para. 106.

224 Véase UNCTAD, Mapping of IIA Content, available at https://investmentpolicy.unctad.org/international-investment-agreements/iia-mapping. Véase también DUMBERRY, P., "The Formation and Identification of Rules of Customary International Law" en *International Investment Law*, Cambridge University Press, 2016, p. 145, en donde destaca que en 2014, solo 50 de un total de 1.964 APPRIs no contenían una disposición FET.

225 DULAC, E.; LIN HOE, J., "Substantive protections: fairness", Global Arbitrarion Review, 14 enero 2022, [en línea], (2022), https://globalarbitrationreview.com/guide/the-guide-investment-treaty-protection-and-enforcement/first-edition/article/substantive-protections-fairness#footnote-033 [Consulta 21/07/2023].

226 Artículos 9.3 y 9.4, respectivamente, del Acuerdo de Libre Comercio entre Australia y China firmado el 17 de junio de 2015.

227 Acuerdo por el que se modifica el anexo 1 (Cooperación en materia de inversión) del Protocolo sobre financiación e inversión de la Comunidad Sudafricana de Desarrollo, firmado el 31 de agosto de 2016.

(2016), que contiene las protecciones sustantivas estándar pero excluye la cláusula FET[228].

No obstante, incluso en aquellos supuestos en los que la cláusula FET no se cuenta en el contenido de un APPRI[229], el tribunal arbitral que necesite resolver un litigio relacionado con esta cláusula podría o bien recurrir al Derecho consuetudinario vigente entre las partes, o bien, al ser el Trato Justo y Equitativo un principio estructural de la protección de las inversiones y un principio general del Derecho Internacional, podría servirse de la equidad *praeter legem* para aplicar el contenido de dicho trato como principio general del Derecho[230].

Además, si el Acuerdo no dispone de la cláusula FET, pero sí contiene la cláusula de Nación más Favorecida y uno de los Estados parte hubiera celebrado otro Acuerdo que sí contempla dicho trato, se extenderían los efectos del Trato Justo y Equitativo previsto en el segundo Acuerdo a los beneficiarios del primer tratado, gracias a la cláusula de la Nación Más Favorecida tal y como la práctica arbitral ha demostrado en asuntos como PAO Tatneft (formerly OAO Tatneft) v. Ukraine[231], donde el APPRI entre Rusia y Ucrania no contenía una cláusula de Trato Justo y Equitativo, pero esta cláusula se importó del APPRI entre el Reino Unido y Ucrania a través de la cláusula de Nación Más Favorecida del APPRI entre Rusia y Ucrania.

Como señala la UNCTAD, "el propósito y la intención originales de las cláusulas FET eran proteger contra los muchos tipos de situaciones en que puede manifestarse la injusticia, como, por ejemplo, la cancelación arbitraria de licencias, el acoso a un inversor mediante multas y sanciones injustificadas o la creación de otros obstáculos con vistas a perturbar un negocio"[232].

---

228 APPRI entre Marruecos y Ruanda, firmado el 19 de diciembre de 2016.

229 Ni tampoco de la cláusula del estándar mínimo de trato en el Derecho Internacional.

230 PASTOR PALOMAR, A., "Protección de inversiones con conceptos indeterminados: el trato justo y equitativo en los APPRIS celebrados por España", *Revista Española de Derecho Internacional*, Vol. 58, nº 1, 2006, pág. 278.

231 PAO Tatneft (formerly OAO Tatneft) v. Ukraine, PCA Case No. 2008-8, Award on the Merits, 29 July 2014, paras. 326-365.

232 UNCTAD, *Fair and Equitable Treatment: UNCTAD Series on IIAs II: A Sequel*, New York and Geneve 2012, págs. 6-7.

Como puede apreciarse, se trata de una cláusula de tratamiento de carácter absoluto, es decir, concede un tratamiento específico a los inversores sin necesidad de comparar dicho trato con el otorgado a otros inversores (como sucede, por ejemplo, en las cláusulas de Nación Más Favorecida o de Trato Nacional) en virtud de la cual, el Estado anfitrión de la inversión se obliga con el otro Estado firmante del Acuerdo a dispensar a los inversores de ese otro Estado un tratamiento justo y equitativo en sus inversiones directas.

La cláusula FET no tiene un contenido unívoco, por lo que resulta necesaria su determinación en aras de la consecución de un grado satisfactorio de seguridad jurídica tanto para inversores como para Estados anfitriones. No obstante, esta labor hermenéutica no se encuentra exenta de dificultades debido a tres motivos principalmente. En primer lugar, debido a la discusión en torno a la forma de medir el estándar[233] exigido al Estado anfitrión de la inversión; en segundo lugar, por la existencia de una gran variedad de redacciones de cláusulas que contienen el estándar del Trato Justo y Equitativo, lo que hace que la interpretación estructural en casos concretos difiera de un caso a otro, y, en tercer y último término, por el gran número de fallos arbitrales desarticulados, que es producto de la ausencia de un solo órgano internacional que unifique criterios[234].

Todos los APPRIS celebrados por España mencionan explícitamente el binomio "Trato Justo y Equitativo", permitiendo una interpretación lógico-sistemática del conjunto de sus cláusulas, aunque la redacción de esta cláusula no es siempre la misma, si bien más de la mitad de los APPRIS celebrados

---

233 Existe un debate doctrinal y jurisprudencial sobre si el alcance de la obligación convencional del trato justo y equitativo es superior a la protección ofrecida por el estándar derivado de la norma consuetudinaria, si bien esta cuestión debe ser determinada atendiendo a la interpretación del APPRI aplicable al caso concreto. A grandes rasgos, pueden distinguirse tres grandes posturas en la doctrina y la jurisprudencia que identifican el trato justo y equitativo (de menor a mayor grado de regulación) con un estándar mínimo de Derecho Internacional Consuetudinario, con un estándar exigible con relación al Derecho Internacional y todas sus fuentes o con un estándar independiente contenido en ciertos acuerdos y tratados internacionales.

234 PRIETO MUÑOZ, G., *El trato justo y equitativo en el derecho internacional de inversiones*, Corporación Editorial Nacional y Universidad Andina Simón Bolívar, Quito, 2013, pág. 48.

por España contienen una regulación del Trato Justo y Equitativo completa o muy completa[235].

Si bien la identificación del contenido le corresponde al intérprete en cada caso en concreto, a nivel doctrinal hay un gran número[236] de propuestas para determinar el contenido del estándar de Trato Justo y Equitativo, que proponen una sistematización diferente en cada caso. Por ello, hemos considerado aconsejable[237] aceptar como punto de partida de nuestro análisis la enumeración de elementos integrantes de este estándar de trato que propone la OCDE[238] que consta de los siguientes cuatro elementos:

a) Obligación de vigilancia y protección.
b) Observancia del debido proceso e interdicción de la denegación de justicia y de la arbitrariedad.
c) Transparencia y respeto a las legítimas expectativas del inversor.
d) Elementos autónomos de equidad.

La obligación de vigilancia y protección obliga al Estado anfitrión a adoptar todas las medidas que resulten necesarias para proteger la inversión efectuada por el inversor extranjero frente a cualquier contingencia o agresión que pudiera recibir en el territorio del Estado anfitrión, llegando a relacionarse esta obligación de vigilancia y protección, por parte de los tribunales arbitrales, no sólo con la obligación positiva de brindar protección a la inversión contra amenazas físicas, sino que, dentro de una visión

235 PASTOR PALOMAR, A., "Protección de inversiones con conceptos indeterminados: el trato justo y equitativo en los APPRIS celebrados por España", *ob. cit.*, págs. 275-277.

236 PRIETO MUÑOZ realiza una enumeración y breve análisis de las mismas en PRIETO MUÑOZ, G., El trato justo y equitativo en el Derecho internacional de inversiones, *ob. cit.*, pág. 49.

237 Como sugieren los autores PRIETO MUÑOZ, G., El trato justo y equitativo en el derecho internacional de inversiones, *ob. cit.*, pág. 49 y siguientes y VANDERBRUGGEN, E., "Investment arbitration in tax matters: some thoughts on selected international Case Law", *ob. cit.*, págs. 12 ss.

238 OECD, Working Papers on International Investment, Fair and Equitable Treatment Stardard in International Investment Law, Paris, September 2004, pág. 26.

amplia, esta protección abarca también elementos como la estabilidad del marco legal[239].

VANDERBRUGGER[240] llega incluso a considerar que esta obligación puede desplegar sus efectos en el ámbito tributario en relación con las medidas que el Estado anfitrión puede adoptar en el marco de un procedimiento de recaudación cuando el contribuyente no ha procedido al pago dentro del período voluntario. En este ámbito, considera este autor, queda vedada la adopción de medidas que contrarían el Derecho Internacional o que son ilegales desde el punto de vista del Derecho interno, debiendo el Estado anfitrión evitar su adopción o, si éstas ya se han adoptado, remediar la situación.

En segundo lugar, de la obligación de observancia del debido proceso[241] e interdicción de la denegación de justicia y de la arbitrariedad se derivan distintas implicaciones.

Esta segunda obligación conlleva, por un lado, que el inversor extranjero también espera que el Estado anfitrión de la inversión actúe de manera coherente y no contradictoria, es decir, entre otras cosas, sin revertir de manera arbitraria decisiones o aprobaciones anteriores o preexistentes emanadas del Estado en las que el inversor confió y basó la asunción de sus compromisos y la planificación y puesta en marcha de su operación económica y comercial.

Por otro lado, la obligación de observancia del debido proceso y la interdicción de la denegación de justicia implican la obligación del Estado an-

239 PRIETO MUÑOZ, G., El trato justo y equitativo en el derecho internacional de inversiones, ob. cit., pág. 52.

240 VANDERBRUGGEN, E., "Investment arbitration in tax matters: some thoughts on selected international Case Law", pág. 12.

241 PISTONE y LAZAROV proponen recurrir al contenido del estándar de trato regulado en esta cláusula FET como estándar mínimo de trato en los casos de asistencia transfronteriza entre Administraciones tributarias llevada a cabo al amparo de la Directiva 2010/24/UE del Consejo de 16 de marzo de 2010 sobre la asistencia mutua en materia de cobre de los créditos correspondientes a determinados impuestos, derechos y otras medidas. Véase PISTONE, P.; LAZAROV, I., "The fundamental right to Fair and Equitable Treatment in the cross-border recovery of taxes within the EU: a need for a common minimum standard", *World Tax Journal*, 2023, Vol. 15, nº 1.

ticción de ofrecer una tutela jurídica efectiva que comprenda dos sentidos. Por un lado, en el sentido formal que exige el acceso no solo a tribunales pertenecientes al poder judicial, sino también el acceso a procesos en sede administrativa[242]. En este sentido, como apuntan DANON y WUNSCHA, la denegación del acceso al MAP de mala fe constituiría un incumplimiento de este estándar de trato, incluso en aquellos casos en los que ha habido por parte del inversor una conducta de evasión fiscal[243], aunque analizaremos la aplicación de la cláusula FET a los actuaciones constitutiva de evasión fiscal en próximas páginas de este trabajo. Por otro lado, en sentido sustantivo, que prohíbe la función deficiente de un órgano jurisdiccional[244] y exige el respeto de las garantías del debido proceso[245].

La práctica de los tribunales arbitrales resulta esclarecedora en relación al contenido de este elemento, pues prevé que "podría alegarse una denegación de justicia si los tribunales competentes se negaran a conocer del asunto, si este sufriera una demora indebida o si administraran la justicia de modo seriamente inadecuado", añadiendo que existe un cuarto tipo de denegación de justicia consistente en "la aplicación incorrecta de la ley en una forma clara y maliciosa"[246]. Sin embargo, en relación con este cuarto tipo de denegación de justicia, coincidimos con PRIETO MUÑOZ cuando afirma que resulta imprescindible para que el hecho sea considerado un ilícito internacional que el mismo trascienda el mero error judicial, pues, en caso contrario, los tribunales arbitrales se convertirían en tribunales de apelación de fallos locales.

---

242 PRIETO MUÑOZ, G., El trato justo y equitativo en el derecho internacional de inversiones, *ob. cit.*, pág. 52-53.

243 DANON, R.; WUSHKA, S., "OECD/International-International Investment Agreements and the International tax system: the potential of complementary and Harmonious interpretation, *ob. cit.*

244 KNOLL-TUDOR, I., "The fair and equitable treatment standard and human rights norms", en *Human rights in International Investment Law and Arbitration,* Pierre-Marie Dupuy; Francesco Francioni; Ernst-Ulrich Petersmann (Eds.), Oxford University Press, London, 2009, pág. 158.

245 PRIETO MUÑOZ, G., El trato justo y equitativo en el derecho internacional de inversiones, ob. cit., págs. 52-53.

246 Metalclad Corporation v.United Mexican States, Caso CIADI Nº Arb/97/1, Award, 30 August 2000.

VANDERBRUGGER[247] considera que se podría contravenir la obligación de asegurar al inversor el acceso a la justicia en aquellos supuestos en los que se limita la vía de revisión a la vía administrativa impidiendo el acceso del contribuyente a la vía jurisdiccional y ello porque al ser la propia Administración que ha dictado el acto quien resuelve la vía administrativa, si se veta el acceso a la vía jurisdiccional se estaría privando al contribuyente del acceso a una instancia donde la justicia es impartida por un juez independiente. Igualmente este autor considera que puede contravenirse esta obligación del Estado anfitrión en los supuestos en los que la normativa doméstica no prevé la suspensión del acto impugnado y la elevada cuantía de la deuda tributaria a la que debe hacer frente el contribuyente a pesar de haber recurrido el acto de imposición le sitúa en una situación de insuficiencia financiera.

No obstante, es en aquellos casos en los que la Administración tributaria disponga de cierto margen de apreciación en los que pueden presentarse con mayor frecuencia situaciones en las que los inversores consideren que se ha vulnerado la obligación de observancia del debido proceso y la interdicción de la arbitrariedad.

Ello puede suceder en las dilaciones imputables a la Administración y lesivas para el inversor[248] o bien en relación con los beneficios fiscales que carecen de carácter automático, quedando su disfrute supeditado a la apreciación por la Administración del cumplimiento de ciertos requisitos por parte del contribuyente[249], como podría ser el caso, por ejemplo, de las deducciones

---

247 VANDERBRUGGEN, E., "Investment arbitration in tax matters: some thoughts on selected international Case Law", *ob. cit.*, págs. 13-14.

248 VANDERBRUGGEN ilustra esta casuística con un caso en que se condenó al Estado anfitrión sobre la base de que no había cumplido su obligación de observancia del debido proceso e interdicción de la denegación de justicia y de la arbitrariedad porque había retrasado la inscripción en el oportuno Registro de Exportadores a una empresa exportadora, lo que originó un retraso en la obtención de devoluciones tributarias derivadas de su actividad exportadora, véase. VANDERBRUGGEN, E., "Investment arbitration in tax matters: some thoughts on selected international Case Law", *ob. cit.*, pág. 17.

249 Esta hipótesis viene respaldada por asuntos como, por ejemplo, Vincent J. Ryan, Schooner Capital LLC and Atlantic Investment Partners LLC v. Republic of Poland, ICSID Case No. ARB(AF)/11/3, Award, 24 November 2015 en donde los inversores demandaron al Estado anfitrión alegando incumplimiento de la cláusula FET debido a que el Estado anfitrión de la inversión negó el disfrute de unos beneficios fiscales de concesión discrecional.

a la I+D+i previstas en la normativa española, para cuyo disfrute los contribuyentes podrán, sobre la base de lo previsto en el artículo 35.4.a) LIS, aportar informe motivado emitido por el Ministerio de Economía y Competitividad[250], o por un organismo adscrito a éste, relativo al cumplimiento de los requisitos científicos y tecnológicos exigidos para calificar las actividades del contribuyente como I+D+i, o como innovación, teniendo dicho informe carácter vinculante para la Administración tributaria[251]. En casos como estos o que presenten circunstancias similares, la actuación del Estado anfitrión consistente en la emisión de un informe negando arbitrariamente el cumplimiento de los citados requisitos o sin la debida motivación podría considerarse un atentado contra la obligación de observancia del debido proceso e interdicción de la denegación de justicia y de la arbitrariedad.

Esta situación también puede suceder en relación al margen de apreciación existente en cuanto al inicio de un procedimiento de comprobación o inspección relativo al inversor extranjero, mientras que con respecto a otros contribuyentes en la misma situación no se inicia. En muchas jurisdicciones es muy difícil conseguir la fiscalización de la decisión de inicio de un procedimiento de este tipo esgrimiendo el carácter discriminatorio de su adopción. Sin embargo, son las distintas medidas que, en ejercicio de su margen de apreciación, la Administración tributaria puede adoptar en el seno de un procedimiento de comprobación o inspección donde más claramente pueden producirse estas conductas lesivas, especialmente en lo concerniente a las recalificaciones que pueda llevar a cabo la Administración tributaria.

---

250 Conforme al Real Decreto 1432/2003, de 21 de noviembre, por el que se regula la emisión por el Ministerio de Ciencia y Tecnología de informes motivados relativos al cumplimiento de requisitos científicos y tecnológicos, a efectos de la aplicación e interpretación de deducciones fiscales por actividades de investigación y desarrollo e innovación tecnológica (BOE núm. 286, de 29 de noviembre de 2003) [*Tol 321865*], el órgano competente para emitir informes motivados es el Director General de Política Tecnológica del Ministerio de Ciencia y Tecnología (art. 4.1 RD 1432/2003). En aquellos casos en que el informe vaya referido a proyectos previamente evaluados como consecuencia de su presentación a cualquiera de las líneas de apoyo financiero a proyectos empresariales que gestiona el Centro para el Desarrollo Tecnológico Industrial, la competencia corresponde al director de este ente público (art. 4.2 RD 1432/2003).

251 Sobre esta deducción véase GIL GARCÍA, E., *Los incentivos fiscales a la I+D+i*, Tirant Lo Blanch, Valencia, 2017, pág. 346 ss.

En el ámbito de estas facultades administrativas resultan especialmente problemáticos los ajustes que realiza la Administración tributaria en la esfera de los *"transfer princing"* cuando, desoyendo las orientaciones de la OCDE, la Administración tributaria del Estado anfitrión recurre para ello a datos e información que no está a disposición del contribuyente —los denominados "*secret comparables*"[252]— y ello porque, como también evidencia la OCDE, se genera una situación de indefensión en el contribuyente que desconoce la base sobre la cual se lleva a cabo el ajuste y a quien no le resulta posible el acceso a los datos y el conocimiento de la debida motivación, así como obtener un efectivo control por parte de los tribunales.

El tercer elemento integrante de este estándar de trato propuesto por la OCDE viene constituido por la obligación de transparencia y respeto a las legítimas expectativas del inversor. Aunque la determinación del contenido de esta obligación es una tarea controvertida, tanto desde el ámbito doctrinal[253] como desde los distintos fallos de los tribunales arbitrales[254] se apunta a que esta obligación se centra en la transparencia y estabilidad del marco normativo que estaba vigente al momento de realizar una inversión en el territorio del Estado anfitrión.

Respecto a las exigencias de transparencia, en la mayoría de ocasiones tienen carácter unidireccional, es decir, afectan únicamente al Estado anfitrión que se ve obligado a publicar no sólo la normativa tributaria (tanto a nivel

---

252 VANDERBRUGGEN también muestra su preocupación por el recurso por parte de las administraciones tributarias de algunos Estados a datos secretos no conocidos por el inversor extranjero, véase VANDERBRUGGEN, E., "Investment arbitration in tax matters: some thoughts on selected international Case Law", *ob. cit.*, pág. 16.

253 Resume la postura de la doctrina PRIETO MUÑOZ, G., El trato justo y equitativo en el derecho internacional de inversiones, *ob. cit.*, pág. 56.

254 Existe un alto grado de heterogeneidad en los pronunciamientos de los tribunales arbitrales que se pronuncian sobre la obligación de transparencia y respeto a las legítimas expectativas del inversor, pues se trata de casos muy diversos en los que se aplica esta obligación sobre la base de situaciones fácticas muy concretas, no obstante, es posible extraer una línea interpretativa. Sobre la dificultad de encontrar una línea interpretativa consolidada y generalizada se pronuncian PRIETO MUÑOZ, G., El trato justo y equitativo en el derecho internacional de inversiones, *ob. cit.*, pág. 56 y VANDERBRUGGEN, E., "Investment arbitration in tax matters: some thoughts on selected international Case Law, *ob. cit.*, pág. 18.

legal, como a nivel reglamentario), sino también la interpretación que de la misma realizan tanto las autoridades administrativas como jurisdiccionales y los procedimientos aplicables en aplicación de dicha normativa[255].

Además, es común que esta obligación de transparencia se recoja en una cláusula independiente[256] del APPRI, si bien para extraer la obligación de transparencia de la cláusula FET no es necesario que el APPRI contenga una cláusula independiente de transparencia pues, como indicamos en este apartado, la práctica arbitral[257] ha derivado esta obligación directamente de la cláusula FET sin necesidad de que la obligación de transparencia venga expresamente recogida en una cláusula independiente.

No obstante, en otras ocasiones, la obligación de transparencia tiene carácter bidireccional y afecta tanto al Estado anfitrión como al inversor extranjero siendo un buen ejemplo de ello el artículo 11 del Modelo de APPRI de EE. UU. de 2012. Este precepto destaca también por el detalle con el que establece la obligación de transparencia afectando dicha obligación no sólo a la normativa aprobada y vigente, sino también a las propuestas normativas presentadas y en tramitación y a los procedimientos administrativos que se tramiten, exigiendo que se dé noticia de los mismos a la otra parte mediante notificación exigiendo la posibilidad de que esta parte tenga la oportunidad de presentar alegaciones entre otras exigencias. BRAUNER considera que, dada la extensión de la formulación de la obligación de transparencia del Modelo de APPRI de EE. UU., incluso los *tax rulings* quedarían afectados por la misma; de hecho, son habitualmente publicados en EE. UU. En cambio, considera este autor que esta exigencia no sería extensible a los *Advance Pricing Agreements*[258].

---

255 VANDERBRUGGEN, E., "Investment arbitration in tax matters: some thoughts on selected international Case Law", *ob. cit.*, págs. 18-19.

256 Un buen ejemplo de cláusula de transparencia independiente de carácter unidireccional viene constituido por el Modelo de APPRI austríaco en cuyo artículo 6 se impone el acceso público a la normativa (nacional o internacional) que pueda ser relevante para la aplicación del APPRI, así como la obligación de responder a los requerimientos de información formulados por el otro Estado firmante.

257 Véase entre otros Southern Pacific Properties (Middle East) Limited v. Arab Republic of Egypt, ICSID Case No. ARB/84/3, Award, 20 May 1992, paras. 82-83.

258 BRAUNER, Y., "United States", en *The impact of Bilateral Investment Treaties on Taxation*, IBFD, Países Bajos, 2017, pág. 531.

En cuanto a las legítimas expectativas del inversor, es relevante la interpretación que el pronunciamiento arbitral en el Asunto Tecmed v. Mexico hace de este aspecto de la obligación de Trato Justo y Equitativo, el cual, por su claridad procedemos a reproducir parcialmente:

> *"The Arbitral Tribunal considers that this provision of the Agreement, in light of the good faith principle established by International law, requires the Contracting Parties to provide to international investments treatment that does not affect the basic expectations that were taken into account by the foreign investor to make the investment".*

Por lo que se refiere a esta obligación de respeto a las legítimas expectativas del inversor, la práctica arbitral la ha identificado con el imperativo de estabilidad del marco normativo. En cuanto a los imperativos de estabilidad del marco normativo, cabe afirmar que existe cierta relación entre el marco legal y la norma que contiene el Trato Justo y Equitativo, de manera que la elaboración de cambios estructurales por parte de la función legislativa de un Estado puede derivar en una eventual responsabilidad internacional[259].

Buenos ejemplos de la aplicación de esta cláusula a medidas fiscales son los laudos arbitrales de los asuntos Técnicas ambientales Tecmed v. México[260] y Occidental v. Ecuador[261] en los que los respectivos tribunales arbitrales se pronunciaron sobre la aplicación de la cláusula FET a medidas fiscales apreciando el incumplimiento del respeto a las legítimas expectativas del inversor por falta de predictibilidad y estabilidad del marco normativo debido a modificaciones introducidas en el régimen fiscal aplicable a la inversión.

No obstante, como advierte la UNCTAD, la generación de expectativas legítimas en un inversor no se encuentra limitada únicamente a la existencia de un compromiso específico (de naturaleza contractual o fundado en declaraciones o condiciones específicas otorgadas por el Estado receptor), sino que también puede fundamentarse en el ordenamiento jurídico vigente al

---

259 PRIETO MUÑOZ, G., El trato justo y equitativo en el derecho internacional de inversiones, *ob. cit.*, págs. 56-57.

260 Técnicas ambientales Tecmed S.A. v. The United Mexican States, ICSID Case No. ARB (AF)/00/2, 29 May 2003.

261 Occidental Exploration and Production Co. v. Ecuador, London Court of International Arbitration, Case UN 3467, Award, 1 July 2004.

momento de realizarse la inversión[262]. Efectivamente, si bien, como regla general, los Estados firmantes de un APPRI conservan su libertad para realizar cambios legislativos en el régimen fiscal aplicable a las inversiones extranjeras, un cambio drástico de la normativa tributaria en el Estado anfitrión podría minar las legítimas expectativas que el inversor extranjero había depositado en la estabilidad del régimen fiscal aplicable a su inversión. En este sentido, si el Estado anfitrión elimina un beneficio fiscal, por ejemplo una exención, aplicable a la inversión extranjera, inmediatamente después de que un inversor extranjero haya realizado una importante inversión en ese Estado, podría considerarse un atentado a la obligación de respeto a las legítimas expectativas del inversor, incluso también al principio de buena fe, el cual inspira la obligación de trato justo y equitativo[263].

Sin embargo, tal y como es comúnmente mantenido por la doctrina y los tribunales arbitrales, un APPRI no constituye una póliza de seguros contra cambios normativos en materia tributaria, porque estos cambios constituyen un riesgo normal consustancial a la inversión[264]. Así pues, ante la ausencia de una cláusula de estabilización o de garantías específicas ofrecidas por el Estado anfitrión (por ejemplo, un acuerdo expreso que limite o prohíba el incremento de la presión fiscal), un inversor no puede sorprenderse si en los años siguientes a su inversión hay un cambio en el régimen fiscal aplicable[265] y, por tanto, esta modificación no constituye *per se* y de manera automática una violación de las legítimas expectativas.

---

262 *"Arbitral decisions suggest [...] that an investor may derive legitimate expectations either from (a) specific commitments addressed to it personally, for example, in the form of a stabilization clause, or (b) rules that are not specifically addressed to a particular investor but which are put in place with a specific aim to induce foreign investments and on which the foreign investor relied in making his investment"*, véase UNCTAD, *Fair and Equitable Treatment, UNCTAD Series on IIAs II: A Sequel*, New York and Geneve 2012, pág. 69.

263 VANDERBRUGGEN, E., "Investment arbitration in tax matters: some thoughts on selected international Case Law", *ob. cit.*, pág. 19.

264 Emilio Agustin Maffezini v The kingdom of Spain, ICSID Case nº ARB/97/7, Award, 13 November 2000, para. 64.

265 Sergej Paushok, CJSC Golden East Company and CJSC Vostokneftegaz Company v the Government of Mongolia, UNCITRAL, Award on jurisdiction and liability, 28 April 2011, paras. 302-305.

Podemos destacar diversos pronunciamientos relativos a medidas fiscales en los que el tribunal arbitral recoge claramente esta idea. De entre ellos citamos el asunto EnCana v. Ecuador, en el que el tribunal sostuvo que *"Foreign investors like other activities are subject to the taxes and charges imposed by the host State. In the absence of specific commitment from the host State, the foreign investor has neither the right nor any legitimate expectation that the tax regime will not change during the period of investment"*[266]. También sobre la necesidad de que el Estado anfitrión haya ofrecido garantías específicas para poder apreciar el incumplimiento de la cláusula FET por la introducción de un cambio en la normativa tributaria del Estado anfitrión pueden verse los laudos pronunciados en los asuntos Jan Oostergetel v. Slovak Republic[267] y Toto v. Lebanon[268].

Esta idea fue confirmada en el asunto El Paso v. Argentina, en el cual el Tribunal consideró que "*Like any other activity, foreign investments are subject to taxes imposed by the host State and the foreign investor has neither the right nor any legitímate expectation that the tax regime will not change (...) during the period of the investment, even though that may reduce its economic benefits, except if a stabilisation of the tax regime (at least from certain taxes) was agreed on by the State*"[269]. En este sentido de no generar legítimas expectativas en el inversor salvo que se cuente con una cláusula de estabilización también se pronunica JSW Solar and Wirtgen v. Czech Republic[270].

Incluso en el asunto Paushok v. Mongolia, los árbitros destacaron la idea de que el riesgo de modificación de la normativa tributaria es mayor en determinados países debido a las circunstancias económicas o políticas reinantes. En este sentido, el tribunal afirmó que "*Foreign investors are acutely aware that signifi-*

266 EnCana Corporation v. Republic of Ecuador, UNCITRAL, LCIA Case nº UN3481, Award, 3 February 2006, para. 173.

267 Jan Oostergetel and Theodora Laurentius v. The Slovak Republic, UNCITRAL, Final Award, 23 April 2012, para 236.

268 Toto construzioni Generali S.p.A. v. The Republic of Lebanon, ICSID Case No. ARB/07/12, Award, 7 June 2012, para. 244.

269 El Paso Energy International Company v. The Argentine Republic, ICSID Case nº ARB/03/15, Award, 31 October 2011, para. 294.

270 JSW Solar (zwei) Gmbh & Co. Kg, Gisela Wirtgen, Júrgen and Stefan Wirtgen v. Czech Republic, PCA Case No. 2014-03, Final Award, 11 October 2017.

cant modification to taxation levels represents a serious risk, especially when investing in a country at an early stage of economic and institutional development". En consecuencia, *"An investor, without an agreement which limits or prohibits the possibility of tax increases, should not be surprised to be hit with tax increases in subsequent years and such an event could not be considered as unpredictable"*[271].

Sobre esta cuestión coincidimos con SANTIAGO TAWIL, cuando afirma que la comprobación de la vulneración de las expectativas legítimas del inversor debe fundarse en un estándar o análisis objetivo y no en la mera creencia subjetiva que pudo haber tenido el inversor al momento de realizar la inversión, lo que debe ser evaluado caso por caso. Además —continúa este autor— la aplicación de esta obligación depende de que la expectativa haya sido razonable en el caso concreto, prestando una especial atención en este juicio a las representaciones[272] realizadas por el Estado receptor para inducir la inversión[273].

En este sentido, destacamos la redacción del apartado 4 del artículo 3 de la Sección 2 del Capítulo II propuesto por la Comisión en el marco de las negociaciones del TTIP[274] el cual si bien reconoce que las "expectativas

271 Sergej Paushok, CJSC Golden East Company and CJSC Vostokneftegaz Company v the Government of Mongolia, UNCITRAL, award on jurisdiction and liability, 28 April 2011, paras. 302-305.

272 SANTIAGO TAWIL trae a colación el asunto Total S.A. vs. The Argentine Republic, CIADI Case No. ARB/04/01, Decision on Liability, 27 December 2010 (en concreto los apartados 119-121), en el cual el Tribunal arbitral concluyó que pueden crear legítimas expectativas no sólo los contratos, las concesiones y las cláusulas de estabilización, sino cualquier conducta intencional por parte del Estado anfitrión que haga creer razonablemente al inversor que aquel tiene *"the intent to pursue a certain conduct in the future"*, o que cree *"expectations in potential investors with respect to parciular treatment of component"*, asimismo cita la opinión favorable a esta interpretación de DOLZER, R.; SCHREUER, C., *Principles of International Investment Law*, Oxford University Press, 2012, 2nd edition, pág. 145, véase SANTIAGO TAWIL, G., apartado 5 de la Opinión disidente de 21 de diciembre de 2015, en el laudo dictado en el asunto Charanne B.V. and Construction Investments S.A.R.L. v. Spain, SCC Case No. 062/2012, Award, 21 January 2016.

273 SANTIAGO TAWIL, G., Opinión disidente de 21 de diciembre de 2015, en el Arbitraje número 0612/2012, Charanne B.V. Construction Investments S.A.R.L. vs. Reino de España, apartado 4.

274 Con estas siglas nos referimos al Acuerdo de Libre Comercio entre la UE y EEUU, conocido como Asociación Transatlántica de Comercio e Inversión (ATCI) o Tratado Transatlántico de Comercio e Inversiones o, en inglés, *Transatlantic Trade Investment Partnership (TTIP).*

legítimas"[275] deben ser tenidas en cuenta a la hora de interpretar el estándar del trato, ello sólo será posible si el Estado anfitrión realizó con carácter previo a la inversión declaraciones claras y específicas para persuadir al inversor de materializar la inversión en su territorio. Como la propia Comisión Europea[276] aclara, la intención de este apartado es asegurar que este estándar de trato no es equiparado a una obligación de estabilización, en el sentido de garantizar que la normativa del Estado anfitrión permanecerá inalterable, de manera que los cambios en la normativa del Estado receptor de la inversión no serán considerados un agravio a este estándar de trato[277].

El TTIP, aunque todavía en fase de negociación, es un Acuerdo de Libre Comercio de nueva generación, que sigue la reciente tendencia consistente en ampliar el objeto de estos instrumentos jurídicos internacionales, incluyendo un Capítulo dedicado a la protección de inversiones. En concreto el TTIP dedica su Capítulo II *"Investment", incluido en el Título sobre "Trade in services, investment and e-commerce",* de su Parte 3, a la protección de la inversión y su contenido es similar al de los APPRIs. Las negociaciones del TTIP se encuentran actualmente paralizadas y, en su momento, se desarrollaron en secreto, si bien diversos documentos se hicieron públicos, aunque, los llamados "textos consolidados sobre el TTIP", que incluyen propuestas de Estados Unidos y la UE para algunos capítulos del acuerdo, siguen siendo reservados. Por lo que a nuestro estudio atañe, nos referimos al texto del borrador de propuesta de la Comisión del Capítulo II del Título sobre *"Trade in services, investment and e-commerce"* TTIP, hecho público el 12 de noviembre de 2015.

275 Para un estudio en profundidad de la relación de la cláusula de trato justo y equitativo (en concreto la obligación de respeto de las legítimas expectativas del inversor que de ella se deriva) con el TTIP en materia tributaria véase: PÉREZ BERNABEU, B., "Consecuencias en materia tributaria del Capítulo sobre inversiones del TTIP", *Crónica Tributaria*, nº 161, 2016, págs. 145-183 y "Límites a la autonomía legislativa en materia tributaria derivados del TTIP: el regulatory chill effect", *Revista Jurídica de la Universidad Autónoma de Madrid (RJUAM)*, nº 34, 2016-II, págs. 211-239.

276 European Commission, *Public consultation on modalities for investment protection and ISDS in TTIP*, Question 3, disponible en http://trade.ec.europa.eu/doclib/docs/2014/march/tradoc_152280.pdf

277 No obstante, KRAJEWSKI considera que este párrafo resultará problemático en la práctica debido a que muchas veces los Estados realizan una serie de declaraciones a través de manifestaciones de autoridades no competentes (por ejemplo, cuando el gobierno central asegura al inversor que no encontrará problemas en la obtención de permisos y licencias cuya concesión es competencia de autoridades regionales o subcentrales que, posteriormente, se niegan a concederlas) y por eso propone modificar la redacción de este apartado para que sólo las declaraciones realizadas por las autoridades competentes puedan ser generadoras de expectativas legítimas, véase KRAJEWSKI, M. "Modalities for investment protection and Investor –State Dispute Settlement (ISDS) in TTIP from

No obstante, el contenido otorgado a esta obligación de respeto de las legítimas expectativas del inversor no significa que el Estado anfitrión se vea privado de sus competencias normativas e incapaz de modificar su legislación. El Estado anfitrión sigue conservando sus potestades normativas intactas, pero cuando en ejercicio de estas potestades normativas viole las expectativas legítimas de un inversor extranjero, deberá conceder una compensación adecuada. Por tanto, la actuación que viola la obligación de respeto a las expectativas legítimas amparadas por la cláusula FET no viene constituida por la modificación de la normativa tributaria y la consiguiente eliminación de los beneficios fiscales aplicables que fueron tenidos en cuenta en la planificación de su inversión por parte del inversor extranjero (la cual es posible, siempre que vaya acompañada de la debida compensación), sino por dicha modificación normativa sin ir acompañada de la oportuna compensación adecuada.

Finalmente, dentro del último elemento integrante de la cláusula de trato justo y equitativo y que la OCDE ha venido a denominar "elementos autónomos de equidad", pueden incluirse distintos elementos que no encajan en los conceptos anteriores habiendo sido desarrollados no tanto por la OCDE, sino por los tribunales arbitrales en su búsqueda de la equidad, cuyo estudio no abordaremos en este trabajo debido a que su gran casuística y alto grado de heterogeneidad aconsejan un estudio pormenorizado, tarea que excede el objeto de estudio de este trabajo.

Como valoración final de la cláusula FET podemos afirmar que, dada la imprecisión de su contenido, se ha convertido en una disposición controvertida, ya que puede convertirse en una cláusula "comodín" para los inversores, permitiéndoles tener éxito allí donde sus reclamaciones por expropiación, discriminación u otras no hayan prosperado.

El principal problema viene constituido por el hecho de que la redacción de esta cláusula no ofrece orientaciones detalladas sobre cómo debe interpretarse por los tribunales arbitrales, lo que da lugar a interpretaciones muy divergentes y considerablemente expansivas lo que provoca la falta de seguridad jurídica para los Estados anfitriones de la inversión. Un problema particular a este respecto es la noción de "expectativas legítimas" de los inversores

a trade union perspective", Friedrich Ebert Stiftung, [en línea] 2014), pág. 12, http://library.fes.de/pdf-files/bueros/bruessel/11044.pdf [Consulta 14/07/2023]

que ha servido de base para atacar normativas medioambientales y sanitarias de aplicación general alegando una supuesta violación de la cláusula FET[278].

Como reacción a este contenido excesivamente amplio que se le ha dado a esta cláusula en opinión de los Estados, algunos de ellos han comenzado a eliminarla de los APPRIS más recientemente firmados, como hemos comentado más arriba, y también ha dado pie a apreciar una tendencia reciente a incluir cláusulas FET más detalladas al objeto de delimitar más claramente el contenido de la misma (denominadas cláusulas FET cualificadas[279]) y, con ello, preservar un mayor grado de libertad legislativa para los Estados[280].

En algunos casos, esta delimitación del contenido de la cláusula FET se hace incluyendo dentro de dicho contenido los supuestos de denegación de justicia, si bien imponiendo un listón muy alto para apreciar una violación de la misma tal y como hacen el artículo 5(1)(a) del Acuerdo de Inversión Hong Kong, China SAR-ASEAN firmado el 12 de noviembre de 2017, el artículo 3(2)(a) del APPRI Indonesia-Singapur, firmado el 11 de octubre de 2018 o el Acuerdo Global de Inversión de la ASEAN (2009) el cual establece que "*fair and equitable treatment requires each Member State not to deny justice in any legal or administrative proceedings in accordance with the principle of due process*"[281].

---

278 Esto sucedió, entre otros, en los asuntos Philip Morris Brand Sàrl (Switzerland) v. Oriental Republic of Uruguay, ICSID Case No. ARB/10/7, Award, 8 July 2016 y Philip Morris Asia Limited (Hong Kong) v. The Commonwealth of Australia, PCA Case No. 2012-12, Award on Jurisdiction and Admissibility, 17 December 2015.

279 Las cláusulas FET "cualificadas" se refieren a cláusulas que contienen una referencia a la norma mínima de trato/derecho internacional consuetudinario o una lista de conductas prohibidas, UNCTAD, IIA Mapping Project, https://investmentpolicy.unctad.org/pages/1031/mapping-of-iia-clauses#:~:text=Qualified%22%20FET%20clauses%20refer%20to,a%20list%20of%20prohibited%20conduct.

280 Sobre esta tendencia véase DULAC, E.; LIN HOE, J., Substantive protections: fairness, *ob. cit.*; LEVASHOVA, Y., *The Right of States to Regulate in International Investment Law: The Search for Balance Between Public Interest and Fair and Equitable Treatment*, International Arbitration Law Library, Volume 50, Kluwer Law International, 2019, p. 51; BONDY, C., "Fair and Equitable Treatment – Ten Years On", en *Evolution and Adaptation: The Future of International Arbitration*, Jean Engelmayer Kalicki and Mohamed Abdel Raouf (Eds.), ICCA Congress Series, Volume 20, Kluwer Law International, Países Bajos, 2019, pág. 219.

281 Artículo 11 del Acuerdo General de Inversiones de la ASEAN (firmado el 2 de febrero de 2009, entró en vigor el 24 de febrero de 2012).

Otros APPRIs enumeran los tipos de comportamiento de los Estados anfitriones que pueden dar lugar a una infracción del Trato Justo y Equitativo, utilizando calificativos como infracciones "fundamentales" o comportamiento "manifiestamente" ilícito como hacen, por ejemplo, el artículo 9.2 del Modelo de APPRI de Países Bajos (2019) o incluso la propia Comisión Europea al introducir referencias similares en los ALCs que ha negociado en los últimos años como atestiguan el artículo 8.10(2) del CETA-UE (firmado el 30 de octubre de 2016)[282] o el artículo 2.4(2) del Acuerdo de Protección de Inversiones UE-Singapur (firmado el 15 de octubre de 2018) y el artículo 2.5(2) del Acuerdo de Protección de Inversiones UE-Vietnam (firmado el 30 de junio de 2019) al objeto de incluir un "texto cerrado que defina con precisión el estándar de trato, sin dejar una discrecionalidad no deseada a los miembros del Tribunal"[283].

Además, algunos APPRIs aclaran que la cláusula FET no impide que un Estado modifique sus leyes. Por ejemplo, el artículo 4(1) del APPRI Francia-Colombia (firmado el 10 de julio de 2014) establece que "[t]ambién debe entenderse que la obligación de proporcionar un trato justo y equitativo no incluye una cláusula de estabilización ni impide que se modifique su legislación". En una línea similar, el artículo 8.9(1) del CETA Canadá-UE afirma que "*the Parties reaffirm their right to regulate within their territories to achieve legitimate policy objections*" y aclara en su artículo 8.9(2) que "*the mere fact that a Party regulates, including through a modification to its laws, in a manner which negatively affects an investment or interferes with an investor's expectations, including its expectations of profits, does not amount to a breach of an obligation under this Section*" (que incluye la cláusula FET).

282 En concreto este precepto del CETA prevé que: "*A Party breaches the obligation of fair and equitable treatment referenced in paragraph 1 if a measure or series of measures constitutes: (a) denial of justice in criminal, civil or administrative proceedings; (b) fundamental breach of due process, including a fundamental breach of transparency, in judicial and administrative proceedings; (c) manifest arbitrariness; (d) targeted discrimination on manifestly wrongful grounds, such as gender, race or religious belief; (e) abusive treatment of investors, such as coercion, duress and harassment; or (f) a breach of any further elements of the fair and equitable treatment obligation adopted by the Parties in accordance with paragraph 3 of this Article*".

283 European Commission, 'Investment Provisions in the EU-Canada Free Trade Agreement (CETA)' (Press Release, February 2016), pág. 2, http://trade.ec.europa.eu/doclib/docs/2013/november/tradoc_151918.pdfn

1.2. LAS MEDIDAS TRIBUTARIAS RETROACTIVAS A LA LUZ DE LA CLÁUSULA DE TRATO JUSTO Y EQUITATIVO

En estrecha relación con la obligación de respetar las legítimas expectativas del inversor y el imperativo de estabilidad resulta procedente cuestionarse si la aprobación de normas tributarias con carácter retroactivo por parte del Estado anfitrión constituye un incumplimiento de la cláusula FET por conculcar la obligación de respeto a las legítimas expectativas del inversor.

Como la práctica arbitral reconoce, existen muy pocos arbitrajes de inversión que traten la retroactividad de la legislación en general[284] y, son contados lo que tratan la tributación retroactiva en particular, por tanto, la práctica arbitral sobre la retroactividad a la luz de la cláusula FET es también escasa. Sin embargo, esto no significa que la norma FET carezca de contenido a este respecto, sino simplemente que su compatibilidad con la tributación retroactiva todavía no había sido puesto a prueba[285].

Una primera ocasión que podría haber servido como banco de pruebas para testear esta compatibilidad fue la adopción por España a través de la Ley 15/2012, de 27 de diciembre, de medidas fiscales para la sostenibilidad, del Impuesto sobre el valor de la producción de la energía eléctrica consistente en un gravamen retroactivo[286] que fue causa de la interposición de numerosas demandas arbitrales contra España por parte de los inversores extranjeros en el ámbito de las energías renovables que consideraban que este tributo conculcaba los estándares de trato —en especial de la cláusula FET— previstos en la Carta de la Energía.

Sin embargo, los tribunales arbitrales que conocieron de estas demandas soslayaron las cuestiones relativas a la retroactividad del tributo y, aunque fallaron a favor de los inversores, lo hicieron por otros motivos relativos a la lesión de las legítimas expectativas de los inversores debido a

[284] Uno de ellos es el asunto ATA Construction, Industrial and Trading Company v. The Hashemite Kingdom of Jordan, ICSID Case No. ARB/08/2, Award, 18 May 2010, véase especialmente para. 128.

[285] Cairn Energy PLC and Cairn UK Holding Limited v The Republic of India, PCA Case No 2016-07, 21 December 2020, para. 1734.

[286] En concreto, se trata de un supuesto de retroactividad relativa, puesto que el período impositivo coincide con el año natural y el devengo con el último día de dicho período, publicándose su norma reguladora en el BOE el 28 de diciembre.

la considerable reducción del margen de rentabilidad de la inversión consecuencia de la reducción de precios de la energía eléctrica que acompañó a la introducción del tributo. A pesar de que el carácter retroactivo de la medida tributaria no tuvo relevancia en la decisión final, la exigencia de este tributo sí que fue tenida en cuenta para cuantificar la indemnización correspondiente a cada inversor[287].

No obstante, la reforma operada por India en el año 2012 sobre la *Income Tax Act* de 1961 —consistente en someter a gravamen con efecto retroactivo desde 1962 las transmisiones indirectas de acciones, es decir, aquellas transmisiones por parte de un no residente de una participación en una sociedad constituida en el extranjero, si el valor de la acción deriva, directa o indirectamente, sustancialmente de activos ubicados en India— ha sido la que ha ofrecido el banco de pruebas idóneo para comprobar la compatibilidad de la aprobación de gravámenes retroactivos con la cláusula FET.

En consecuencia y, a pesar de que India eliminó el efecto retroactivo de esta norma mediante la *Taxation Amendment Act* en 2021 y de que desde 2015 ha denunciado casi todos los APPRIs que tenía en vigor y ahora cuenta con un nuevo modelo de APPRI que, como hemos indicado antes, no contiene una cláusula FET[288] y contiene en su artículo 2.4(ii) una cláusula de exclusión o *carve out* que excluye de su ámbito las medidas tributarias, la aplicación retroactiva de la citada norma ha propiciado diferentes pronunciamientos arbitrales sobre la compatibilidad de medidas fiscales retroactivas con la cláusula FET entre los que se cuentan los laudos pronunciados en relación con los asuntos Vodafone v. India[289], Cairn

287 Para un análisis en detalle de esta cuestión véase PÉREZ BERNABEU, B., "Desafíos jurídicos derivados de los cambios en la política fiscal energética (Un análisis desde la perspectiva internacional)" en *La transición energética en el cumplimiento de los objetivos de desarrollo sostenible y la justicia fiscal*, Maria Luisa González-Cuéllar Serrano y Enrique Ortiz Calle (Dir.), Tirant lo Blanch, Valencia, 2021, págs. 153-176.

288 No obstante, contiene una cláusula general ligada al derecho internacional consuetudinario regulada en el artículo 3.1 que protege al inversor frente a los incumplimientos del respeto al proceso debido. Este precepto podría servir de base jurídica contra la aprobación de una normativa de carácter retroactivo, si bien resultaría más difícil para los inversores acreditar la violación de esta cláusula por parte de una norma fiscal de carácter retroactivo.

289 Vodafone International Holdings BV v India, Final Award, PCA Case No. 2016-35, 25 September 2020. Sobre este asunto véase DESAI, N.; KUMAR, M., "The

Energy v. India[290], Vedanta Resources v India[291] o el todavía pendiente asunto Earlyguard v. India[292].

Uno de los principales hitos que marcan estos pronunciamientos es la derivación de la obligación de respeto a la seguridad jurídica de la cláusula FET. En concreto los tribunales arbitrales consideran conculcada esta obligación por la aprobación y aplicación retroactiva del gravamen sobre las transmisiones indirectas de acciones y fallan a favor de los inversores.

Otro hito significativo que se deriva de la doctrina establecida en estos pronunciamientos es que los tribunales arbitrales no consideran que cualquier medida fiscal retroactiva sea contraria a la cláusula FET *per se*, sino que, en estos casos en concreto, el gravamen enjuiciado era, debido a las singularidades del caso, contrario a la obligación de respetar la seguridad jurídica derivada de la cláusula FET. Para alcanzar esta conclusión, tuvo un peso innegable en la valoración de los tribunales arbitrales (sobre todo en el asunto Cairn[293]) el hecho de que las autoridades fiscales indias aplicaran el gravamen retroactivamente a pesar de que la Corte Suprema de aquel país se pronunciara en contra de su aplicación debido a que consideraba que la Ley de 1961 constituía una base jurídica suficiente para gravar las transmisiones de acciones llevadas a cabo fuera de territorio indio.

Esto significa que la seguridad jurídica que el Estado inversor está obligado a proporcionar a los inversores extranjeros no es absoluta y puede encontrar excepciones, como por ejemplo, la aprobación de un gravamen con carácter

---

Vodafone Saga. An analysis of the Indian Supreme Courts decision", *Bulletin for International Taxation*, Vol. 66, nº 7, 2012, págs. 366-373.

290 Cairn Energy PLC and Cairn UK Holding Limited v The Republic of India, PCA Case No 2016-07, 21 December 2020. Sobre este asunto véase JALAN, N; RAO, A., "The Cairn award: retrospective taxation of indirect share transfers in India breaches Bilateral Investment Treaty", *Bulletin for International Taxation,* 2021, Vol. 75, nº 5, págs. 220-229.

291 Vedanta Resources PLC v. The Republic of India, PCA Case No. 2016-05 Judgment of the High Court of Singapore, 8 October 2020.

292 La demanda se presentó el 17 de febrero de 2021 y todavía se encuentra en fase de tramitación.

293 Para un análisis en profundidad del laudo arbitral dictado en el asunto Cairn véase KUZNIACKI, B.; VAN WEEGHEL, S., "Cairn Energy: when retroactive taxation not justified by prevention of tax avoidance is unfair and inequitable", Arbitration International, Vol. 39, Issue 1, 2023, págs. 125-154.

retroactivo, siempre que esta excepción venga justificada por un objetivo de política pública que no pueda ser conseguido mediante la aprobación de medidas fiscales de carácter irretroactivo[294]. Esta doctrina salvaguarda el poder legislativo del Estado anfitrión para regular en pos de un objetivo de política pública sin incumplir los imperativos derivados de la cláusula FET[295]. Y es, precisamente, en este razonamiento donde encontramos el tercer hito de esta doctrina arbitral representado en la introducción del principio de proporcionalidad en materia tributaria[296] que implica llevar a cabo un balance de intereses entre, por un lado, la seguridad jurídica del contribuyente materializada en la estabilidad del marco jurídico aplicable y los intereses públicos perseguidos por el Estado anfitrión con la aprobación de la medida fiscal[297].

1.3. LAS AYUDAS DE ESTADO A LA LUZ DE LA CLÁUSULA DE TRATO JUSTO Y EQUITATIVO: EL CASO DE LOS *TAX RULING*

Procede hacer una referencia a una cuestión que afecta singularmente a los Estados miembros de la Unión Europea y que se centra en la relación de esta cláusula FET con la calificación por parte de la Comisión Europea como ayudas de Estado ilegales de los acuerdos o *tax ruling* (previstos en los ordenamientos de algunos Estados miembros, aunque no es el caso de España) que algunos de los Estados miembros puedan haber alcanzado con inversores extranjeros con cuyo Estado de origen el Estado miembro haya firmado un APPRI conllevando esta decisión de la Comisión Europea no sólo su pérdida de eficacia, sino también a la recuperación de la ayuda ilegamente disfrutada.

En este sentido resulta muy interesante cuestionarse si el incumplimiento (tras su consideración como ayuda de Estado) por parte del Estado anfitrión por lo acordado en el marco del *tax ruling* alcanzado con el inversor extranjero,

---

294 Cairn Energy PLC and Cairn UK Holding Limited v The Republic of India, PCA Case No 2016-07, 21 December 2020, paras. 1788-1789.

295 RANJAN, P., "Investor-state dispute settlement and tax matters: limitations on state's sovereign right to tax", *Asia Pacific Law Review*, Vol. 31, nº 1, 2023, pág. 10-11.

296 Sobre el principio de proporcionalidad en el ámbito tributario véase ROLIM, J., *Proportionality and fair taxation*, Kluwer Law International, 2014.

297 Cairn Energy PLC and Cairn UK Holding Limited v The Republic of India, PCA Case No 2016-07, 21 December 2020, para. 1787.

constituye una violación de esta cláusula del APPRI y, por tanto, daría lugar a un supuesto de responsabilidad internacional del Estado anfitrión. Esta cuestión adquiere un gran interés a la luz de las recientes investigaciones en materia de ayudas de Estado de la Comisión Europea sobre *tax rulings* disfrutados por determinadas sociedades y a la luz de la jurisprudencia en el caso Micula.

Sin embargo, consideramos que, en consonancia con la interpretación arbitral de esta clásula, para probar la violación de dicho estándar de protección es necesario demostrar que el Estado anfitrión en cuestión ha ofrecido —de manera real, cierta y expresa— ciertas expectativas legítimas al inversor, de tal suerte que sólo cuando el Estado hubiera mantenido una actitud activa, ofreciendo por propia iniciativa el régimen fiscal beneficioso que posteriormente fue declarado ayuda de Estado, induciendo a la sociedad a realizar la inversión en su territorio, podría considerarse que la retirada del citado régimen fiscal y la consiguiente recuperación constituye una vulneración de las expectativas legítimas del inversor y sería procedente la indemnización[298]. Pues, si no se exigiera esta actitud generadora de expectativas por parte del Estado anfitrión, caeríamos en una suerte de automatismo que conduciría a la procedencia de la indemnización en la totalidad de los supuestos en que un régimen fiscal beneficioso fuera considerado ayuda de Estado por la Comisión.

Como hemos avanzado antes, la consideración como ayuda de Estado ilegal por la Comisión Europea de un *tax ruling* alcanzado por un Estado miembro

---

298 LUJA distingue también entre dos escenarios. Por un lado, un escenario en el que el Estado no realiza ningún ofrecimiento del régimen fiscal beneficioso controvertido, sino que simplemente el inversor de EEUU se beneficia de un régimen fiscal ya existente en el territorio de ese Estado. Por otro lado, un escenario en que el Estado miembro mantiene una actitud activa y ofrece al inversor estadounidense el disfrute de un régimen fiscal, siendo este ofrecimiento un elemento esencial en la decisión del inversor de invertir en ese territorio, véase LUJA, R., "State aid recovery and investor protection for US taxpayers before and after TTIP: how back taxes might lead to an inequitable treatment", Draft 15 January 2016) to be included in the 10TH GREIT Conference Reports [en línea] (2016), págs. 3-4, 18-19, 21, http://ssrn.com/abstract=2725924 o http://dx.doi.org/10.2139/ssrn.2725924, [Consulta 17/07/2023] y "State aid recovery & investor protection for non-EU taxpayers: How back taxes might lead to an inequitable treat..." en *EU law and the building of global supranational tax law: EU BEPS and state aid*, Dennis Weber (Ed.), IBFD (GREIT Conference Series No. 10), Países Bajos, 2017, págs. 177-200.

conlleva no sólo la obligación de cese de aplicación del citado régimen fiscal preferencial, sino también la ineludible obligación de recuperación de la ayuda.

Respecto a la eliminación del régimen fiscal preferencial contenido en el *tax ruling* considerado ayuda de Estado podría considerarse tanto una denegación de justicia en el Estado anfitrión, al limitarse los medios de revisión al alcance del inversor ya que éste carece de legitimación activa para recurrir las decisiones de la Comisión Europea, como una contravención de los imperativos de estabilidad del marco normativo que afecta a las legítimas expectativas del inversor extranjero.

Ante esta contravención de la cláusula FET el Estado anfitrión debería adoptar por iniciativa propia una medida compensatoria, incurriendo, en caso contrario, en responsabilidad internacional. En ambos casos, a la luz de la sentencia Micula, la indemnización pagada por el Estado anfitrión podría constituir una segunda ayuda de Estado según la Comisión Europea[299] con arreglo a la doctrina Asteris[300], tal y como se ha planteado en el asunto Micula[301] sobre la base de que dicha compensación dejaría vacío de contenido el

299 Sobre esta cuestión véase PÉREZ BERNABEU, B., "Taxation, State Aid Rules and Arbitral Courts: a BIT of a mess (The Micula Saga in the Spotlight)", *European State Aid Quarterly (EStAL)*, Volume 19, nº 3, 2020, págs. 329-338; "State Aid Through Arbitration Awards: EU Law as a Ground for Non-enforcement", *Intertax*, Vol. 51, nº 3, 2023, págs. 1-13 y "La interacción entre el derecho internacional de inversiones y la normativa europea sobre ayudas de Estado en el ámbito tributario" en *El arbitraje en materia tributaria*, F. Alfredo García Prats (Dir.), Carlos Pedrosa López (Coord.), Tirant Lo Blanch, Valencia, 2022, págs. 89-112.

300 Sentencia del TJUE de 27 de septiembre de 1988, Asteris AE y otros contra República Helénica y Comunidad Económica Europea, Asuntos acumulados 106 a 120/87 *[Tol 9662964]*.

301 Si bien el asunto Micula se basa en la ejecución de un laudo arbitral derivado de un APPRI entre dos Estados miembros, lo que torna más compleja la situación, desde un punto de vista del Derecho de la UE. Para un análisis en profundidad del pronunciamiento del TGUE de 18 de junio de 2019, Asuntos acumulados T-624/15, T-694/15 y T-704/15, véase PÉREZ BERNABEU, B., "Taxation, State Aid Rules and Arbitral Courts: a BIT of a mess (The Micula Saga in the Spotlight)", European State Aid Law Quarterly (EStAL), 3/2020 y para un estudio detallado del pronunciamiento de 25 de enero de 2022 en el Asunto C-638/19P, Comisión Europea contra European Food S.A. y otros del TJUE *[Tol 9116325]* que resuelve el recurso planteado contra la citada sentencia del TGUE de 2019 véase PÉREZ BERNABEU, B., "State Aid Through Arbitration Awards: EU Law as a Ground for Non-enforcement", *Intertax*, Vol. 51, Issue 3, 2023, págs. 1-13.

objetivo último de la recuperación que es el restablecimiento de la competencia a la situación previa de la concesión de la ayuda de Estado.

En lo tocante a la obligación de recuperación de la ayuda fiscal disfrutada mediante la exigencia del tributo debido sin la aplicación del régimen fiscal preferencial considerado ayuda de Estado respecto de todos los períodos impositivos precedentes a la decisión de recuperación de la Comisión que no hayan prescrito (es decir, respecto de los diez ejercicios previos a la decisión de recuperación), podría ser incluso considerado, desde el punto de vista de la cláusula FET, una aplicación retroactiva de un régimen fiscal gravoso que constituyera una afrenta no sólo a las exigencias de estabilidad del marco normativo, sino también a la obligación de transparencia. Esta consideración podría suponer no sólo un atentado al principio de Trato Justo y Equitativo, sino también una contravención de la buena fe que debería ser compensada por el Estado miembro anfitrión, dando lugar, en caso de no existir tal compensación, a responsabilidad internacional.

No obstante, en caso de concederse esta indemnización, procedería realizar un análisis detallado acerca de si la ejecución del laudo arbitral que previera la concesión de la indemnización por el Estado miembro supondría por sí misma un segundo supuesto de ayuda de Estado[302] a la luz de la doctrina Asteris[303] y del asunto Micula como hemos indicado en el caso de retirada del régimen fiscal preferencial previsto en el *tax ruling*.

Dado que la Comision Europea considera que la concesión de estas indemnizaciones vacían de contenido el objetivo último de la recuperación de la ayuda de Estado que es el restablecimiento de la competencia a la situación previa de la concesión de la ayuda de Estado y procede a calificarlas como un nuevo supuesto de ayuda de Estado, los Estados miembros que se encuentren en esta situación pueden verse en un callejón sin salida en el que les resulte imposible conciliar sus

302 Sobre esta cuestión ya apuntada en otros trabajos, véase PÉREZ BERNABEU, B., "Situación del contribuyente en el marco de los procedimientos de recuperación de ayudas de Estado", *Civitas REDFT*, nº 186, 2020, págs. 149-184 y "La selectividad en las actuaciones de la Administración Tributaria en la jurisprudencia europea" en *Estudios de Derecho Financiero y Tributario (Reflexiones sobre la obra de la Profesora Maria Teresa Soler Roch)*, Amparo Navarro Faure (Dir.), Tirant Lo Blanch-Publicaciones de la Universidad de Alicante, Valencia-Alicante, 2021, págs. 265-292.

303 Sentencia del TJUE de 27 de septiembre de 1988, Asteris AE y otros contra República Helénica y Comunidad Económica Europea, Asuntos acumulados 106 a 120/87 *[Tol 9662964]*, antes citada.

obligaciones derivadas del APPRI con sus obligaciones derivadas de la normativa de la UE en materia de ayudas de Estado. Ello se debe a que se ven abocados a una disyuntiva insalvable, según la cual, o bien incumplen la normativa europea de ayudas de Estado y son sancionados por ello (con una multa a tanto alzado y con una multa coercitiva aplicable mientras dure el incumplimiento, en este caso, mientras esté vigente el *tax ruling* o no recuperen la ayuda disfrutada) o bien no respetan el contenido de la clásula FET e incurren, indefectiblemente, en responsabilidad internacional por incumplimiento de esta cláusula del APPRI.

1.4. LA CLÁUSULA DE TRATO JUSTO Y EQUITATIVO Y LOS GRAVÁMENES SOBRE BENEFICIOS EXTRAORDINARIOS O *WINDFALL TAXES*

Llegados a este punto de nuestro estudio resulta inevitable analizar una problemática de gran actualidad relativa a la relación entre los estándares de trato contenidos en los APPRIs con las medidas fiscales adoptadas por los Estados en el marco de la tendencia actual de gravar los beneficios extraordinarios que algunas empresas han obtenido en los últimos años a través de los denominados *windfall taxes*. Tal es el caso de las empresas del sector energético ante la subida de los precios de los combustibles fósiles experimentada en 2022 a causa de la invasión rusa de Ucrania y que ha movido a países del entorno europeo como como Italia[304], Alemania (*Abschöpfungsbetrag*), Austria (*Energiekrisenbeitrag-Strom*), Polonia (*Odpis na Fundusz*), Países Bajos (*Inframarginale elektriciteitsheffing*), Francia (*La rente inframarginale*) o Bélgica (*Overwinst heffing*) y también a Reino Unido (*Electricity Generators Levy*), a aprobar impuestos de este tipo —si bien en algunos casos tenía carácter temporal—, sin olvidar que España también cuenta con una figura similar: el Gravamen Temporal Energético recientemente aprobado por la Ley 38/2022, de 27 de diciembre[305].

---

304 Aprobado por el Decreto-Legge 21 marzo 2022, n. 21. Misure urgenti per contrastare gli effetti economici e umanitari della crisi ucraina. (22G00032), Gazzetta Ufficiale della Repubblica Italiana, 21 marzo 2022, Anno 163°, Numero 67.

305 Ley 38/2022, de 27 de diciembre, para el establecimiento de gravámenes temporales energético y de entidades de crédito y establecimientos financieros de crédito y por la que se crea el impuesto temporal de solidaridad de las grandes fortunas, y se modifican determinadas normas tributarias, BOE nº 311, de 28 de diciembre de 2022, páginas 185773 a 185812 *[Tol 9331949]*. Prorrogado para el año 2024 por la Disposición Adicional Quinta del Real Decreto-ley 8/2023, de 27 de diciembre, por el que se adoptan

De hecho, no sería la primera vez que los inversores reclaman ante los tribunales arbitrales (y además, de forma exitosa) por la exacción de un impuesto sobre los beneficios extraordinarios, tal y como atestiguan las demandas contra Ecuador[306] por la aprobación en 2007 de un impuesto especial sobre los beneficios extraordinarios de las empresas petroleras cuyo tipo de gravamen fue inicialmente fijado en el 50% y que posteriormente se elevó al 99% y contra Mongolia[307] por la aprobación en 2006 de un impuesto sobre los beneficios extraordinarios derivados del incremento del precio del oro y del cobre cuyo tipo de gravamen ascendía a un 68%.

En concreto, la aplicación de estos impuestos presenta un riesgo de incumplir la cláusula que prohíbe la expropiación indirecta y la cláusula FET.

Por lo que se refiere a la prohibición de expropiación indirecta, debido a la interpretación restrictiva que los tribunales arbitrales llevan a cabo de esta cláusula al considerar que la parcela tributaria es un elemento esencial de la soberanía de los Estados, las probabilidades de que este tipo de impuesto sea considerado expropiatorio son limitadas ya que, los tribunales arbitrales en alguna ocasión anterior han considerado que la reducción de rentabilidad causada por la imposición de un impuesto sobre los beneficios extraordinarios no tiene la suficiente entidad para constituir una expropiación, incluso en aquellos casos en los que (como en el caso ecuatoriano) el tipo de gravamen alcanzaba el 99%[308].

---

medidas para afrontar las consecuencias económicas y sociales derivadas de los conflictos en Ucrania y Oriente Próximo, así como para paliar los efectos de la sequía.

306 Véanse lo casos City Oriente Limited v. Republic of Ecuador and Empresa Estatal Petróleos del Ecuador (Petroecuador) [I], ICSID Case No. ARB/06/21; Perenco Ecuador Ltd. v. Republic of Ecuador and Empresa Estatal Petróleos del Ecuador (Petroecuador), ICSID Case No. ARB/08/6 y Burlington Resources Inc. v. Republic of Ecuador, ICSID Case No. ARB/08/5 (formerly Burlington Resources Inc. and others v. Republic of Ecuador and Empresa Estatal Petróleos del Ecuador (PetroEcuador))

307 Sergei Paushok, CJSC Golden East Company and CJSC Vostokneftegaz Company v. The Government of Mongolia, UNCITRAL.

308 Tal fue la apreciación que realizó el tribunal arbitral en el asunto Perenco Ecuador Ltd. v. Republic of Ecuador and Empresa Estatal Petróleos del Ecuador (Petroecuador), ICSID Case No. ARB/08/6. Igualmente, el tribunal arbitral en el asunto Burlington (Burlington Resources Inc. v. Republic of Ecuador, ICSID Case No. ARB/08/5) consideró que esta medida fiscal no constituía una expropiación indirecta ya que la empresa seguía ofreciendo beneficios; sin embargo, el laudo arbitral falló a favor del inversor apreciando la existencia de una expropiación cuando el

Por el contrario, una defensa basada en la violación del estándar de Trato Justo y Equitativo tiene mayores visos de prosperar sobre todo si la medida es discriminatoria (como era el caso del impuesto ecuatoriano[309]) o si es desproporcionado. Sin embargo, una defensa basada en el incumplimiento del deber de respeto a las legítimas expectativas del inversor tiene escasas probabilidades de prosperar puesto que en varias ocasiones los tribunales arbitrales han manifestado que, en un contexto de incremento imprevisto de precios, los inversores deben esperar que el Estado anfitrión desee aumentar la presión fiscal sobre ese sector.

El riesgo de que un impuesto sobre los beneficios extraordinarios pueda considerarse contrario a la cláusula FET, debe servir de advertencia a los Estados que estén considerando su implantación, exigiendo de ellos un mayor celo en el diseño de esta figura impositiva al objeto de evitar la vulneración de algún estándar de trato recogido en los APPRIs firmados por el Estado impositor.

En este contexto, resulta interesante centrarse en el caso español y analizar la compatibilidad de las cláusulas sustantivas de los APPRIs con los gravámenes recientemente aprobados en España que gravan los beneficios extraordinarios de determinadas empresas: el ya citado Gravamen Temporal Energético y el Gravamen Temporal sobre Entidades de Crédito y Establecimientos Financieros de Crédito[310], regulados por la Ley 38/2022, de 27 de diciembre.

El legislador español ha negado el carácter tributario a estas figuras, calificándolas como prestaciones patrimoniales públicas de carácter no tributario.

---

gobierno ecuatoriano tomó posesión de las instalaciones de producción. Sobre el asunto Burlington véase GILDEMEISTER, A., "Burlington Resources, Inc v Republic of Ecuador: How Much is Too Much: When is Taxation Tantamount to Expropriation?", *ICSID Review Foreign Investment Law Journal*, Vol. 29, Issue 2, 2014, págs. 315-320.

309 El tribunal arbitral en el asunto Perenco Ecuador Ltd. v. Republic of Ecuador and Empresa Estatal Petróleos del Ecuador (Petroecuador), ICSID Case No. ARB/08/6, Decisión sobre Responsabilidad, apartado 703, apreció un incumplimiento de la cláusula FET del APPRI.

310 Para profundizar en este gravamen véase CASADO OLLERO, G.; MARTÍN QUERALT, J; ONRUBIA FERNÁNDEZ, J.; ORÓN MORATAL, G.; RODRÍGUEZ BEREIJO, A.; TEJERIZO LÓPEZ, J.M., *Estudio preliminar sobre la adecuación a la Constitución y al Derecho Comunitario del gravamen temporal a entidades de crédito y establecimientos financieros de crédito*, Instituto de Estudios Económicos, septiembre 2022.

Este hecho unido a que estas medidas sólo se aplican a sociedades que operan en España[311]permite, *a priori*, esquivar eventuales problemas de doble imposición al no caer dentro del ámbito objetivo de aplicación de los CDIs firmados por España según es delimitado por el artículo 2 de éstos.

Sin embargo, la negativa del legislador español a reconocer la evidente[312] naturaleza tributaria de estas figuras no las salva de caer en el ámbito objetivo de aplicación de las cláusulas sustantivas de los APPRIs firmados por España[313], ya que, como hemos comentado en las primeras páginas de este trabajo, el concepto de "medida fiscal" es más amplio que el concepto de impuesto. De hecho, como ya hemos puesto de manifiesto en este trabajo, los pronunciamientos arbitrales han llegado a afirmar que cualquier medida que impone la obligación de pagar dinero al Estado motivada por fines públicos debe ser considerada una medida fiscal a los efectos del APPRI.

---

311 Respecto del gravamen temporal energético, estarán obligados al pago de este gravamen los operadores principales en los sectores energéticos de producción de crudo de petróleo o gas natural, minería de carbón o refino de petróleo que operen en España en los términos previstos en el artículo 1.1 de la Ley 38/2022. Respecto del gravamen temporal de entidades de crédito y establecimientos financieros de crédito, estarán obligadas al pago las entidades de crédito y establecimientos financieros de crédito que operen en territorio español cuya suma de ingresos por intereses y comisiones, determinada de acuerdo con su normativa contable de aplicación, correspondiente al año 2019 sea igual o superior a 800 millones de euros en los términos previstos en el artículo 2.1 de la Ley 38/2022.

312 Si acudimos a la jurisprudencia de nuestro Tribunal Constitucional, la Sentencia 63/2019 *[Tol 7260335]* enuncia una idea clave a estos efectos al afirmar que el *nomen iuris* utilizado por el legislador no le vincula automáticamente, sino que hay que atender a la naturaleza jurídica de la prestación, su configuración y su régimen jurídico. Aclarando que los tributos se justifican constitucionalmente porque "someten a gravamen un presupuesto de hecho o hecho imponible revelador de capacidad económica" y por su "finalidad de contribuir al sostenimiento de los gastos públicos". A la luz de esta doctrina constitucional, resulta evidente que el gravamen temporal energético y el gravamen temporal de entidades de crédito y establecimientos financieros de crédito poseen naturaleza tributaria, no sólo porque ambas prestaciones presentan el esquema de una relación jurídico-tributaria (si bien algo desfigurada) y se someten a la LGT y sus normas reglamentarias, sino porque recaen sobre los beneficios extraordinarios de los obligados, es decir, recaen en la capacidad económica de estos y porque, como la propia exposición de motivos declara, su objetivo es recaudar fondos para afrontar gastos públicos inesperados derivados de una situación de crisis económica sobrevenida.

313 Para un listado completo de los APPRIs firmados por España véase el Anexo II de este trabajo.

En consecuencia, los gravámenes sobre los beneficios extraordinarios de los sectores energético y bancario se incluyen en el concepto de medida fiscal de los APPRIs y, por tanto, deben ser objeto de un análisis de compatibilidad con sus cláusulas sustantivas.

A ello deben añadirse los eventuales problemas de incompatibilidad con la normativa europea en materia de ayudas de Estado que esta medida pudiera suscitar al dispensar un mejor trato fiscal a las empresas que operan en el sector energético español sin tener la consideración de operadores principales o empresas de otros Estados miembros de la UE que no operan en el sector español y a las entidades financieras y establecimientos financieros de crédito que operen en España cuya suma de ingresos por intereses y comisiones no supere los 800 millones de euros o que sean de otro Estado miembro de la UE y no operen en España.

Como acabamos de indicar, los impuestos sobre los beneficios extraordinarios presentan un alto riesgo de transgredir la cláusula FET, sobre todo si son discriminatorios o desproporcionados. Precisamente, si analizamos los gravámenes españoles constatamos que presentan un claro carácter discriminatorio, pues no se aplican por igual a todos los sujetos, aplicándose únicamente a los que operen en España y reúnan ciertas condiciones exigidas en la ley. Por tanto, si los operadores en el sector español son empresas no españolas que reúnen los requisitos para considerarse inversores extranjeros previstos en el APPRI podrán demandar a España ante un tribunal arbitral.

A esto debe añadirse que España también podrá ser demanda cuando los sujetos obligados al pago de estos gravámenes sean operadores que tengan la condición de sociedades españolas (lo que, *a priori*, les privaría de la posibilidad de ser considerados inversores extranjeros a efectos del APPRI), pero dicha sociedad española sea una filial de una sociedad matriz nacional de otro Estado con quien España haya firmado un APPRI, en cuyo caso la sociedad matriz podría tener la consideración de inversor extranjero y podría acudir a un tribunal arbitral demandando a nuestro país por los perjuicios sufridos por su filial que opera en España.

Además de esta situación, dependiendo de la concreta definición de inversión e inversor contenida en el APPRI aplicable, también podrían ostentar la condición de inversor extranjero y demandar a nuestro país los accionistas extranjeros de la sociedad española obligada al pago del gravamen español, ya fueran personas físicas o jurídicas[314] y ello, en la mayoría de ocasiones[315], con independencia del nivel de participación o control que estos accionistas posean sobre la sociedad española obligada al pago

[314] Ello se debe a que muchos APPRIs distinguen dos tipos de inversores: las personas físicas y las personas jurídicas. Normalmente las "personas físicas" son definidas como aquellos individuos que invierten directamente en su propio negocio privado o a través de la colocación de su propia cartera de capital en un país anfitrión. Su asociación con una parte de un AII suele ser sencilla, y se define en términos de "nacionalidad", por referencia a la legislación nacional de la parte en cuestión. Así, las inversiones de un inversor nacional de una de las partes de un AII están cubiertas por las disposiciones del AII. En algunos AII, esto se amplía para incluir a las personas que tienen residencia permanente o domicilio en la parte en cuestión, aunque esta no es una característica muy frecuente. Por su parte, la mayoría de los AII abarcan todas las formas de sociedades. Por ejemplo, los modelos de APPRI de EE.UU., junto al concepto de "empresa" definida como cualquier entidad constituida u organizada con arreglo a la legislación aplicable, tenga o no fines lucrativos, y sea de propiedad o control privado o gubernamental, incluyen un listado no exhaustivo de sociedades entre las que se encuentran la sociedad anónima, el fideicomiso, la sociedad colectiva, la empresa unipersonal, la sucursal, la *joint venture*, la asociación u otro tipo de organización. Algunos AII excluyen determinadas formas de empresa de su cobertura a través de la definición de "inversor" por diversas razones: por ejemplo, la definición de "empresa" puede excluir las asociaciones o *joint venture*, o las organizaciones sin ánimo de lucro, o las corporaciones de propiedad estatal. Sin embargo, las exclusiones de este tipo no parecen ser una característica común de los AII. Véase World Trade Organization, Working Group on the Relationship between Trade and Investment, Scope and definition: "investment" and "investor", WT/WGTI/W/108, 21 March 2002, pág. 8 ss.

[315] Sólo una minoría de ellos exigen en la definición de inversor una determinada relación en términos de "propiedad" y "control" que debe existir entre el inversor y una inversión en el Estado anfitrión para que la inversión quede cubierta por el Acuerdo. Por ejemplo, el ALC entre Canadá y Estados Unidos define esta relación de control como "*control or controlled, with respect to: (a) a business enterprise carried on by an entity, means (i) the ownership of all or substantially all of the assets used in carrying on the business enterprise, and (ii) includes, with respect to an entity that controls a business enterprise in the manner described in subparagraph (i), the ultimate direct or indirect control of such entity through the ownership of voting interests; and (b) a business enterprise other than a business enterprise carried on by an entity, means the ownership of all or substantially all of the assets used in carrying on the business enterprise*". Sin embargo, algunos AII van más allá y definen "propiedad" y "control" en términos cuantitativos; por ejemplo, en términos de una participación específica en el capital o de derechos de voto; por ejemplo, algunos AII exigen el 50% de la propiedad o el control mayoritario, véase UNCTAD, *Scope and Definition: a sequel, UNCTAD Series on Issues in International Investment Agreements II*, United Nations, New York and Geneve, 2011, especialmente págs. 15 ss.

del gravamen español, incluso en aquellos casos en los que los accionistas sufran una pérdida indirecta (*reflective loss*)[316].

1.5. LA CLÁUSULA DE TRATO JUSTO Y EQUITATIVO COMO PROTECCIÓN DE LOS INVERSORES FRENTE A LA APLICACIÓN DE CLÁUSULAS ANTIABUSO

Los recientes laudos arbitrales pronunciados en los asuntos Vodafone[317], Cairn[318] y Lone Star[319] han puesto de manifiesto una nueva vía de defensa de los inversores consistente en alegar que la aplicación por parte de la Administración tributaria del Estado anfitrión de cláusulas antiabuso constituye un incumplimiento de la cláusula FET.

Siempre que el APPRI no contenga una exclusión del arbitraje de la materia fiscal, esta estrategia de defensa sería válida con independencia de si las cláusulas antiabuso están reguladas en la normativa interna del Estado anfitrión —tanto las de carácter general[320], como por ejemplo, los artículos 15 y

316 La pérdida indirecta de los accionistas se produce como consecuencia de un perjuicio para "su" empresa, normalmente una pérdida de valor de las acciones; generalmente contrasta con el perjuicio directo a los derechos de los accionistas, como la interferencia con los derechos de voto de éstos.
Aunque el Derecho interno de los Estados sólo permite a la empresa directamente perjudicada reclamar y recuperar esta pérdida, lo cierto es que los tribunales arbitrales han permitido sistemáticamente a los accionistas reclamar por esta pérdida indirecta. Sobre la posibilidad de que los inversores extranjeros puedan reclamar por las pérdidas indirectas véase GAUKRODGER, D., *Investment Treaties and Shareholder Claims for Reflective Loss: Insights from Advanced Systems of Corporate Law,* OECD Working Papers on International Investment, OECD Publishing, 2014 y GAUKRODGER, D., *Investment Treaties and Shareholder Claims: Analysis of Treaty Practice,* OECD Working Papers on International Investment, OECD Publishing, 2014.

317 Vodafone International Holdings BV v India, Final Award, PCA Case No. 2016-35, 25 September 2020.

318 Cairn Energy PLC and Cairn UK Holding Limited v The Republic of India, PCA Case No 2016-07, 21 December 2020.

319 ULSF-KEB Holdings SCA and others v Republic of Korea, ("Lone Star") ICSID, Case No. ARB/12/37, 30 August 2022.

320 Conocidas como GAAR, por sus siglas en inglés *General Anti-Avoidance Rule.*

16 de la Ley 58/2003, de 17 de diciembre, General Tributaria[321] en el caso de España, como las de carácter específico, como por ejemplo, la establecida en el artículo 15.h) de la Ley 27/2014, de 27 de noviembre, del Impuesto sobre Sociedades[322]—, o se contienen en normativa de carácter internacional como podría ser la cláusula *Principal Purpose Test* (PPT), la cláusula de limitación de beneficios (LOB), la cláusula "*look throu*gh" o la cláusula del beneficiario efectivo presentes en el MC OCDE.

Igualmente, los inversores podrían servirse de este argumento de defensa en aquellos casos en los que las autoridades tributarias nacionales deniegan de forma expresa el acceso al arbitraje para resolver situaciones de doble imposición derivadas de una regularización practicada por la Administración tributaria en la que se ha aplicado una cláusula antiabuso prevista en la normativa interna o en un CDI.

Esta ha sido precisamente, la posición mantenida por España tal y como demuestran, por un lado, las reservas[323] al artículo 28(2)(a) respecto del Convenio Multilateral de la OCDE para aplicar las medidas relacionadas con los Tratados fiscales para prevenir la erosión de las bases imponibles y el traslado de beneficios (más conocido como MLI por las siglas de su nombre en inglés "*Multilateral Instrument*") introducidas por nuestro país al objeto de reservarse el derecho de excluir del ámbito de la aplicación del arbitraje aquellos casos que conlleven la aplicación de normas antiabuso prevista en la normativa interna o en un CDI o, por otro lado, el pronunciamiento de nuestro Tribunal Supremo de 22 de septiembre de 2021 en el conocido como caso Carbon Holdings[324] que denegó el acceso al MAP por haberse aplicado las reglas antiabuso nacionales de carácter general[325].

---

321 Ley 58/2003, de 17 de diciembre, General Tributaria, BOE nº 302 de 18 de diciembre de 2003 *[Tol 327278]*.

322 Ley 27/2014, de 27 de noviembre, del Impuesto sobre Sociedades, BOE nº. 288 de 28 de noviembre de 2014 *[Tol 4554400]*.

323 Véanse las Reservas y Notificaciones con arreglo al Convenio Multilateral para aplicar las medidas relacionadas con los Tratados Fiscales para prevenir la erosión de las bases imponibles y el traslado de beneficios, Ministerio de Hacienda y Función Pública, disponible en: https://www.hacienda.gob.es/Documentacion/Publico/NormativaDoctrina/Tributaria/CDI/Documentacion/Convenio%20multilateral_ES_Posicion%20espanola.PDF

324 Sentencia del Tribunal Supremo de 22 de septiembre de 2021, 1151/2021 *[Tol 8611158]*.

325 Sobre este pronunciamiento véase CÁMARA BARROSO, M.ª C., "Una regularización basada en la aplicación de una cláusula general antiauso impide la iniciación de un proce-

Esta línea de defensa del contribuyente cobra más relevancia si cabe si atendemos al contexto actual post-BEPS presidido por el enfoque de dos pilares auspiciados por la OCDE para abordar los desafíos fiscales derivados de la globalización y la digitalización en el que tanto el número de las cláusulas antiabuso para luchar contra la planificación fiscal agresiva como la extensión de su ámbito de aplicación no cesa de crecer. En este contexto, este escudo de defensa desplegado por los inversores supone un serio riesgo para los Estados anfitriones de la inversión que pueden no sólo ver cómo la forma en la que aplican las cláusulas antiabuso se somete a escrutinio por los tribunales arbitrales, sino también pueden encontrar considerablemente mermadas sus posibilidades de aplicación de estas cláusulas antiabuso por las exigencias de protección a los inversores derivadas de la cláusula FET, en especial las obligaciones de transparencia y respeto a las legítimas expectativas del inversor, la prohibición de arbitrariedad, el requisito de razonabilidad y proporcionalidad, y el respeto al debido proceso[326].

El origen de este antagonismo en potencia entre la protección conferida por la cláusula FET y la aplicación de las cláusulas antiabuso radica, por un lado, en la fragmentación del Derecho Internacional, como apunta GARCÍA ANTÓN[327] y, por otro lado, tanto en el carácter vago e impreciso de la redacción de dichas cláusulas antiabuso, así como en su aplicación, en ocasio-

dimiento amistoso: análisis de la sentencia del Tribunal Supremo de 22 de septiembre de 2021", *Nueva Fiscalidad*, nº 4, 2021, págs. 291-305; NAVARRO, A., "Spanish Supreme Court denies access to MAP in domestic GAAR tax case", *MNE Tax*, [en línea], (2 de noviembre de 2021), https://mnetax.com/spanish-supreme-court-denies-access-to-map-in-domestic-gaar-tax-case-46099 [Consulta: 11/07/2017]; MARTÍN JIMÉNEZ, A.; GARCÍA ANTÓN, R., "The domestic GAAR and the initiation of the MAP in the context of the Germany-Spain double tax convention (the Carbon Holding case)" en *Tax treaty case law around the globe 2022*, Eric Kemmeren et alter (Eds.), IBFD, 2023, págs. 415 ss.

326 MARTÍN JIMÉNEZ, A., "International Investment Agreements and anti-tax avoidance measures: incoherencies in the International Law system, systemic interpretation and taxpayer rights", *ob. cit.*, pág. 558.

327 GARCÍA ANTÓN, R., "The fragmentation of taxpayers' rights in international dispute resolution settings. Healing anxieties through judicial dialogue", *World Tax Journal*, Vol. 10 nº 1, 2018, págs. 131-162 y "Arbitration and tax abuse cases. An agenda for futher research", *The Indian Journal of International Economic Law Blog*, [en línea], (30 de noviembre de 2022), https://ijiel.in/blog/f/arbitration-and-tax-abuse-cases-%E2%80%93-an-agenda-for-further-research?blogcategory=International+Investment+Law [Consulta: 31/07/2023].

nes, agresiva por parte de las Administraciones tributarias que conduce a una situación de inseguridad jurídica para los inversores/contribuyentes.

Para remediar esta compleja situación resulta imprescindible acudir a algún instrumento que permita encontrar el equilibrio entre la aplicación de las cláusulas antiabuso sin considerar dicha aplicación un incumplimiento de la cláusula FET. El principal camino apuntado tanto por la práctica arbitral en el asunto Cairn[328] como por las autorizadas voces de la doctrina de DANON[329] y MARTÍN JIMÉNEZ[330] pasa por acudir al principio de interpretación sistemática al objeto de interpretar las cláusulas antiabuso a la luz de la cláusula FET regulada en los APPRIs.

En concreto, MARTÍN JIMÉNEZ considera que la solución ideal debería producirse en la esfera tributaria identificando las cláusulas antiabuso cuya amplia y vaga redacción generase inseguridad jurídica para los inversores y el riesgo para el Estado anfitrión que las aplica en relación con la aplicación de la cláusula FET, modificándolas para hacerlas más garantistas de los derechos de los contribuyentes. Sin embargo, hasta que esta situación ideal se materializa, este autor acepta acudir a una interpretación sistemática que permita la interpretación de las normas antiabuso a la luz de los estándares de protección de los inversores contenidos en los APPRIs como una segunda mejor solución[331].

Por su parte, DANON focaliza su análisis en las cláusulas antiabuso contenidas en los CDIs y propone, sobre la base del artículo 31(3)(c) CVDT, realizar una interpretación sistemática de los CDIs a la luz de la cláusula FET ya que esta cláusula es una regla de Derecho Internacional en el sentido del citado artículo, por lo que debe ser tenida en cuenta a la hora de interpretar

---

328 En este sentido el laudo en el caso Cairn afirma que "*BITs should be interpreted even-handedly under the VCLT rules of treaty interpretation*", Cairn Energy PLC and Cairn UK Holding Limited v The Republic of India, PCA, 21 December 2020, Case No 2016-07, para. 683.

329 DANON, R.J., "Interpreting tax treaties in light of investment agreements: the role of the principle of systemic integration in tax treaty disputes", *ob. cit.*, págs. 507-535.

330 MARTÍN JIMÉNEZ, A., "International Investment Agreements and anti-tax avoidance measures: incoherencies in the International Law system, systemic interpretation and taxpayer rights, *ob. cit.*, pág. 569.

331 MARTÍN JIMÉNEZ, A., "International Investment Agreements and anti-tax avoidance measures: incoherencies in the International Law system, systemic interpretation and taxpayer rights", *ob. cit.*, pág. 569.

las disposiciones de los CDIs que concedan beneficios a los inversores[332]. Por este motivo, considera este autor que cuando, por aplicación de la cláusula antiabuso, no se conceda al inversor el máximo beneficio fiscal perseguido, no se le debe privar del disfrute de beneficios alternativos (por ejemplo, si se le deniega el tipo de gravamen super reducido del 0% en el gravamen de los dividendos de fuente extranjera previsto en el CDI aplicable, nada impide que se pueda beneficiar del tipo reducido del 15%)[333].

Una cuestión de gran relevancia práctica y sobre que todavía no se ha pronunciado de forma unívoca la jurisprudencia arbitral es la relativa a la necesidad de que los tribunales arbitrales realicen una valoración independiente acerca de la existencia y entidad de la conducta abusiva llevada a cabo supuestamente por el inversor que alega el incumplimiento de la cláusula FET por parte del Estado anfitrión, ignorando el juicio emitido al respecto por el órgano nacional o si, por el contrario, el tribunal arbitral debe asumir y dar por buena la decisión emitida por el tribunal nacional. Hasta la fecha, los tribunales arbitrales han ofrecido soluciones dispares, siendo buenos ejemplos de ello los pronunciamientos en el asunto Lone Star y en el asunto Cairn. Por un lado, en el caso Lone Star el tribunal arbitral no realizó ningún juicio de valor sobre la conducta supuestamente abusiva y asumió como propia la calificación llevada a cabo por el tribunal nacional coreano que aplicó la teoría del fondo sobre la forma[334]. En concreto, el tribunal arbitral del caso consideró que el tribunal nacional coreano no incumplió los deberes derivados de la cláusula FET cuando aplicó la teoría del fondo sobre la forma para calificar la conducta abusiva del inversor[335].

---

332 DANON, R.J., "Interpreting tax treaties in light of investment agreements: the role of the principle of systemic integration in tax treaty disputes", *ob. cit.,* pág. 526-527.

333 DANON, R.J., "Interpreting tax treaties in light of investment agreements: the role of the principle of systemic integration in tax treaty disputes", *ob. cit.,* págs. 531-533.

334 Sobre la aplicación de la doctrina del fondo sobre la forma por el tribunal arbitral del caso Lone Star véase KUZNIACKI, B., "The Compatibility of the Substance over Form Doctrine with Tax and Investment Treaties: A Case Study of Lone Star v the Republic of Korea", ICSID Review - Foreign Investment Law Journal, 2024;, siad035, https://academic.oup.com/icsidreview/advance-article-abstract/doi/10.1093/icsidreview/siad035/7512622

335 En concreto el tribunal arbitral concluyó que "*Korea's application of the Substance Over Form doctrine did not violate the BIT. (...) The Korean courts adequately explained why the application of Substance Over Form was not arbitrary but grounded in the evidence. Nor, in the opinion of the Tribunal, as will be discussed, was the application discriminatory*", ULSF-KEB Holdings SCA and others v Republic of Korea, ("Lone Star") ICSIS, Case No. ARB/12/37, 30 August 2022, para. 410.

Por el contrario, en el caso Cairn el tribunal arbitral llevó a cabo un análisis exhaustivo de las operaciones llevadas a cabo por el inversor al objeto de determinar su carácter abusivo[336] apartándose de la decisión de las autoridades indias al negar la condición de abusivas a las operaciones llevadas a cabo por el inversor a quien reconoció el derecho de planificar sus operaciones con el fin de pagar la menor cantidad posible de impuestos. Al objeto de ofrecer una salida ante esta heterogeneidad de pronunciamientos, GARCÍA ANTÓN propone instaurar mecanismos de diálogo y coordinación entre los tribunales nacionales y los tribunales arbitrales[337].

2. CLÁUSULA DE PROTECCIÓN FRENTE A LA EXPROPIACIÓN: LA EXPROPIACIÓN INDIRECTA

2.1. LA EXPROPIACIÓN INDIRECTA: UN CONCEPTO DE LÍMITES DIFUSOS

Para el Derecho Internacional de Inversiones, la expropiación no es *per se* ilegal, ya que se admite que el Estado tiene el poder y el derecho de expropiar bienes a los particulares, sean estos nacionales o extranjeros, siempre que se cumplan los siguientes requisitos[338]:

---

336 A este respecto el tribunal arbitral afirmó que *"For instance, the interpretation and content of the Respondent's obligation to accord FET to the Claimants' investments under Article 3(2) of the BIT is a question of international law. However, to determine whether the Respondent has breached this obligation, the Tribunal may need to assess certain questions of Indian law. By way of example, whether the 2006 Transactions were tax abusive and therefore taxable in India, or whether indirect transfers were taxable in India prior to the 2012 Amendment, are both questions that need to be answered by applying Indian law. Only once the Tribunal has assessed these questions under their proper law will it be able to determine —applying the Treaty and international law— whether the Respondent has upheld its obligation to grant FET to the Claimants' investments"*, Cairn Energy PLC and Cairn UK Holding Limited v The Republic of India, PCA, Case No 2016-07, 21 December 2020, para. 652.

337 GARCÍA ANTÓN, R., "Arbitration and tax abuse cases. An agenda for futher research", The Indian Journal of International Economic Law Blog, *ob. cit.* De hecho este autor propone unos mecanismos de cooperación judicial entre los tribunales de derechos humanos y los tribunales arbitrales, véase al respecto GARCÍA ANTÓN, R., "The fragmentation of taxpayers' rights in international dispute resolution settings. Healing Anxieties through judicial dialogue", *ob. cit.*, págs. 131-162.

338 GONZÁLEZ DE COSSÍO, F., "Medidas equivalentes a expropiación en arbitraje de inversión", *Revista Internacional de Arbitraje,* nº 4, enero-junio, 2006, págs. 1-2.

1. Que sea por causa de interés público.
2. Que sea realizada en forma no discriminatoria, de conformidad con el principio de legalidad y debido proceso.
3. Debe mediar una compensación que sea pronta, adecuada y efectiva.

Por tanto, no toda expropiación directa es ilícita para el Derecho Internacional, sino sólo aquella que no cumple con los requisitos que acabamos de exponer. Es por ello que la cláusula de protección frente a la expropiación recogida en los APPRIs establece que el Estado anfitrión podrá expropiar inversiones o adoptar medidas equivalentes (lo que también se denomina expropiación indirecta) por causa de interés o utilidad pública, sobre bases no discriminatorias, con estricto apego al principio de legalidad y mediante pago sin demora de la oportuna indemnización[339]. Valga como ejemplo la cláusula relativa a la expropiación recogida en el artículo 5.1 del APPRI firmado entre España y Albania cuyo tenor es el siguiente:

> *"Las inversiones de inversores de cualquiera de las Partes en el territorio de la otra Parte no serán nacionalizadas, expropiadas, ni sometidas a medidas de efecto equivalente a la nacionalización o expropiación (en adelante denominadas «expropiación») salvo por causa de utilidad pública, con arreglo al debido procedimiento legal, de manera no discriminatoria y mediante el pago de una indemnización pronta, adecuada y efectiva".*

Como afirma GONZÁLEZ DE COSSÍO, las expropiaciones formalmente adoptadas o expropiaciones directas, han dejado de ser comunes, pudiendo calificarse de excepcionales, siendo en la práctica más habituales las

339 Existe cierta controversia en torno a la extensión de la indemnización de las expropiaciones legales e ilegales. Para una escuela, la indemnización es la misma sea la expropiación legal o no. Para otra, en caso de expropiación ilegal y de acuerdo a lo que exigen las reglas en materia de responsabilidad estatal, el Estado debería retrotraer las cosas al momento previo del perfeccionamiento del daño, mientras que si es legal, se compensaría mediante el criterio moderno de "justo valor de mercado", siendo la principal diferencia entre ambas compensaciones la inclusión o no del lucro cesante, véase BOHOSLAVSKY, J.P., *Tratados de protección de las inversiones implicaciones para la formulación de políticas públicas (especial referencia a los servicios de agua potable y saneamiento)*, Naciones Unidas (Comisión Económica para América Latina y el Caribe), Santiago de Chile, 2010, pág. 36. En particular son muchos los APPRIs firmados por España que para fijar la indemnización que debe satisfacerse al inversor siguen un criterio de indemnización adecuada que resulta más impreciso que el de "indemnización conforme al valor real o valor de mercado" que contienen otros APPRIS.

expropiaciones indirectas, también conocidas[340] como "medidas equivalentes a la expropiación" o "expropiaciones de facto" o en inglés *"tantamount to expropiation"*[341], alcanzando tal relevancia esta figura que los APPRIs la reconocen de manera casi unánime.

Como señala este autor, el término "expropiación indirecta" proviene[342] de la Constitución de Estados Unidos de América que, en su quinta enmienda, establece que *"... nor sall private property be taken for public use without just compensation"*. La judicatura estadounidense ha interpretado dicho concepto en el sentido de incluir, *grosso modo*, dos especies; por un lado, *takings* posesorios (que aluden a cualquier tipo de confiscación u ocupación física de la propiedad) y, por otro lado, *takings* regulatorios (los cuales se refieren a situaciones en las que la regulación hace económicamente inviable la utilización de activos). El poroso Derecho Internacional de Inversiones recibió esta noción dando origen al concepto de "medida equivalente a la expropiación" o "expropiación indirecta"[343].

---

340 Como afirma FAYA RODRÍGUEZ, la terminología utilizada para referirse a los casos de expropiación indirecta es variada abarcando las expresiones "equivalente", "de facto", "progresiva", "disfrazada", "consecuencial", "regulatoria" o "virtual", véase FAYA RODRÍGUEZ, A., "¿Cómo se determina una expropiación indirecta bajo tratados internacionales en materia de inversión? Un análisis contemporáneo", en *Foro de arbitraje en materia de inversión. Tendencias y Novedades*, Sonia Rodriguez Jimnez y Herfried Wöss (Coord.), Universidad nacional Autónoma de México, 2013, pág. 221.

341 GONZÁLEZ DE COSSÍO, F., "Medidas equivalentes a expropiación en arbitraje de inversión", *ob. cit.*, págs. 2-3.

342 Las disputas entre inversores extranjeros y los Estados anfitriones de su inversión aparecieron por primera vez en la década de 1920, cuando se producen los primeros pronunciamientos de los tribunales arbitrales sobre la noción de expropiación, siendo resueltos estos casos aplicando la costumbre internacional, puesto que los primeros instrumentos normativos que contenían previsiones al respecto no aparecieron hasta la década de 1950, pasando a experimentar un gran auge a partir de la introducción de esta figura en el Capítulo 11 del Tratado NAFTA. Para un análisis en detalle de los orígenes de la figura de la expropiación indirecta, prestando una especial atención a las primeras decisiones al respecto de los tribunales arbitrales y a los intentos posteriores de codificación y ulterior codificación, véase BARKLEM, C.; ALBERTO PRIETO-RÍOS, E., "The concept of indirect expropriation, its appearance in the international system and its effects in the regulatory activity of governments", *Civilizar*, Vol. 11, nº 21, 2011, págs. 77-100.

343 GONZÁLEZ DE COSSÍO, F., "Medidas equivalentes a expropiación en arbitraje de inversión", *ob. cit.*, pág. 3.

Así pues, la expropiación indirecta constituye un concepto autónomo a la expropiación difícil de precisar, puesto que se trata de una medida de resultado, si bien la UNCTAD[344] ha venido a clarificar que la expropiación indirecta se caracteriza por los siguientes elementos acumulativos:

1. Es un acto atribuible al Estado.
2. Constituye una interferencia con los derechos de propiedad.
3. Supone tal grado de interferencia que los derechos o intereses pierden todo o casi todo el valor para el propietario, o el propietario es privado del control sobre la inversión.
4. El propietario retiene el título legal de propiedad.

Como puede apreciarse, la principal diferencia entre la expropiación indirecta y la figura clásica de la expropiación reside en que aquella no requiere la existencia de una privación expresa del derecho de propiedad del inversor, sino que es suficiente que se haya adoptado una medida o conjunto de medidas[345] que tenga el mismo efecto, siendo el elemento decisivo para determinar la existencia de esta figura la pérdida material del control o del valor económico de la inversión, lo cual puede presentarse en una gran variedad de formas[346].

Esta diferencia es recogida de forma muy clara en el Anexo 8-A párrafo 1 del CETA que prevé que:

> *"Expropriation may be direct or indirect:*
>
> *a. direct expropriation occurs when an investment is nationalised or otherwise directly expropriated through formal transfer of title or outright seizure; and*
>
> *b. indirect expropriation occurs if a measure or series of measures of a Party has an effect equivalent to direct expropriation, in that it substantially deprives the investor of the fundamental attributes of property in its*

344 UNCTAD, *Expropiation: a sequel, UNCTAD Series on Issues in International Investment Agreements II,* United Nations, New York and Geneve, 2012, pág. 12.

345 Dentro del género de la expropiación indirecta se distingue un tipo en concreto conocido como expropiación progresiva o "*creeping*" que se caracteriza porque la expropiación se produce gradualmente o a través de varias etapas y se deriva no de una única medida en concreto, sino de un conjunto de medidas que se van sucediendo en el tiempo.

346 ROJAS YEROVI, F.A., *La figura de la medida tributaria expropiatoria en el marco de los Tratados bilaterales de protección y promoción de inversiones*, Universidad Andina Simón Bolívar, Quito, 2013, pág 8.

investment, including the right to use, enjoy and dispose of its investment, without formal transfer of title or outright seizure".

Ante la dificultad intrínseca de fijar los límites conceptuales de esta figura y en aras a una mayor seguridad jurídica, algunos de los APPRIS más modernos incorporan una cláusula convencional que aclara cuándo se está ante una expropiación indirecta. En primer lugar podemos citar el caso del artículo 12 del modelo de APPRI de Países Bajos de 2019 que la define como *"a measure or a series of measures of a Contracting Party that has an effect equivalent to direct expropriation, in that it substantially deprives the investor of the fundamental attributes of property in its investment, including the right to use, enjoy and dispose of its investment, without formal transfer of title or outright seizure".*

Igualmente, el CETA aclara en su Anexo 8A(b) que "*indirect expropriation occurs if a measure or series of measures of a Party has an effect equivalent to direct expropriation, in that it substantially deprives the investor of the fundamental attributes of property in its investment, including the right to use, enjoy and dispose of its investment, without formal transfer of title or outright seizure".*

En esta línea también encontramos, el ALC de nueva generación entre China y Perú firmado en 2009 que prevé en su Anexo 9 (b) que *"indirect expropriation occurs when a state takes an action or series of actions that have an effect equivalent to direct expropriation, in that it deprives the investor in substance of the use of the investor's property, although the means used fall short of those specified in [the] subparagraph [defining direct expropriation]".*

Sin embargo, las pautas ofrecidas por estas definiciones distan mucho de ser suficientes para determinar si se ha producido una expropiación indirecta. Por este motivo y en aras a una mayor claridad y seguridad jurídica, desde 2003, algunos de los APPRIs y ALC de nueva generación contienen previsiones que facilitan criterios o factores que deben ser tenidos en cuenta al objeto de distinguir cuándo una medida tributaria constituye un ejercicio legítimo de los poderes normativos del Estado y, por tanto, no es indemnizable y cuándo es un supuesto de expropiación indirecta. Un buen ejemplo de ello es el Modelo de APPRI de Estados Unidos[347], tanto de 2004 como

[347] Modelo de APPRI de EE.UU. (2004), Anexo B, Artículo 4; Modelo de APPRI de EE.UU. (2012), Anexo B, Artículo 4.

el de 2012, que establece un criterio para que los tribunales lleven a cabo una investigación caso por caso, basada en los hechos, para determinar si la medida adoptada por el Estado, en una situación de hecho específica, constituye una expropiación indirecta. Normalmente, estos tratados establecen los siguientes factores a tener en cuenta para determinar si una medida estatal constituye una expropiación indirecta: (1) el efecto económico de la medida gubernamental; (2) la dimensión de la interferencia creada por la medida gubernamental en las expectativas razonables respaldadas por la inversión; y (3) el carácter de la medida gubernamental.

Estas pautas excluyen del concepto de expropiación indirecta ciertas medidas reguladoras, al establecer que, salvo en raras circunstancias, las medidas no discriminatorias de un Estado que se diseñan y aplican para proteger objetivos legítimos de bienestar público, como la salud pública, la seguridad y el medio ambiente, no constituyen expropiaciones indirectas.

Unas precisiones similares recoge el artículo 9.3 del modelo de APPRI de Canadá de 2021 y el Anexo 8-A del CETA en el que se llega a indicar que una medida no discriminatoria adoptada de buena fe para proteger objetivos legítimos de bienestar público no constituirá una expropiación indirecta, aunque tenga un efecto equivalente a la expropiación directa afirmando que:

> *"An indirect expropriation under paragraph 1 may occur when a measure or a series of measures of a Party has an effect equivalent to direct expropriation without formal transfer of title or outright seizure. A non-discriminatory measure of a Party that is adopted and maintained in good faith to protect legitimate public welfare objectives, such as health, safety and the environment, does not constitute indirect expropriation, even if it has an effect equivalent to direct expropriation. The determination of whether a measure or a series of measures of a Party has an effect equivalent to direct expropriation requires a case-by-case, fact-based inquiry that shall consider:*
>
> *(a) the economic impact of the measure or the series of measures, although the sole fact that a measure or a series of measures of a Party has an adverse effect on the economic value of a covered investment does not establish that an indirect expropriation has occurred;*
>
> *(b) the duration of the measure or series of measures of a Party;*
>
> *(c) the extent to which the measure or the series of measures interferes with distinct, reasonable investment-backed expectations; and*
>
> *(d) the character of the measure or the series of measures".*

El análisis de los laudos arbitrales demuestra que la inmensa mayoría de los actos que han sido considerados constitutivos de una expropiación indirecta provienen de la esfera administrativa[348], aunque en principio, nada obsta a que puedan provenir de la legislativa o judicial, puesto que lo relevante no es el órgano que ejerce la conducta, sino si dicha conducta es compatible con una obligación de Derecho Internacional[349]. De hecho, las expropiaciones indirectas suelen derivar de una amplia gama de medidas de muy distinta naturaleza abarcando desde la intervención de compañías mediante administradores nombrados por el Estado, arresto o expulsión de funcionarios clave, revocaciones de concesiones, licencias o permisos, daño sufrido en tribunales nacionales y diversos tipos de regulación hasta decretos ambientales o medidas financieras, e impuestos desproporcionados[350].

A ello hay que añadir que, como afirma FAYA RODRÍGUEZ, si bien bajo los sistemas nacionales, sólo los derechos de propiedad *in rem* son normalmente susceptibles de expropiación, en el Derecho Internacional de Inversiones la noción ha sido mucho más amplia, especialmente tratándose de casos de expropiación indirecta, llegando a aceptarse en las decisiones de tribunales arbitrales que la expropiación no se limita a derechos tangibles de propiedad, sino que abarca también a los derechos contractuales como in-

348 La mayoría de las reclamaciones presentadas ante tribunales arbitrales alegando la existencia de una expropiación indirecta vienen motivadas, principalmente, no tanto por la adopción de medidas legislativas por parte del Estado anfitrión, sino por concretas actuaciones administrativas. Un análisis de los laudos habidos en el marco del CIADI revela que de las 264 disputas habidas hasta septiembre de 2013, tan solo 163 de ellas estuvieron relacionadas con el comportamiento arbitrario del Estado anfitrión y se recondujeron a través de la figura de la expropiación indirecta y de estos 163, tan solo 14 de ellas estuvieron relacionadas con expropiaciones indirectas consecuencia de la adopción de medidas legislativas. Además, muchas de estas reclamaciones fueron iniciadas por los inversores contra el mismo Estado que se enfrentó a varias reclamaciones en el mismo año, CADDE, J.; JENSEN N.M., "Which host country government actors are most involved in disputes with foreign investors?", *Columbia FDI Perspectives*, nº 120, April 28, 2014.

349 FAYA RODRÍGUEZ, A., "¿Cómo se determina una expropiación indirecta bajo tratados internacionales en materia de inversión? Un análisis contemporáneo", *ob. cit.*, pág. 226.

350 FAYA RODRÍGUEZ, A., "¿Cómo se determina una expropiación indirecta bajo tratados internacionales en materia de inversión? Un análisis contemporáneo", *ob. cit.*, pág. 226.

tangibles. En este sentido es posible encontrar laudos que reconocen que no sólo se había producido la expropiación ilegal de una fábrica, sino también de los derechos contractuales, patentes y licencias de una compañía o que no sólo procedía una indemnización por la expropiación de los astilleros y navíos ocurridos durante la Segunda Guerra Mundial, sino también por la cancelación de los contratos y pedidos existentes[351].

2.2. LAS MEDIDAS TRIBUTARIAS COMO SUPUESTO DE EXPROPIACIÓN INDIRECTA

En este contexto, las medidas tributarias constituyen una potente arma en manos del Estado anfitrión que apunta directamente a la línea de flotación de la rentabilidad de la inversión. Se trata de una herramienta que, si bien se diferencia de las medidas que constituyen un supuesto de expropiación directa, también ataca los derechos de propiedad y la utilidad de la inversión extranjera, aunque de una manera mucho más sutil y sofisticada.

El incremento del número de casos relacionados con medidas tributarias que son consideradas por los tribunales constitutivas de expropiación indirecta en los últimos años demuestra que estamos asistiendo a una especie de nueva era en cuanto a la asunción de riesgos políticos y legislativos por parte de los inversores[352]. Esta nueva realidad requiere de un análisis más complejo de la medida tributaria en cuestión que se aparta de los simples postulados utilizados en los tradicionales supuestos de expropiación directa.

Trasladando el concepto de expropiación indirecta al ámbito tributario, la cuestión clave que subyace en esta cuestión es si la aprobación de nuevas normas que regulan *ex novo* una materia o el cambio en la normativa existente vulnera el derecho de los inversores a un marco normativo estable y puede ser considerado expropiación indirecta.

351 FAYA RODRÍGUEZ, A., "¿Cómo se determina una expropiación indirecta bajo tratados internacionales en materia de inversión? Un análisis contemporáneo", *ob. cit.*, pág. 224.

352 KOLO, A., "Expropiatory taxation in the Latin American experience", *en International Investment Law in Latin America: Problems and Prospects,* Attila Tanzi, Alessandra Asteriti, Rodrigo Polanco Lazo, Paolo Turrini (Eds.), Nijhoff International Investment Law Series, Brill, Países Bajos, 2016, pág. 405.

A la vista de los difusos límites del concepto de expropiación indirecta y del amplio margen de interpretación del que gozan los tribunales arbitrales en relación con este concepto, son los tribunales arbitrales los que tienen, en última instancia, la facultad de interpretar el caso concreto determinando su existencia caso por caso. No obstante, en esta tesitura surge una tensión entre la libertad de interpretación de los tribunales arbitrales, por un lado, y la necesidad de clarificar la diferencia entre expropiación indirecta (compensable) y la regulación de interés público (no compensable), en aras de una mayor seguridad jurídica, por otro lado, cuya solución jurídica conduce a una inevitable limitación de las facultades de interpretación de los tribunales arbitrales.

2.3. LA PRÁCTICA DE LOS TRIBUNALES ARBITRALES

Cuando un tribunal arbitral en ejercicio de su amplio margen interpretativo se enfrenta a un caso en el que el inversor solicita una indemnización alegando la existencia de una expropiación indirecta, los árbitros deben determinar, en primer lugar, la existencia de esta supuesta expropiación indirecta. En esta labor, el tribunal es libre para fundamentar su pronunciamiento bien en la teoría de los poderes de policía o bien en la doctrina *sole effects,* también llamada *substantial deprivation test.*

La elección de una u otra teoría no es cuestión baladí puesto que puede conducir a resultados distintos ya que puede afirmarse que, *a priori*, la primera de ellas es más favorable al Estado, mientras que la segunda es más favorable al inversor, si bien la práctica arbitral se ha mostrado tan exigente con la apreciación de los requisitos que dan lugar a la aplicación de esta segunda teoría que es difícil que un inversor obtenga un laudo favorable sobre la base de un incumplimiento de la prohibición de expropiación indirecta.

Ello se debe a que la doctrina *sole effects*[353], propugna la existencia de una expropiación indirecta atendiendo únicamente a los efectos que la medida en

---

353 Seguida en Antoine Biloune and Marine Drive Complex Ltd. v. Ghana Investments Centre and the Government of Ghana, UNCITRAL PCA 1994, Ad hoc Award, 27 October 1989, para. 183; Southern Pacific Properties (Middle East) Limited v. Arab Republic of Egypt, ICSID Case No. ARB/84/3, Award, 20 May 1992; Tippetts, Abbett, McCarthy, Stratton v. TAMS-AFFA Consulting Engineers of Iran, IUSCT Case, No. 141-7-2, Award 29 June 1984; Phelps Dodge Corp. and Overseas Private Investment Corp. v. The

cuestión ha tenido sobre la propiedad de la inversión, de manera que sólo en aquellos casos en los que la interferencia en el derecho de propiedad supere un cierto umbral de intensidad, es decir, en aquellos casos en los que la propiedad de la inversión se vea sustancialmente[354] afectada, puede determinarse la existencia de una expropiación indirecta y la consiguiente obligación de compensación mediante la correspondiente indemnización y ello con independencia del objetivo que persiga la medida en cuestión.

KOLO constata que cuando los tribunales arbitrales tratan de discernir si una determinada medida tributaria constituye un supuesto de expropiación indirecta, la mayoría han adoptado una actitud respetuosa hacia los Estados, argumentando que la materia tributaria constituye una categoría especial, interpretando de manera restrictiva la norma general de "interferencia sustancial"[355]. De este modo, para la apreciación de un supuesto de expropiación indirecta derivado de una medida de carácter tributario, los árbitros exigen que la interferencia causada por la medida tributaria sea total.

La consecuencia directa de esta interpretación es que el umbral para que una medida tributaria sea considerada expropiación indirecta se sitúa más alto que en otros casos en los que la medida objeto de examen no tiene la condición de medida fiscal. Es decir, para que una medida fiscal constituya expropiación indirecta, no basta con que suponga una reducción de la rentabilidad de la inversión, sino que se exige que constituya un acto de incauta-

---

Islamic Republic of Iran, IUSCT Case No. 99, Award No. 217-99-2, 19 March 1986; Metalclad Corporation v.United Mexican States, Caso CIADI Nº Arb/97/1, Award, 30 August 2000 y Compañía de Aguas del Aconquija S.A. and Vivendi Universal S.A. v. Argentine Republic (Vivendi II), ICSID Case No. ARB/97/3, Award, 20 August 2007, citados por KRIEBAUM, U., "Regulatory takings: balancing the interests of the investor and the State", *The Journal of World Investment & Trade*, Vol. 8, nº 5, 2007, pág. 724.

354 Diversos pronunciamientos de los tribunales arbitrales se han encargado de establecer unos criterios para determinar cuándo se afectación tiene la consideración de "sustancial", véase AWG Group Ltd vs. República Argentina, UNCITRAL, Decision on Liability, 30 June 2010, para. 134; Chemtura Corporation vs. Gobierno de Canadá, NAFTA Tribunal, Award, 2 August 2010, para. 242 y Tokois Tokeles vs. Ucrania, ICSID Caso Nº ARB/02/18, Award, 26 July 2007, para. 120, citados por RANJAN, P.; ANAND, P., "Determination of indirect expropiation and doctrine of police power in international investment las: a critical appraisal", en *Judging the State in International Trade and Investment Law*, Leïla Choukroune (Ed.), Springer, Berlín, 2016, pág. 131.

355 KOLO, A., "Expropiatory taxation in the Latin American experience", *ob. cit.*, pág. 419.

ción del gobierno contra la completa propiedad de la inversión. Esto supone que la carga de la prueba para los litigantes que alegan un supuesto de expropiación indirecta derivada de una medida tributaria es más costosa que para el resto de supuestos de expropiación indirecta.

Un buen ejemplo de esta jurisprudencia arbitral viene constituido por el laudo del asunto EnCana v. Ecuador en el que el Tribunal sostuvo que "*From the perspective of expropriation, taxation is in a special category. (...) Only if a tax is extraordinary, punitive in amount or arbitrary in its incidence would issues of indirect expropriation be raised*"[356].

Como apunta KOLO, esta postura respetuosa y favorable a los Estados puede explicarse por el hecho de que los tribunales arbitrales han sido reacios a cometer intromisiones en una parcela como la tributaria, tradicionalmente considerada un elemento esencial integrante de la soberanía de los Estados. Además, como evidencia este autor, en muchas de las reclamaciones ante tribunales arbitrales motivadas por medidas fiscales que los demandantes consideran constitutivas de expropiación indirecta, los demandantes también alegan la contravención de otros estándares de trato como el Trato Justo y Equitativo, o la cláusula de no discriminación. Este hecho, unido a que en estos supuestos la carga de la prueba resulta más liviana y la indemnización concedida es de menor cuantía, provoca que los tribunales arbitrales prefieran fallar a favor de los demandantes sobre la base de estos otros incumplimientos[357].

No obstante, coincidimos con este autor cuando afirma que esta interpretación tan restrictiva de la norma de interferencia sustancial mantenida por los tribunales arbitrales genera el riesgo de vaciar de contenido los derechos de carácter económico que ostenta el inversor sobre su inversión, dejándolo desprotegido frente a medidas tributarias excesivamente gravosas adoptadas por el Estado anfitrión de la inversión[358].

Por este motivo, considera este autor que resulta necesario que los tribunales arbitrales abandonen el enfoque puramente legal y formalista de propiedad para adoptar un concepto más amplio. Para ello, este autor aboga por

---

356 EnCana Corporation v. Republic of Ecuador, UNCITRAL, LCIA Case nº UN3481, Award, 3 February 2006, para. 177.

357 KOLO, A., "Expropiatory taxation in the Latin American experience", *ob. cit.*, pág. 419.

358 KOLO, A., "Expropiatory taxation in the Latin American experience", *ob. cit.*, pág. 402.

un nuevo enfoque que se centre en examinar el efecto de la medida fiscal en disputa sobre los derechos fundamentales de la propiedad tales como la capacidad de la inversión para obtener una tasa de rentabilidad razonable, más que la propiedad formal y el control de la inversión[359].

Por otro lado, los tribunales arbitrales[360] han acogido la doctrina proveniente del Derecho Internacional consuetudinario de los poderes de policía del Estado, bajo la cual la determinación de si una medida en concreto constituye expropiación indirecta se realiza atendiendo al objetivo perseguido por el Estado anfitrión al implementar la medida controvertida, de manera que si la medida estatal no es discriminatoria, persigue fines públicos[361] y ha sido adoptada observando el debido procedimiento, la medida en cuestión no será reputada como expropiación indirecta y, por tanto, no será merecedora de compensación alguna, y ello con independencia de la entidad de la interferencia o lesión en los derechos de propiedad de la inversión[362].

La aplicación de esta doctrina resulta problemática desde la perspectiva de la protección de la inversión, de hecho no hay prácticamente ningún caso[363] en el que el tribunal arbitral haya aplicado esta doctrina y no haya

359 KOLO, A., "Expropiatory taxation in the Latin American experience", *ob. cit.,* pág. 401.

360 Methanex Corporation v. United States of America, UNCITRAL, Final Award, 3 August 2005 y Saluka Investment B.V. vs. República Checa, UNCITRAL, Partial Award, 17 March 2006.

361 No hay una definición de qué debe entenderse por "interés público" por lo que los tribunales arbitrales han interpretado este concepto ampliamente dando cabida dentro de él a la protección al medio ambiente, el orden público, el bienestar social, la salud pública, la moralidad...

362 Al amparo de esta doctrina, por ejemplo, un Estado puede prohibir el uso de un pesticida cuyo uso, incluso en pequeñas dosis, se ha demostrado tener efectos cancerígenos. Esta prohibición puede suponer la completa destrucción de la inversión realizada por un inversor extranjero en el Estado anfitrión que ha adoptado dicha prohibición. En este caso en concreto, dado que la actuación del Estado anfitrión persigue una finalidad de interés público, como es la protección de la salud y el medio ambiente, el Estado anfitrión no incurriría en responsabilidad internacional y por tanto el inversor extranjero afectado no recibirá compensación alguna.

363 Salvo la rara excepción relativa a Walter Fletcher Smith v. La Compañía Urbanizadora del parquet y Playa de Marianao, Award, 2 May 1929, citada por KRIEBAUM, U., "Regulatory takings: balancing the interests of the investor and the State, *ob. cit.,* pág. 727. Tal vez por ello algunos autores llevan a cabo una interpretación limitada de la doctrina de los

considerado que la interferencia viene justificada por el interés público perseguido por la medida, por lo que obtener una compensación por parte de un inversor cuando el tribunal arbitral recurre a esta doctrina es prácticamente imposible[364].

Por tanto, la aplicación de esta doctrina conduce a la nociva consecuencia de privar de significado al concepto de expropiación indirecta, dejando vacías de contenido las cláusulas contenidas en los APPRIs relativas a la expropiación. Además, la aplicación de la doctrina de los poderes de policía conduce a una fragmentación del régimen jurídico aplicable a las expropiaciones distinguiendo entre las normas aplicables a las expropiaciones directas, que sí son generadoras de la obligación de compensación, y el régimen aplicable a las expropiaciones indirectas que no originan la obligación de indemnizar, aunque el daño o la interferencia haya sido de la misma entidad que en un supuesto de expropiación directa, si el Estado anfitrión adoptó dicha medida persiguiendo fines públicos[365].

A la vista de que ambas doctrinas se aplican de forma muy restrictiva resultando muy difícil para los inversores obtener un pronunciamiento favorable cuando alegan la comisión de una expropiación indirecta por el Estado anfitrión, algunos tribunales arbitrales han atemperado los rígidos planteamientos de estas doctrinas y han establecido una suerte de vínculo entre los efectos de la medida estatal y el objetivo perseguido por el Estado con su adopción que tiene en consideración, en cierta medida, el principio de proporcionalidad[366].

---

poderes de policía del Estado argumentando que los Estados sólo pueden recurrir a esta doctrina en caso de necesidad, es decir, en casos excepcionales en los que la única forma que tiene un Estado para salvaguardar un interés esencial amenazado por un peligro grave e inminente es no cumplir otra obligación de menor importancia o urgencia, véase MOSTAFA, B., "The sole effects doctrine, Policy powers and Indirect Expropriation under International Law", *Australian International Law Journal*, Vol. 15, 2008, pág. 278.

364 KRIEBAUM, U., "Regulatory takings: balancing the interests of the investor and the State", *ob. cit.*, pág. 727.

365 KRIEBAUM, U., "Regulatory takings: balancing the interests of the investor and the State", *ob. cit.*, pág. 726.

366 S.D. Mayers Inc. Vs, Gobierno de Canada, UNCITRAL, Partial Award, 13 November 2000, para. 285; Feldman v. Mexico, ICSID Case nº ARB(AF)/99/1, Award, 16 December 2002, para. 98 y Técnicas Medioambientales Tecmed, S.A. v. The United Mexi-

Resulta ineludible plantearse la posible aplicación de la doctrina de los poderes de policía del Estado a las medidas tributarias que puedan reputarse constitutivas de expropiación indirecta adoptadas por el Estado anfitrión, habida cuenta de que el interés público está siempre presente en la materia tributaria, puesto que el objetivo principal de los tributos es obtener los fondos necesarios para satisfacer las necesidades públicas; de hecho, la propia UNCTAD ha incluido a la materia tributaria dentro del concepto de los poderes de policía del Estado.

En este contexto se enfrentan dos puntos de vista pues, si bien un impuesto constituye una detracción coactiva exigida por el Estado sobre la base de la capacidad económica del contribuyente que excluye cualquier posible indemnización, no es menos cierto que una tributación excesiva y desproporcionada en relación con la capacidad económica del contribuyente puede tener un efecto práctico que puede ser calificado como expropiación indebida.

La práctica de los tribunales arbitrales ha venido a fijar unos criterios que comúnmente se han utilizado para discernir cuándo se trata de un ejercicio legítimo de los poderes de policía de los Estados, que permiten proteger sus intereses esenciales, y cuándo de una situación en la que surge la responsabilidad del Estado por la conducta de sus entes.

Siguiendo los postulados de la OCDE[367], a continuación enunciamos[368] cuatro requisitos ante cuya presencia, la medida tributaria excede de los límites del ejercicio legítimo de los poderes de policía del Estado y es considerada una medida generadora de responsabilidad del Estado que debe ser satisfecha mediante la oportuna compensación.

---

can States, ICSID Case No. ARB (AF)/00/2, Award, 29 May 2003, citados por KRIEBAUM, U., "Regulatory takings: balancing the interests ofthe investor and the State", *ob. cit.*, pág. 727.

367 OECD Working Papers on International Investment 2004/04, *Indirect Expropiation and the Right to Regulate in International Investment Law*, OECD Publishing, September 2004.

368 Siguiendo el análisis que sobre esta cuestión realiza PRIETO, Mª. J., "Expropiación indirecta por medidas cautelares en procedimiento tributario", *Revista Chilena de Derecho*, Vol. 39, nº 3, 2012, págs. 809-817.

El primer criterio atiende a la gravedad de las consecuencias producidas a raíz de las medidas adoptadas por el Estado, siendo imperativo que la privación del valor de la inversión sea total o sustancial.

El segundo criterio exige que los efectos de las medidas tributarias sobre la inversión sean permanentes, al igual que lo son los efectos de la expropiación directa, descartándose las medidas tributarias que presenten efectos efímeros o temporales.

En tercer lugar, se requiere que las decisiones sean adoptadas en función de procedimientos preestablecidos y otorgando la posibilidad de defensa al afectado y que encuentren su basamento en razones de interés público. No obstante, la sola presencia del interés público no impide el surgimiento de la responsabilidad, ya que la medida debe guardar una relación de proporcionalidad con la carga impuesta al inversor. Para apreciar la razonabilidad y suficiencia del interés invocado es necesario recurrir a las circunstancias particulares de la aplicación de la medida en cuestión, analizando las posibles medidas alternativas que podían haberse adoptado en su lugar al objeto de alcanzar el mismo beneficio público, pero con consecuencias menos gravosas para el inversor.

En cuarto y último lugar, se exige que la medida tributaria adoptada por el Estado anfitrión tenga una importante repercusión negativa en el funcionamiento de la empresa inversora, si bien no es indispensable que el inversor afectado deje de operar en dicho Estado.

2.4. EL *TAX VETO* COMO REQUISITO PRE-PROCESAL EN LAS RECLAMACIONES BASADAS EN LA CLÁUSULA DE EXPROPIACIÓN

En los APPRIs firmados por los países del continente americano es frecuente que la cláusula de la expropiación[369] obligue al inversor extranjero a recurrir previamente a un mecanismo interpuesto entre el inversor y el tribunal arbitral que actúa a modo de filtro (*tax filter*) aplicable únicamente a

[369] En el continente Americano, los APPRIs suelen seguir el modelo del Tratado de Libre Comercio de América del Norte, NAFTA, del Tratado de Libre Comercio entre Estados Unidos, Centroamérica y República Dominicana (*Dominican Republic-Central America Free Trade Agreement*) o el del Tratado de la Carta de la Energía.

aquellos supuestos en los que un inversor extranjero alegue que una determinada medida tributaria adoptada por el Estado anfitrión constituye una medida de expropiación indirecta. Este mecanismo no significa que este tipo de reclamaciones no tengan acceso al arbitraje, sino que debe satisfacerse este paso previo al arbitraje.

En virtud de esta previsión, se exige a los inversores que, con carácter previo al inicio de un procedimiento arbitral, presenten su reclamación a las autoridades tributarias tanto del Estado anfitrión, como del Estado de la nacionalidad del inversor (constituyendo, de este modo, una medida de *joint tax consultation*). Las autoridades tributarias de ambos Estados dispondrán de un determinado plazo (que suele ser de tres, seis o hasta nueve meses) dentro del cual deben pronunciarse de manera unánime sobre si la controvertida medida tributaria constituye o no una expropiación indirecta.

Si las autoridades tributarias de ambos Estados acuerdan que la medida tributaria no constituye una expropiación indirecta, la tramitación de la reclamación del inversor llega a su fin, siendo frecuente que el clausulado de numerosos APPRIs prevean que el inversor ya no puede, en este caso, someter la disputa a un tribunal arbitral[370], de ahí la denominación de *tax veto* o *joint tax veto* que ha recibido este mecanismo. No obstante, si las autoridades no emiten una decisión dentro del plazo establecido o no consiguen alcanzar un acuerdo unánime sobre la consideración de la medida, el inversor puede someter su reclamación a un tribunal arbitral. En este caso habrá que atender a la concreta redacción de esta cláusula del APPRI para conocer el grado de vinculación del tribunal arbitral a las conclusiones alcanzadas por las autoridades tributarias de ambos Estados, pudiendo llegar a ser vinculantes tanto para el inversor como para el tribunal arbitral en los casos en que así se acuerde[371].

---

[370] WÄLDE, T; KOLO, A., "Coverage of taxation under modern investment Treaties", *ob. cit.* pág. 353.

[371] Por ejemplo, el artículo 21(5) (iii) del Tratado de la Carta de la Energía prevé que las conclusiones alcanzadas por las autoridades tributarias de ambos Estados solo tienen efecto disuasorio, en consecuencia el tribunal arbitral no está vinculado por las conclusiones alcanzadas por éstas, si bien puede tenerlas en cuenta. Por el contrario, el artículo 2103(6) NAFTA establece que las conclusiones alcanzadas por las partes vinculan tanto al inversor como al tribunal arbitral, véase WÄLDE, T; KOLO, A., "Investor-State disputes: the interface between Treaty-based international investment protection and

El *tax filter* es un mecanismo que presenta ciertos inconvenientes y ello porque no sólo introduce consideraciones políticas en la resolución de disputas entre el inversor y el Estado[372] —ya que si el Estado de origen del inversor adopta un "rol protector" y opta por defender la situación de su inversor nacional en el Estado anfitrión, resulta suficiente que rechace alcanzar una decisión unánime junto con el otro Estado, para que no se consuma el *tax veto* y quede expedita la vía al arbitraje para su inversor[373]—, sino que, además, evidencia la reticencia de los Estados a dejar en manos de tribunales arbitrales cuestiones tan sensibles como el diseño de su sistema tributario.

A esto hay que añadir las críticas que la doctrina ha vertido sobre esta figura, destacando la opinión de KOLO[374], quien denuncia, en primer lugar, la falta de neutralidad de los árbitros que van a dirimir esta disputa, que no son sino los funcionarios de las administraciones tributarias de los Estados involucrados, puesto que dichas administraciones son partes interesadas en la controversia, por lo que su tendencia natural es negar que la medida tributaria en cuestión constituye una expropiación indirecta, sobre todo si se trata de los funcionarios del Estado anfitrión. Es más, en muchas ocasiones estos funcionarios carecen de los conocimientos técnicos suficientes para dirimir una cuestión relativa al Derecho Internacional de Inversiones, en concreto a la interpretación de los APPRIs.

En segundo lugar, destaca este autor que el procedimiento que se sigue en estos casos no es un procedimiento administrativo en el que se le dé trámite de audiencia al inversor afectado, sino que suele basarse en un intercambio formal de cartas entre los Estados afectados en el que al inversor no se le concede la oportunidad de exponer su punto de vista.

---

fiscal sovereignity", *ob. cit.*, pág. 447, nota a pie 135 y de los mismos autores "Coverage of taxation under modern investment Treaties", *ob. cit.*, pág. 353, nota a pie 152.

372 Como afirman WÄLDE, T; KOLO, A., "Investor-State disputes: the interface between Treaty-based international investment protection and fiscal sovereignity", *ob. cit.*, pág. 446.

373 Tal y como apunta PARK, W., "Arbitration and the Fisc: NAFTA´s Tax veto", *Chicago Journal of International Law,* Vol 2, nº 1, 2001, article 16, pág. 236.

374 KOLO, A., "Tax veto as a special jurisdictional and substantive issue in investor-state arbitration: need for reassessment?", *Suffolk Transnational Law Review,* Vol. 32, nº 2, 2009, págs. 480-483.

3. CLÁUSULA DE NO DISCRIMINACIÓN

3.1. CONSIDERACIONES PREVIAS

La cláusula de no discriminación recogida en los APPRIs se originó con motivo de los intercambios comerciales, remontándose sus orígenes hasta la Edad Media. Esta larga tradición ha provocado que sea una cláusula muy extendida en la práctica convencional de todos los Estados y es muy frecuente encontrarla entre las cláusulas sustantivas de un APPRI. De hecho, esta cláusula es de carácter convencional al no estar presente en el Derecho Internacional consuetudinario, por lo que para su aplicación es requisito indispensable que se recoja de manera expresa en el APPRI.

La nota más característica de esta cláusula es que incluye dos estándares de trato distintos: el estándar de Trato Nacional y el de Nación Más Favorecida (NT y MFN, respectivamente, por sus siglas en inglés derivadas de *National Treatment* y *Most Favoured Nation*). Aunque habitualmente esta cláusula hace referencia a estos dos estándares de trato, es posible encontrar acuerdos en los que esta cláusula hace referencia únicamente a sólo uno de los estándares de trato que normalmente es el de MFN como, por ejemplo, hacen los APPRIs firmados por España con Ucrania, Filipinas, Chile y el ya denunciado APPRI con Indonesia[375] en los que únicamente se refiere al estándar de trato MFN.

Sin embargo, lo más frecuente es que esta cláusula haga referencia en el mismo artículo del APPRI a ambos estándares de trato de forma conjunta en un único apartado del precepto o bien de forma separada en apartados distintos del mismo artículo afirmando que "Cada Parte Contratante concederá en su territorio a las inversiones realizadas por inversores de la otra Parte Contratante un tratamiento no menos favorable que el otorgado a las inversiones realizadas por sus propios inversores o por inversores de cualquier tercer Estado, el que sea más favorable para el inversor interesado". Incluso, en ocasiones, en el mismo artículo del APPRI destinado a regular los estándares de trato de NT y MFN de la cláusula de no discriminación recoge también la cláusula FET como, por ejemplo, sucede en el artículo 4 del APPRI firmado

---

375 Cuya fecha de finalización es el 18 de diciembre de 2016 y finalizando su período de remanencia el 18 de diciembre de 2026.

por España con Pakistán y el artículo 5 del APPRI firmado con Bielorrusia que destinan el primer apartado de este artículo a regular la cláusula FET.

La cláusula de no discriminación protege al inversor extranjero tanto frente a discriminaciones *de iure* (por ejemplo, una ley promulgada por un Estado que conceda explícitamente beneficios sólo a los inversores o inversiones nacionales), como *de facto*, siendo las más habituales estas últimas. Las discriminaciones *de facto* son aquellas medidas que no son discriminatorias a primera vista pero que, sin embargo, discriminan a los inversores o inversiones extranjeros que pueden acogerse a la protección de un APPRI como, por ejemplo, una aplicación selectiva o tendenciosa de la normativa tributaria que tiene por objeto perjudicar a los inversores extranjeros en general o a los inversores de algún Estado extranjero en concreto, la duración excesiva de los procedimientos tributarios o el mero inicio reiterado de procedimientos de inspección en relación con inversores extranjeros, la negativa a conceder aplazamientos y fraccionamientos en el pago, la negativa a proceder a la devolución de cantidades derivadas de la aplicación de la normativa tributaria a las que tiene derecho el inversor extranjero, el retraso en la resolución de recursos y reclamaciones ... Buenos ejemplos de discriminación de facto en el ámbito tributario lo encontramos en los asuntos Feldman v. México[376] y OEPC v. Ecuador[377].

En el caso Feldman v. México la cuestión de fondo giraba en torno a la aplicación de la normativa fiscal a la exportación de tabaco. En este caso, el demandante (una empresa propiedad de un ciudadano estadounidense y controlada por éste) alegaba que, a diferencia de lo que sucedía con las empresas locales, la Administración tributaria mexicana se negaba a devolver los impuestos especiales aplicados a la exportación de cigarrillos. Lo cierto es que, según el tenor literal de la norma, ni las empresas mexicanas ni la empresa demandante tenían derecho a tal devolución, pero las autoridades mexicanas concedían tal devolución a las empresas mexicanas —a pesar de no cumplir los requisitos legales— mientras que la denegaban a la estadouni-

376 Marvin Roy Feldman Karpa v. United Mexican States, ICSID Case No. ARB(AF)/99/1, Award, 16 December 2002, paras. 128, 157, 177, 169.

377 Perenco Ecuador Ltd. v. The Republic of Ecuador and Empresa Estatal Petróleos del Ecuador (Petroecuador), ICSID (ARB/08/6), Award, 27 September 2019, paras. 173-176.

dense esgrimiendo la falta de cumplimiento de requisitos por parte de ésta. El tribunal arbitral que conoció de este caso consideró que la conducta de la Administración tributaria mexicana constituía una discriminación *de facto* y condenó a México.

En el caso Occidental v. Ecuador, el debate se centró en la legitimidad que tenía Ecuador para aprobar una ley interpretativa que establecía que las empresas de petróleo y gas no tenían derecho a la devolución del IVA sobre sus exportaciones, ya que ese trato sólo se permitía a los "productores" y, según la ley, el petróleo y el gas "no se producen" sino que se "extraen". Ante esta situación, el tribunal arbitral consideró que Ecuador incumplió su deber de conceder a los extranjeros un trato no menos favorable que el otorgado a sus propios nacionales. El Tribunal constató que a otras empresas locales en situaciones similares, como los exportadores de flores, se les devolvía el IVA, a diferencia del inversor extranjero Occidental.

En lo que se refiere al grado de protección conferido por la cláusula de no discriminación, es muy frecuente que esta cláusula contenga limitaciones a su aplicación. Estas excepciones pueden tener carácter total y referirse a ambos estándares de trato, como ejemplifica el artículo 3.5 del APPRI entre España y Arabia Saudí al afirmar que "El tratamiento otorgado en virtud del presente artículo no será de aplicación a las cuestiones fiscales"; o bien pueden presentar carácter parcial y referirse únicamente a un solo estándar de trato. El estándar de trato más habitualmente excepcionado es el MFN como comentaremos en breve, aunque también los APPRIs pueden incluir excepciones al estándar NT.

3.2. EL ESTÁNDAR DE TRATO RELATIVO AL TRATO NACIONAL

La obligación de no discriminación por motivos de nacionalidad es un estándar de trato fundamental que se recoge en la mayoría[378] de los APPRIs

378 No obstante, aunque es poco frecuente, es posible encontrar APPRIs que no prevén este estándar de trato, tal y como es el caso del APPRI firmado entre España y Ucrania. Según la UNCTAD, la omisión de la norma de trato nacional puede explicarse en algunos casos por el hecho de que el país de acogida no desea extender a las empresas extranjeras el trato preferente del que disfrutan sus empresas nacionales. Por otra parte, las razones para no incluir la norma pueden ser muy específicas de la situación de que se trate. En algunos

y exige que el Estado anfitrión trate a las inversiones y a los inversores extranjeros tan bien como a las inversiones nacionales en situación similar. El principal objetivo perseguido por este estándar de trato es garantizar un cierto grado de igualdad competitiva entre los inversores nacionales y extranjeros y es capaz de interaccionar con otras cláusulas del APPRI como la cláusula FET, el estándar de trato MFN, las cláusulas que aseguran la admisión o el establecimiento de la inversión y las medidas operativas en el Estado anfitrión, así como la cláusula que regula el método de resolución de controversias[379].

No obstante, la redacción exacta de este estándar de trato puede variar. La redacción más frecuente exige que el Estado anfitrión dispense un trato "no menos favorable" que el recibido por sus propios inversores nacionales, lo que deja la puerta abierta a que el inversor extranjero obtenga un trato igual de favorable o incluso mejor[380] que el recibido por los nacionales del Estado anfitrión. Podemos citar como ejemplos de estándares de trato que siguen esta redacción los contenidos en los APPRIs firmados por España con Líbano, Trinidad y Tobago y Venezuela, entre otros[381]. Aunque también es posible encontrar otras redacciones que exigen un "trato equivalente" que cierra la puerta al inversor extranjero para reclamar un trato mejor que el ofrecido

casos, por ejemplo, la concesión del trato nacional se ha visto complicada por la concesión de subvenciones de precios a empresas estatales de servicios públicos como el agua y la electricidad. En situaciones en las que muchas empresas siguen siendo propiedad del Estado, es difícil conceder las mismas subvenciones de precios a los inversores extranjeros (y quizás también a las empresas nacionales). Por último, es posible que los países de origen no hayan considerado insistir en la concesión de la norma de trato nacional en los países de acogida en los que las condiciones ofrecidas a las empresas nacionales estaban por debajo de un cierto mínimo, UNCTAD, *National Treatment*, UNCTAD Series on issues in International Investment Agreements, United Nations, New York and Geneva, 1999, p. 16.

379 UNCTAD, *National Treatment*, UNCTAD Series on issues in International Investment Agreements, United Nations, New York and Geneva, 1999, págs. 1-2.

380 Según la UNCTAD, esto puede ocurrir cuando las normas de trato acordadas a los inversores nacionales en situaciones comparables a las de los inversores extranjeros están por debajo de las normas mínimas internacionales, UNCTAD, National Treatment, *ob. cit.*, pág. 37.

381 Normalmente este tipo de redacciones prevé que "cada Parte Contratante aplicará, con arreglo a su legislación nacional, a las inversiones de los inversores de la otra Parte Contratante un tratamiento no menos favorable que el otorgado a sus propios inversores".

a los nacionales del Estado anfitrión, como, por ejemplo, hace el artículo 4.3 del APPRI entre España y Vietnam[382].

Lo más habitual es que el APPRI prevea que el estándar NT se aplique a todas las cuestiones que puedan estar relacionadas con la inversión y resulten cubiertas por el APPRI. Tal es el caso, entre otros, del artículo 4.5 del APPRI entre España y Turquía que prevé que "cada Parte, de conformidad con sus propias leyes y reglamentos, aplicará a las inversiones efectuadas por inversores de la otra parte un tratamiento no menos favorable que el concedido a sus propios inversores". Sin embargo, en ocasiones, la concreta redacción del estándar NT limita su aplicación a ciertas cuestiones, tal y como hace el artículo 4.2 del APPRI firmado entre España y Uzbekistán o del APPRI entre España y Senegal que limitan la aplicación de este estándar de trato a aspectos concretos como "la gestión, mantenimiento, utilización, disfrute o enajenación de su inversión".

Este estándar de trato es una obligación relativa que exige comparar dos términos: por un lado, el trato dispensado a los inversores nacionales y, por otro lado, el trato dispensado a los inversores extranjeros. En algunos casos, la redacción de este estándar contiene especificaciones adicionales que hacen referencia a la necesidad de que tanto el inversor nacional como el extranjero se encuentren en "circunstancias similares"[383] para que resulte procedente aplicar el estándar NT. Pero también es posible encontrar APPRIs con criterios más restrictivos que exigen que haya identidad de circunstancias[384] entre inversor nacional y extranjero.

---

382 "Cada Parte Contratante concederá en su territorio, de conformidad con sus leyes y reglamentos aplicables, a las inversiones de inversores de la otra Parte Contratante un tratamiento equivalente al que concede a las inversiones de sus propios inversores".

383 Si el inversor extranjero y el nacional no se encuentran en una situación similar, no podrá apreciarse el incumplimiento por el Estado anfitrión de las obligaciones derivadas del estándar de trato NT, tal y como la práctica arbitral ha venido a confirmar; véanse Vento Motorcycles, Inc. v. United Mexican States, ICSID Case No. ARB(AF)/17/3 Award, 6 July 2020, para.265 y GPF GP S.à.r.l v. Poland, SCC Case No. 2014/168, Final Award, 29 April 2020, paras. 576-578, entre otros.

384 Como, por ejemplo, el artículo 3.3 del APPRI firmado entre Reino Unido y China el 15 de mayo de 1986 o el artículo 3 del APPRI firmado entre Reino Unido y Belice el 30 de abril de 1982, UNCTAD, National Treatment, UNCTAD Series on issues in International Investment Agreements, United Nations, New York and Geneva, 1999, pág. 28.

Estas exigencias plantean problemas interpretativos en relación con las situaciones de hecho en las que se debe aplicar el Trato Nacional y con el término comparador que debe tenerse en cuenta para comparar el trato de los inversores nacionales y extranjeros. Al objeto de mitigar estas dificultades, algunos APPRIs recogen en Anexos listados de circunstancias que deben considerarse similares o idénticas. Además, la práctica arbitral también ha contribuido a precisar qué término comparador debe tenerse en cuenta[385].

Sin embargo, un gran número de APPRIs guardan silencio sobre las condiciones de similitud o identidad que deben estar presentes para aplicar el estándar NT y se limitan a describir este estándar de trato. Este tipo de cláusulas pueden ejemplificarse con el artículo 3.2 del APPRI firmado entre España y Arabia Saudí que se limita a prever que "De conformidad con sus

---

385 Algunos tribunales consideran que un término comparador adecuado es aquel que se refiere a los inversores o inversiones nacionales que operan en el mismo sector empresarial o económico (Vento Motorcycles, Inc. v. United Mexican States, ICSID Case No. ARB(AF)/17/3 ICSID, Award, 6 July 2020, para. 242; Spółdzielnia Pracy Muszynianka v. Slovak Republic, PCA Case No. 2017-08/AA629, Award, 7 October 2020, paras. 518-520; Corn Products International, Inc. v. United Mexican States, ICSID Case No. ARB(AF)/04/1, Decision on Responsibility, 15 January 2008, para.120; Pope & Talbot v. Government of Canada Award on the Merits of Phase 2, 10 April 2001, para. 78). Otros tribunales mantuvieron una visión más amplia y compararon el trato concedido al inversor o a la inversión extranjera con todos los inversores nacionales (Cargill, Incorporated v. Republic of Poland, ICSID Case No. ARB(AF)/04/2 ICSID, Final Award, 29 February 2008, para.312; Occidental Exploration and Production Company v. Republic of Ecuador (I), LCIA Case No. UN3467, LCIA, Award, 1 July 2004, paras. 173,176). En particular, los tribunales se han negado a calificar las circunstancias como similares cuando los inversores participaban en el mismo procedimiento judicial, pero sus respectivas situaciones diferían (Loewen Group, Inc. and Raymond L. Loewen v. United States of America, ICSID Case No. ARB(AF)/98/3, Award, 26 June 2003, para.140); los inversores tenían intereses contrapuestos en la misma industria, pero sus respectivas actividades diferían (Cengiz İnşaat Sanayi ve Ticaret A.S v. Libya, ICC Case No. 21537/ZF/AYZ, Award, 7 November 2018, paras. 529-541) o bien lo que difería era la escala y el alcance de sus operaciones (Vento Motorcycles, Inc. v. United Mexican States, ICSID Case No. ARB(AF)/17/3, Award, 6 July 2020, paras. 251-252; Railroad Development Corporation (RDC) v. Republic of Guatemala, ICSID Case No. ARB/07/23, Award, 29 June 2012, para. 153) o los inversores operaban en el mismo sector empresarial, pero el marco o el tipo de sus inversiones eran diferentes (Vento Motorcycles, Inc. v. United Mexican States, ICSID Case No. ARB(AF)/17/3, Award, 6 July 2020, para. 249). ALIA, A., "Similarity/in like circumstances", Jus Mundi, https://jusmundi.com/en/document/publication/en-similarity-in-like-circumstances

leyes y reglamentos, cada Parte Contratante concederá a las inversiones que hayan sido admitidas, así como a las rentas de las inversiones de los inversores de la otra Parte Contratante, un tratamiento no menos favorable que el otorgado a las inversiones y a las rentas de inversiones de sus inversores". Según la UNCTAD, este enfoque ofrece el mayor margen de comparación ya que, en principio, cualquier asunto que sea relevante para determinar si el inversor extranjero recibe trato nacional puede ser tenido en cuenta[386].

Debe tenerse presente que, en ocasiones, en el seno del Estado anfitrión, existen entidades territoriales que gozan de poderes constitucionalmente reconocidos para aprobar medidas aplicables en su territorio y que ofrecen un trato distinto (habitualmente más beneficioso) al concedido por los órganos centrales del Estado anfitrión. En estas situaciones es procedente cuestionarse qué trato dispensado a los inversores nacionales constituye el criterio de comparación a tener en cuenta a la hora de aplicar el estándar NT, esto es, si debe tomarse como referencia el trato dispensado por el ente territorial a sus inversores o el trato concedido por las autoridades centrales del Estado anfitrión los inversores nacionales.

Esta es una cuestión de innegable repercusión en el ámbito tributario en aquellos casos en los que los entes territoriales ostenten competencias para aprobar normativa propia o modificar algunos aspectos de la normativa estatal en materia tributaria, tal y como sucede con las Comunidades Autónomas en España respecto de sus competencias para aprobar impuestos propios o modificar algunos aspectos de la normativa de los impuestos cedidos.

Se trata de una cuestión que no es habitualmente prevista en los APPRIs, si bien es posible encontrar algún ejemplo puntual de acuerdos que sí se enfrentan a esta cuestión, como, por ejemplo, el artículo 3.3 del Modelo de APPRI de EE. UU. de 2012 que fija como criterio de comparación el trato dispensado por los entes territoriales al prever que *"The treatment to be accorded by a Party under paragraphs 1 and 2 means, with respect to a regional level of government, treatment no less favorable than the treatment accorded, in like circumstances, by that regional level of government to natural persons resident in and enterprises constituted under the laws of other regional levels of*

386 UNCTAD, *National Treatment,* UNCTAD Series on issues in International Investment Agreements, United Nations, New York and Geneva, 1999, pág. 34.

government of the Party of which it forms a part, and to their respective investments". Lo que una previsión de este tenor viene a significar es que la entidad territorial está obligada a aplicar el estándar de trato NT quedando obligada a dispensar al inversor extranjero un trato no menos favorable que el concedido a los inversores pertenecientes a otros entes territoriales del Estado anfitrión al que pertenece.

Como hemos indicado, lo normal es que las disposiciones del APPRI no solventen esta situación, si bien es posible que el Estado anfitrión se vea compelido a conceder esta solución atendiendo a lo dispuesto por las Líneas Directrices de la OCDE para Empresas Multinacionales[387] que prevén que "los gobiernos adherentes procurarán garantizar que sus subdivisiones territoriales apliquen el Trato Nacional".

Estas Directrices forman parte del paquete de disposiciones de la Declaración sobre Inversión Internacional y Empresas Multinacionales[388] de la OCDE a la que ya se han adherido 51 países[389], entre los que se encuentra España.

Por lo general, el estándar NT se extiende a las situaciones posteriores a la entrada y establecimiento del inversor extranjero; sin embargo, los APPRIs más modernos también extienden la norma a situaciones previas a la entrada. Además, como regla general, el demandante es quien debe probar que ha sido discriminado por causa de su nacionalidad[390], si bien en algunos casos la car-

---

387 OCDE, *Líneas Directrices de la OCDE para Empresas Multinacionales*, OECD Publishing, 2013.

388 La Declaración es un compromiso político de los gobiernos adheridos para proporcionar un entorno abierto y transparente a la inversión internacional y fomentar la contribución positiva que las empresas multinacionales pueden hacer al progreso económico y social. Todas las partes de la Declaración están sujetas a revisiones periódicas.

389 Los países adheridos son los 38 países miembros de la OCDE (entre los que se encuentra España) y otros 13 países no miembros de la OCDE Para conocer el listado concreto de países adheridos a esta Declaración, véase https://www.oecd.org/daf/inv/investment-policy/oecddeclarationanddecisions.htm

390 Véanse, entre otros, los laudos dictados en relación con los casos William Ralph Clayton, William Douglas Clayton, Daniel Clayton and Bilcon of Delaware, Inc. v. Government of Canada, PCA Case No. 2009-04, Award on Jurisdiction and Liability, 17 March 2015, paras. 717-718; United Parcel Service of America, Inc. (UPS) v. Government of Canada, Award on the Merits, 24 May 2007, para. 84.

ga de la prueba se desplaza al Estado demandado[391] ante la imposibilidad de que el inversor demandante demuestre ciertos hechos como, por ejemplo, en ocasiones sucede en relación con las discriminaciones *de facto*.

Como hemos indicado anteriormente, la cláusula de no discriminación protege al inversor extranjero tanto frente a discriminaciones *de iure*, como *de facto*. Pues bien, en relación con el estándar NT la posibilidad de apreciar una discriminación *de facto* plantea la cuestión de si la discriminación que hace la normativa tributaria entre contribuyentes residentes y no residentes puede ser considerada una discriminación *de facto* dado que la mayoría de inversores extranjeros son contribuyentes no residentes.

La cuestión de fondo aquí que debe dilucidarse es si un inversor residente es un término comparador apropiado para un inversor no residente. Si el APPRI exige que tanto inversor extranjero como nacional se encuentren en circunstancias similares o idénticas desde un punto de vista tributario, la respuesta es, obviamente, negativa, ya que los contribuyentes residentes son sometidos a tributación en el Estado de su residencia fiscal por sus rentas globales y los contribuyentes no residentes sólo tributan por las rentas obtenidas en el Estado de la fuente.

Sin embargo, como hemos comentado más arriba, la mayoría de APPRIs guardan silencio sobre las condiciones de similitud o identidad que deben estar presentes para aplicar el estándar NT, dando pie a un amplio margen de apreciación a la hora de comparar la situación del inversor nacional y el extranjero que, hasta la fecha, no ha sido aclarada por ningún pronunciamiento arbitral. En consecuencia, podemos afirmar que la cuestión relativa a si el peor trato que puedan recibir los inversores extranjeros por parte del Estado anfitrión por no tener la condición de residente fiscal en dicho territorio constituye o no una discriminación *de facto* es una cuestión que, actualmente, no está resuelta.

Debido a esta incierta situación, algunos APPRIs en aras a la consecución de un mayor grado de seguridad jurídica han optado por hacer una reserva expresa del derecho de los Estados firmantes a dispensar "un tratamiento

391 Como señalan Georg Gavrilovic and Gavrilovic d.o.o. v. Republic of Croatia, ICSID Case No. ARB/12/39, Award, 26 July 2018, para. 1193; Mercer International, Inc. v. Canada, ICSID Case No. ARB(AF)/12/3, Award, 6 March 2018, para. 716, entre otros.

tributario diferente a distintos contribuyentes en función de su residencia fiscal", como hacen los artículos 4.4 de los APPRIs firmados por España con Bahréin, Mauritania o Senegal.

Es conveniente precisar que para apreciar el incumplimiento de este estándar de trato por el Estado anfitrión no es necesario que la medida adoptada tenga finalidad discriminatoria, pues lo importante es el resultado de la medida y no el objetivo perseguido. Esta circunstancia bien puede ejemplificarse con el pronunciamiento en el asunto Corn Products International v. México[392] que vino motivado por la adopción por México de un gravamen del 20% aplicable a las bebidas que estuvieran edulcorados con cualquier edulcorante salvo con azúcar de caña. Este gravamen afectó especialmente a inversores extranjeros —principalmente estadounidenses— que utilizaban jarabe de maíz con alto contenido en fructosa como edulcorante, quienes acudieron a un tribunal arbitral alegando que, como resultado de la aplicación de este gravamen, sus productos vieron incrementado su precio quedando en una peor posición competitiva en el mercado.

El tribunal arbitral en su laudo afirmó que no es necesario un motivo discriminatorio para que una medida gubernamental viole el estándar NT. En este caso, el tribunal consideró que era irrelevante que el gobierno mexicano no tuviera la intención de discriminar al inversor extranjero, bastando el hecho de que los efectos adversos del impuesto se hicieran sentir exclusivamente por los productores de bebidas edulcoradas con jarabe de maíz, todos ellos de propiedad extranjera, en beneficio de los productores de azúcar de caña, la mayoría de los cuales eran de propiedad mexicana.

La mayoría de los APPRIs han formulado excepciones a sus obligaciones de Trato Nacional al objeto de reservarse un cierto grado de autonomía normativa. En cuanto a las excepciones singulares, éstas pueden hacer referencia a determinadas políticas, protección de minorías o grupos étnicos, sectores o industrias en los que el Estado anfitrión desee preservar derechos especiales o monopolios para los inversores nacionales. También es posible encontrar salvedades referidas a las medidas que deban tomarse por motivos de seguridad y orden público o salud pública, como, por ejemplo, hacen los artículos

392 Corn Products International, Inc. v. United Mexican States, ICSID Case No. ARB (AF)/04/1, Award, 18 August 2009.

4.4 de los APPRIs firmados por España con Albania y con Bosnia Herzegovina[393].

Por lo que se refiere a las exclusiones referidas a las cuestiones tributarias, algunos APPRIS, como, por ejemplo, el APPRI firmado por España y China, excluyen de la aplicación del estándar NT los beneficios (cualquiera que sea su naturaleza) derivados de la pertenencia del Estado anfitrión a cualquier organización o asociación o unión aduanera o cualquier beneficio o trato fiscal preferencial derivado de un acuerdo internacional que se refiera a impuestos (en ocasiones se cita expresamente a los CDIs firmados por el Estado anfitrión con terceros Estados) o que se contenga en la normativa tributaria interna. No obstante, estas excepciones relativas a las cuestiones tributarias resultan más apropiadas en relación con el estándar de trato MFN, en donde despliegan todo su significado ya que, en la mayoría de situaciones, estos beneficios o regímenes preferenciales fiscales se conceden a contribuyentes de terceros Estados y no tanto a los nacionales del Estado anfitrión. Es por ello que remitimos el estudio de estas excepciones en materia tributaria al análisis realizado en relación con el estándar MFN.

En ausencia de una exención que impida la aplicación del estándar NT a las cuestiones de naturaleza tributaria, resulta inevitable plantearse la relación existente entre el estándar NT y el artículo 24 MC OCDE que también recoge el principio de no discriminación para cuestionarse cuál de los dos ofrece una protección más amplia[394], tanto desde un punto de vista subjetivo, como objetivo.

Desde un punto de vista subjetivo, es difícil pronunciarse *a priori* sobre qué instrumento confiere una protección más amplia. Ello se debe, en primer lugar a que el estándar NT protege a las inversiones de los inversores del otro Estado, mientras que el artículo 24 MC OCDE protege a los nacionales de un Estado contratante. En segundo lugar, porque, si bien el artículo 24

393 La redacción de estos preceptos es similar y prevé que "Las medidas que se deban tomar por motivos de seguridad y orden públicos o de salud pública no se considerarán «tratamiento menos favorable» en el sentido del presente artículo".

394 Este planteamiento (además de requerir que el APPRI contenga el estándar NT y este no prevea ninguna *carve out* referida a las cuestiones fiscales) exige (1) que haya tanto CDI como APPRI firmado entre el Estado anfitrión y el Estado de la nacionalidad del inversor y (2) que dicho CDI contenga un artículo con el contenido del artículo 24 del MC OCDE.

MC OCDE ofrece un ámbito más amplio de protección —ya que protege de las discriminaciones tanto a los nacionales de uno de los dos Estados firmantes (párrafo 1), como a los apátridas (párrafo 2) sin exigir que éstos reúnan ningún requisito adicional—, la definición de "inversor" contenida en los APPRIs puede variar mucho abarcando desde aquellas redacciones que únicamente exigen la nacionalidad de un Estado firmante[395] hasta aquellas que requieren la concurrencia de varios requisitos[396]. Por lo tanto, habrá que atender a la concreta redacción de ambos preceptos aplicables a un caso en concreto para pronunciarse sobre cuál de los dos ofrece un ámbito de protección más amplio desde un punto de vista subjetivo.

Por otro lado y desde un punto de vista objetivo, *prima facie*, parece que la protección conferida por el artículo 24 del MC OCDE es más amplia que la otorgada por el estándar NT ya que el artículo 24 del MC OCDE prohíbe la discriminación basada tanto en motivos de nacionalidad (apartados 1 y 2) como de residencia (apartados 3[397], 4 y 5[398]), mientras que el estándar NT sólo protege frente a discriminaciones por causa de la distinta nacionalidad del inversor extranjero. No obstante, como afirma MARTÍN JIMÉNEZ, el

395 Tal es el caso de la definición de inversor contenida en el artículo 1.1 del APPRI firmado por España y Corea del Sur que afirma que por «inversores» se entenderán "las personas físicas o jurídicas así como cualesquiera otras sociedades incluidas las asociaciones de intereses a las que se reconozca la condición de residentes en virtud de las leyes y reglamentos vigentes de una Parte Contratante, que efectúen inversiones en el territorio de la otra Parte Contratante".

396 Como exige, por ejemplo, el artículo 1.1 del APPRI firmado entre España y Egipto en relación a las personas jurídicas al exigir que "se encuentren constituidas o, en cualquier caso, debidamente organizadas según el derecho de esta Parte y estén dirigidas efectivamente desde el territorio de esa misma Parte" o el artículo 1.2 del APPRI firmado entre España y Bahréin en relación con las sociedades al exigir que estas hayan sido "constituidas u organizadas de conformidad con la legislación en vigor en esta Parte contratante y que tenga su domicilio social en el territorio de esa misma Parte Contratante".

397 El apartado 3 del artículo 24 del MC OCDE se refiere a la prohibición de discriminación de los Establecimientos Permanentes por razón de residencia fiscal. Los Establecimientos Permanentes también quedan bajo la protección del estándar NT al quedar comprendidos dentro del término "inversión" tal y como es habitualmente definida por los APPRIs.

398 Debe ponerse de manifiesto que la protección conferida por el párrafo 5 del artículo 24 MC OCDE es circunstancial al exigir que la sociedad sea de la propiedad de o controlada por uno o varios residentes del otro Estado contratante.

ámbito objetivo de aplicación del artículo 24 del MC OCDE está condicionado por los principios informadores del MC OCDE —esto es, la preeminencia de la tributación en residencia y distinción clara entre la tributación de residentes y no residentes— y el resto de disposiciones del MC OCDE. En consecuencia, "la existencia de discriminaciones consagradas en el texto de los CDI limita los efectos de la cláusula en materia de no discriminación del artículo 24 MC OCDE, que será susceptible de ser invocada en otro contexto, pero no en el ya cubierto por una discriminación o diferencia de trato que se encuentre expresamente admitida en el CDI"[399].

Por otro lado, mientras el estándar NT guarda en la mayoría de casos silencio sobre las condiciones de similitud o identidad requeridas para ser aplicado[400], el artículo 24 del MC OCDE es más exigente, al requerir que los nacionales del otro Estado se encuentren en las mismas circunstancias (párrafos 1 y 2), o que ejerzan la misma actividad (párrafo 3), o se trate de empresas similares (párrafo 5).

Sin embargo, el párrafo 7 de los Comentarios al MC OCDE relativos al apartado 1 del artículo 24 suaviza esta exigencia de identidad al precisar que la expresión "en las mismas condiciones" (*"the same circumstances"*) debe entenderse referida a los contribuyentes que se encuentren en condiciones de Derecho y hecho sustancialmente similares en relación con la aplicación de la legislación y reglamentación fiscal de carácter general. Aclaran también los Comentarios que la residencia del contribuyente es uno de los factores relevantes para determinar si los contribuyentes se encuentran en condiciones similares, de manera que un contribuyente que es residente y un contribuyente que no lo es no se encuentran en las mismas circunstancias.

Tras esta aclaración realizada por los Comentarios, parece que la exigencia de que se encuentren en las mismas circunstancias se ve dulcificada, si bien hay autores que consideran que, a pesar de esta atenuación del rigor de la exigencia, el requisito demandado por el estándar NT es más favorable

---

399 MARTÍN JIMÉNEZ, A., "El principio de no discriminación en el artículo 24 del modelo de convenio de la OCDE de 2008", *Revista de Derecho Fiscal*, nº 5, marzo 2011, pág. 229.

400 Si bien, como también hemos indicado anteriormente, un grupo minoritario de APPRIs exigen que tanto el inversor extranjero como el inversor nacional se encuentren en "circunstancias similares" o incluso idénticas.

al inversor[401]. No obstante, en cualquier caso, la valoración final sobre este aspecto depende de la concreta redacción del artículo 24 en el CDI y, sobre todo, de la redacción del estándar NT en el APPRI que resulten aplicables al caso cocreto.

Finalmente, si atendemos al tipo de discriminaciones frente a las que protegen, sí que es posible apreciar una mayor amplitud en la protección conferida por el estándar NT, en tanto en cuanto éste protege frente a las discriminaciones tanto *de facto* como *de iure*, como hemos comentado; mientras que el artículo 24 MD OCDE —tal y como indica el apartado primero de los Comentarios a este artículo— no protege contra las discriminaciones indirectas, es decir, tanto aquellas discriminaciones legítimas, como aquellas basadas en criterios distintos de la nacionalidad como, por ejemplo, la residencia.

Como conclusión a este análisis comparativo entre el artículo 24 MC OCDE y el estándar NT podemos afirmar, en primer lugar, que serán escasas las ocasiones en las que un inversor pueda acogerse a ambos estándares de trato. Esto se debe a que, para que ello suceda, es imprescindible que, por un lado, el Estado anfitrión y el Estado de nacionalidad del inversor hayan firmado entre ellos un APPRI que incluya el estándar NT (circunstancia que difícilmente se dará entre los Estados miembros de la UE[402], si bien en materia de fiscalidad directa, los contribuyentes de estos Estados pueden beneficiarse del principio de no discriminación y su amplia interpretación por el TJUE) y también un CDI que incluya[403] un artículo con el contenido antidiscriminatorio del artículo 24 MC OCDE.

Por otro lado, también es imperativo que ni el APPRI contenga una *carve out* que excluya de manera general las cuestiones tributarias del ámbito de

[401] KARDACHAKI, A., "Tax Aspects of International non-tax agreements", *IFA Research Paper*, pág. 45.

[402] La terminación de los 191 APPRIs intra-UE ha sido uno de los principales caballos de batalla de la Comisión en los últimos años quien ha visto culminada su cruzada con la firma en 2020 por parte de 23 Estados miembros del Acuerdo para la terminación de los tratados bilaterales de inversión entre los Estados miembros de la Unión Europea, DO L 169, 29.5.2020 págs. 1-40.

[403] Tanto el estándar NT como el principio de no discriminación recogido en el artículo 24 MC OCDE requieren, como requisito indispensable de su aplicación, estar recogidos en un APPRI o en un CDI, respectivamente, ya que el estándar de trato NT tiene un origen convencional y no es recogido por el Derecho consuetudinario internacional y en el ámbito del Derecho tributario internacional no existe un principio de no discriminación.

protección del acuerdo, ni el estándar de trato NT prevea una exclusión relativa a las cuestiones fiscales de su ámbito de protección.

Además, y en sintonía con lo que hemos venido indicando, aunque estas circunstancias concurran, es difícil aventurarse a predecir qué mecanismo jurídico concederá una más amplia protección al inversor, pues la concreta redacción de ambos preceptos en el APPRI y en el CDI en cuestión resulta fundamental para determinar esta cuestión.

En cualquier caso, no debe olvidarse que los inversores que se vean agraviados por un peor trato dispensado en cuestiones fiscales en atención a su nacionalidad, también pueden recurrir a la protección conferida por los convenios de protección de los derechos humanos que exigen a los Estados que los suscriben que traten por igual a todas las personas que se encuentren en una situación similar dentro de sus respectivas jurisdicciones como, por ejemplo, hacen el artículo 14 del Convenio Europeo de Derechos Humanos o el artículo 2 de la Declaración Universal de Derechos Humanos.

3.3. EL ESTÁNDAR DE TRATO DE NACIÓN MÁS FAVORECIDA

Aunque la redacción de este estándar de trato puede variar según el APPRI, el contenido normalmente recogido exige que ni los inversores extranjeros que operan en el Estado anfitrión ni las inversiones radicadas en este Estado reciban un trato menos favorable que el trato recibido por otros inversores e inversiones de terceros Estados.

Según su redacción, algunas cláusulas MFN se aplican a todas las cuestiones reguladas por el APPRI, como sucede en el artículo IV.1 del APPRI firmado por España con Nicaragua en el que se afirma que "Este tratamiento no será menos favorable que el otorgado por cada Parte Contratante a las inversiones realizadas en su territorio por inversores de un tercer país que goce del tratamiento de Nación Más Favorecida".

Sin embargo, es posible que la redacción de este estándar restrinja la protección a determinados tipos de trato o a determinadas cláusulas del APPRI como, por ejemplo, el trato relacionado con la "gestión, mantenimiento, uso, disfrute o enajenación" de la inversión como ejemplifica el artículo 4.2 del APPRI firmado entre España y Bahréin o el artículo 4.2 del APPRI firmado por nuestro país con Moldavia que prevé, en ambos casos, que "Cada Parte

Contratante concederá en su territorio a los inversores de la otra Parte Contratante, por lo que respecta a la gestión, mantenimiento, utilización, disfrute o enajenación de sus inversiones, un tratamiento no menos favorable que el otorgado a sus propios inversores o a inversores de cualquier tercer Estado, el que resulte más favorable para el inversor interesado".

El contenido tradicionalmente asignado al estándar de trato MFN no ofrece respuesta a la cuestión de si una cláusula de no discriminación que contenga este estándar de trato faculta a un inversor extranjero a invocar la aplicación de cláusulas sustantivas o de la cláusula de resolución de controversias contenidas en otro APPRI que el Estado anfitrión haya firmado con un tercer Estado.

En cuanto a la posibilidad de que los inversores se beneficien de disposiciones de carácter sustantivo más favorables contenidas en otros APPRIs, la doctrina[404] reconoce que no es una cuestión conflictiva. De hecho, los tribunales han aceptado esta posibilidad en bastantes ocasiones, si bien con ciertas limitaciones[405], en relación con distintas cláusulas sustantivas como, por ejemplo, la cláusula FET[406], la cláusula de protección y seguridad totales[406] o la cláusula paraguas[407].

404 CARON, D.D.; SHIRLOW, E., Most-Favored-Nation Treatment: Substantive Protection en *Building International Investment Law: The First 50 Years of ICSID,* Kinnear, M., Fischer G.R., Almeida J.M., Torres, L.F., Bidegain, M.U., Wolters Kluwer, Países Bajos, 2015, pág. 399.

405 La redacción de las cláusulas de MFN y el principio *ejusdem generis*, en particular, se han utilizado para impedir que los inversores invoquen las cláusulas de MFN para beneficiarse de protecciones sustantivas que no estén ya contenidas en el tratado base. Sobre estas limitaciones véanse, por ejemplo, Muhammet Çap & Sehil Inşaat Endustri ve Ticaret Ltd. Sti. v. Turkmenistan, ICSID Case No. ARB/12/6, Award, 4 May 2021, paras. 789-794 y Teinver S.A., Transportes de Cercanías S.A. and Autobuses Urbanos del Sur S.A. v. Argentine Republic, ICSID Case No. ARB/09/1, Award, 21 July 2017, para. 884.

406 Kontinental Conseil Ingénierie v. Gabonese Republic, PCA Case No. 2015-25, Final Award, 23 December 2016, paras. 168 ss; Hesham Talaat M. Al-Warraq v. The Republic of Indonesia, Final Award, 15 December 2014, para. 555; OAO "Tatneft" v. Ukraine, PCA Case No. 2008-8, Award on the Merits, 29 July 2014, para. 365; Sergei Paushok, CJSC Golden East Company and CJSCVostokneftegaz Company v. The Government of Mongolia, Award on Jurisdiction and Liability, 28 April 2011, paras. 254, 570; ATA Construction, Industrial and Trading Company v. Hashemite Kingdom of Jordan, ICSID Case No. ARB/08/2, Award, 18 May 2010, para. 125; Bayindir Insaat Turizm Ticaret Ve Sanayi A.S. v. Islamic Republic of Pakistan (I), ICSID Case No. ARB/03/29, Award, 27 Aug 2009, para. 167; Quasar de Valores SICAV S.A., Orgor de Valores SI-

No obstante, también cabe destacar que recientemente algunos pronunciamientos arbitrales[409] y algunas voces de la doctrina[410] han venido a establecer límites a esta utilización del estándar MFN.

Por lo que respecta a la invocación de la aplicación de la cláusula de resolución de controversias sobre la base del estándar MFN, es preciso tener en cuenta que dicho estándar debe interpretarse conforme al principio *ejusdem generis*. Esto implica que un inversor puede reclamar un trato más favorable disponible en otros acuerdos pero sólo en lo que respecta a la misma materia, la misma categoría de materia o la misma clase de materia. Si trasladamos esta idea a nuestro análisis, concluimos que un inversor puede invocar el trato más favorable previsto en otro APPRI sólo si la cláusula de no discriminación prevé de forma expresa que el estándar de trato MFN se extiende también a la cláusula de resolución de controversias.

CAV S.A., GBI 9000 SICAV S.A. and ALOS 34 S.L. v. The Russian Federation, SCC Case No. 24/2007, Award on Preliminary Objections, 20 March 2009, para. 103; Rumeli Telekom A.S. and Telsim Mobil Telekomunikasyon Hizmetleri A.S. v. Republic of Kazakhstan, ICSID Case No. ARB/05/16, Award, 29 July 2008, paras. 581,591; MTD Equity Sdn. Bhd. and MTD Chile S.A. v. Chile, ICSID Case No. ARB/01/7, Award, 25 May 2004, paras. 104, 107.

407 Kontinental Conseil Ingénierie v. Gabonese Republic, PCA Case No. 2015-25, Final Award, 23 December 2016, paras. 168-170; CC/Devas (Mauritius) Ltd., Devas Employees Mauritius Private Limited, and Telcom Devas Mauritius Limited v. Republic of India, PCA Case No. 2013-09, Award on Jurisdiction and Merits, 25 July 2016, para. 496.

408 Consutel Group S.P.A. in liquidazione v. People's Democratic Republic of Algeria, PCA Case No. 2017-33, Final Award, 3 February 2020, paras. 354-359; Mr. Franck Charles Arif v. Republic of Moldova, ICSID Case No. ARB/11/23, Award, 8 April 2013, para. 396; EDF International S.A., SAUR International S.A. and León Participaciones Argentinas S.A. v. Argentine Republic, ICSID Case No. ARB/03/23, Award, 11 June 2012, paras. 933-934.

409 Véase por su claridad İçkale İnşaat Limited Şirketi v. Turkmenistan, ICSID Case No. ARB/10/24, Award, 8 March 2016, paras. 328-329 y Muhammet Çap & Sehil Inşaat Endustri ve Ticaret Ltd. Sti. v. Turkmenistan, ICSID Case No. ARB/12/6, Award, 4 May 2021, paras. 789-790.

410 BATIFORT, S. AND HEATH, J.B., "The New Debate on the Interpretation of MFN Clauses in Investment Treaties: Putting the Brakes on Multilateralization", *American Journal of International Law*, Vol. 111, nº 4, 2017, págs. 873-913; SCHILL, S. W., "MFN Clauses as Bilateral Commitments to Multilateralism: A Reply to Simon Batifort and J. Benton Heath", *American Journal of International Law*, Vol. 111, nº 4, 2017, pág. 914.

Sin embargo, en la mayoría de APPRIs firmados a nivel mundial, la cláusula de no discriminación guarda silencio sobre este extremo, lo que ha llevado a la práctica arbitral a sostener dos posturas distintas al respecto como atestiguan dos pronunciamientos antagónicos que adoptan enfoques radicalmente distintos: Maffezini v. España[411], por un lado, y Plama v. Bulgaria[412], por otro.

El laudo del caso Maffezini v. España fue la primera decisión del CIADI que abordó la cuestión relativa a la aplicación de las cláusulas de NMF en materia de solución de diferencias. En este asunto el señor Emilio Agustín Maffezini, un nacional de la República Argentina, presentó una solicitud de arbitraje contra España en relación a una controversia suscitada por el trato que recibió del Estado español en relación con su inversión en una empresa dedicada a la fabricación y distribución de productos químicos situada en Galicia. En su demanda, el inversor invocó el estándar de trato MFN recogido en el APPRI firmado entre España y Argentina solicitando la aplicación de la cláusula sobre resolución de controversias contenida en el APPRI firmado entre España y Chile porque la consideraba más beneficiosa. La reclamación del inversor perseguía evitar la aplicación de la cláusula de arbitraje contenida en el APPRI firmado entre España y Argentina que obligaba al inversor a recurrir a los tribunales nacionales antes de acudir a los tribunales arbitrales en aras a la aplicación de la cláusula de arbitraje contenida en el APPRI firmado entre España y Chile porque esta última no establecía la obligación de acudir previamente a los tribunales nacionales.

El tribunal arbitral falló a favor del inversor y le permitió acogerse a las condiciones más favorables del APPRI firmado entre España y Chile siempre que se cumplieran dos condiciones: en primer lugar, el APPRI firmado con el tercer país tenía que versar sobre la misma materia que el APPRI inicialmente aplicable, de lo contrario sería *res inter alios acta*[413]; y en segundo lugar, la

411 Emilio Agustin Maffezini v The Kingdom of Spain, ICSID, Case nº ARB/97/7, Award, 13 November 2000.

412 Plama Consortium Limited v. Republic of Bulgaria, ICSID Case No. ARB/03/24. Para un estudio en profundidad véase SCHILL, S., *Maffezini v. Plama: reflections on the jurisprudential schism in the application of Most Favoured Nation clauses to matters of dispute settlement*, Amsterdam Law School Legal Studies Research Paper nº 2017-12.

413 Emilio Agustín Maffezini v. The Kingdom of Spain, ICSID Case No. ARB/97/7, Decision of the Tribunal on Objections to Jurisdiction, 25 January 2000, para. 45.

cláusula de MFN sólo podía aplicarse a un trato más favorable que entrara dentro del ámbito de aplicación de la propia cláusula de NMF en virtud de la norma *ejusdem generis*[414]. No obstante, el propio tribunal estableció una serie de limitaciones a su propia doctrina que pueden restringir la capacidad de un inversor de invocar una cláusula MFN[415].

Por su parte, el tribunal del caso Plama v. Bulgaria adoptó un enfoque diferente. En este caso el demandante, un inversor chipriota, basándose en el estándar de trato MFN recogido en el APPRI entre Bulgaria y Chipre, reclamaba la facultad de someter a arbitraje disputas relativas a la cuantía de la indemnización por expropiación, algo excluido por la cláusula sobre arbitraje del APPRI firmado entre Bulgaria y Chipre, pero permitido por otros APPRIs firmados por Bulgaria que permitían reclamar cualquier incumplimiento del APPRI sin limitaciones.

El tribunal afirmó que una disposición MFN de un APPRI que no incorpora de forma expresa su extensión a disposiciones sobre solución de controversias establecidas total o parcialmente en otro acuerdo no puede ser la base jurídica para extender una cláusula de resolución de controversias de un APPRI a supuestos regulados por otro APPRI, a menos que la disposición MFN del tratado originalmente aplicable no deje duda alguna de que las Partes Contratantes tenían la intención de incorporarlas[416]. Y, dado que en el caso de análisis, el estándar MFN no contenía de forma clara e inequívoca una referencia al respecto, falló a favor del Estado anfitrión.

---

414 Emilio Agustín Maffezini v. The Kingdom of Spain, ICSID Case No. ARB/97/7, Decision of the Tribunal on Objections to Jurisdiction, 25 January 2000, paras. 46-50.

415 Estas limitaciones se enumeran en los parágrafos 62 y 63 del laudo y son las siguientes: (1) Los inversores no pueden utilizar las disposiciones de MFN para eludir los requisitos de agotamiento de los recursos internos invocando la cláusula de nación más favorecida en relación con un acuerdo con un tercero que no contenga este requisito; (2) Los inversores no pueden utilizar las disposiciones de MFN para eludir las cláusulas *fork in the road*; (3) Los inversores no pueden modificar la elección de un determinado foro de arbitraje (como el CIADI) realizada en el acuerdo de arbitraje, con el fin de remitir la controversia a un foro de arbitraje diferente; y (4) Los inversores no pueden alterar la elección de un sistema de arbitraje altamente institucionalizado que incorpore reglas precisas de procedimiento.

416 Plama Consortium Limited v. Republic of Bulgaria, ICSID Case No. ARB/03/24, Decision on Jurisdiction, 8 February 2005, para. 223.

Ante la ausencia del precedente en la práctica arbitral, los tribunales arbitrales se alinean con una u otra corriente en función del punto de vista mantenido y de la concreta redacción del APPRI, lo que puede conllevar innegables consecuencias en la esfera tributaria donde una interpretación amplia y laxa del estándar de trato MFN puede afectar la aplicación de la cláusula *fork in the road*[417] o a las exclusiones del ámbito objetivo del arbitraje de las cuestiones tributarias.

Como ya hemos indicado en páginas anteriores, es frecuente que el estándar de trato MFN contenga excepciones de carácter parcial siendo habitual encontrar dos exclusiones de este tipo. Una de ellas es la exclusión de cualquier tipo de beneficios (entre los que se incluyen también los de carácter tributario) que el Estado inversor pueda conceder a terceros Estados "resultante de su pertenencia o asociación a cualquier zona de libre comercio, unión aduanera, unión económica o unión monetaria u otros acuerdos internacionales similares incluidas otras formas de organización económica regional, futuras o ya existentes". Esta es la denominada cláusula o excepción REIO, ya analizada anteriormente en este trabajo al tratar la distinta tipología de las excepciones o *carve outs* que puede encontrarse en los APPRIs y a cuyo estudio nos remitimos.

La otra excepción que se recoge con frecuencia en los APPRIs en relación con el estándar de trato MFN se refiere en concreto a los beneficios o privilegios fiscales así como a los regímenes fiscales derivados de acuerdos en materia fiscal alcanzados por el Estado anfitrión con terceros Estados.

El objetivo de esta excepción es asegurar al Estado anfitrión la autonomía necesaria para la concesión de beneficios fiscales a los nacionales de terceros Estados sobre la base de tratados internacionales, pues impide que los inversores extranjeros se acojan al estándar de trato MFN para reclamar la aplicación de los beneficios fiscales que el Estado anfitrión concede a otros inversores sobre la base de estos tratados. Piénsese, por ejemplo, en el caso en que el Estado anfitrión aplica a las rentas obtenidas por los residentes fiscales de un tercer Estado con quien ha firmado un CDI un tipo de retención más

417 Recuérdese que, como ya se comentó con anterioridad, las cláusulas *fork in the road* contenidas en los APPRIs obligan al inversor extranjero que desea demandar al Estado anfitrión a elegir entre o bien presentar sus demandas contra el Estado a través del mecanismo de arbitraje previsto en el APPRI o bien ante los tribunales nacionales u otras instancias previstas en los mecanismos contractuales pertinentes.

reducido que el que aplica al inversor o aplica una exención que el inversor extranjero no disfruta. Si no existiera esta excepción, el inversor extranjero podría acogerse al estándar MFN para exigir la aplicación de dicho porcentaje de retención más bajo o de la exención que él como inversor no disfruta.

Los motivos que, según la UNTAD[418], llevan a los Estados a excluir las cuestiones tributarias de la aplicación del estándar MFN son principalmente tres. En primer lugar, esta exclusión se debe a que muchos Estados prefieren regular las cuestiones tributarias en el ámbito internacional mediante instrumentos jurídicos específicos, como son los CDIs, que preservan de manera más clara la soberanía fiscal de los Estados firmantes.

En segundo lugar, la exclusión del estándar de trato de Nación Más Favorecida permite a un determinado Estado conceder a los contribuyentes e inversores de otro Estado en concreto un trato fiscal beneficioso fruto de concesiones mutuas acordadas en la fase de negociación bilateral sin necesidad de extender —por efecto del estándar MFN este trato preferencial a los inversores de otros Estados.

En tercer y último lugar, porque la complejidad que presentan las cuestiones tributarias desaconsejan la aplicación a las mismas de previsiones estandarizadas, como las previstas en los APPRIs.

Debe hacerse notar que la redacción de la excepción relativa a los beneficios fiscales previstos en otros tratados firmados por el Estado anfitrión con terceros países varía según el APPRI. Efectivamente, en ocasiones, los términos de esta excepción presentan un carácter genérico sin referirse en concreto a un tratado de naturaleza tributaria como son los CDIs, sino haciendo una referencia más amplia a "cualquier acuerdo o arreglo internacional que se refiera total o principalmente a impuestos o cualquier legislación interna que se refiera total o principalmente a impuestos", como hace el artículo 4.3.b) del APPRI firmado entre España y Albania.

En otros supuestos, los términos son más precisos y se refieren únicamente a los beneficios fiscales previstos en un acuerdo específico del ámbito tributario, como es el caso paradigmático de los CDIs, que el Estado anfitrión

418 UNCTAD, *Taxation,* Series on Issues in International Investment Agreements, United Nations, New York and Geneve 2000, pág. 36.

pueda haber firmado con terceros Estados al prever que "El tratamiento concedido con arreglo al presente artículo tampoco se extenderá a deducciones, exenciones fiscales u otros privilegios análogos otorgados por cualquiera de las Partes a inversores de terceros Estados en virtud de un Acuerdo de Evitación de Doble Imposición o de cualquier otro Acuerdo en materia de tributación", Tal es el caso de los APPRIs firmados por España con Bielorrusia (art. 1.3), Pakistán (art. 4.4) o Panamá (art. V.4).

La principal consecuencia que se deriva de este cambio en los términos utilizados por la excepción relativa a los beneficios o regímenes preferenciales fiscales afecta principalmente a los impuestos indirectos debido a que el ámbito objetivo de aplicación de los CDIs no incluye a este tipo de impuestos. Por consiguiente, si la excepción está redactada en términos genéricos refiriéndose a los beneficios fiscales establecidos por cualquier acuerdo o arreglo internacional referido a impuestos sin realizar más precisiones, se excluirá de la aplicación de los estándares de NT y MFN tanto a los impuestos directos como a los indirectos. Por el contrario, si la excepción está redactada en términos más precisos y hace referencia expresa a los beneficios fiscales derivados de los CDIs firmados por el Estado anfitrión con terceros Estados, únicamente quedarán excluidos de la aplicación de los estándares de NT y de MFN los impuestos directos pudiendo el inversor extranjero, en estos casos, reclamar la aplicación de estos estándares de trato en relación con los impuestos indirectos, los derechos de aduana o los impuestos al consumo.

La amplia redacción de la exención contenida en el estándar MFN relativa a los beneficios fiscales concedidos por un CDI firmado por el Estado anfitrión con un tercer Estado tiene como principal consecuencia que sea muy difícil que el inversor extranjero reclame la aplicación de este estándar de trato sobre la base jurídica de un APPRI. Si, además, tenemos en cuenta que el apartado 2 de los Comentarios al artículo 24 MC OCDE excluye la aplicación del trato de Nación Más Favorecida debido al principio de reciprocidad en que se basa la firma de un CDI, es inevitable concluir que la interacción entre el principio de no discriminación recogido en el artículo 24 del CDI y el estándar MFN del APPRI firmados ambos entre el Estado anfitrión y el Estado del inversor extranjero es mucho más reducida e hipotética que en relación con el estándar NT.

Para que se diera dicha interacción sería preciso que concurrieran tres circunstancias: en primer lugar, que el Estado anfitrión y el Estado del inversor hubieran firmado tanto un CDI como un APPRI; en segundo lugar, que este último no contuviera en relación con el estándar MFN la excepción relativa a los beneficios fiscales concedidos por un CDI ni excepcionara las cuestiones tributarias de forma general del APPRI o de forma particular del estándar MFN y, en tercer lugar, que el CDI firmado entre ambos Estados, se apartara del MC OCDE y de lo previsto en sus Comentarios y previera expresamente la concesión del trato de Nación Más Favorecida.

Esta falta de interacción ocasiona que las probabilidades de que un inversor pueda acogerse de forma simultánea tanto al estándar de trato MFN como al artículo 24 del CDI y, por tanto, sea necesario determinar cuál de los dos preceptos ofrece una más amplia protección, sean prácticamente nulas[419], pues la sola probabilidad de tener derecho a este trato sobre la base de sólo uno de estos instrumentos jurídicos ya es *per se* reducida.

Aunque con menor frecuencia, también es posible encontrar en los APPRIs otras excepciones del estándar MFN relativas a cuestiones tributarias como por ejemplo, la salvaguarda del derecho del Estado anfitrión a adoptar las medidas que resulten necesarias para asegurar la aplicación y recaudación de impuestos de manera equitativa y efectiva, sin que ello pueda ser considerado un incumplimiento del estándar de trato MFN o la salvaguarda del derecho a aplicar medidas tributarias que, si bien son contrarias a este estándar de trato, eran preexistentes a la firma del acuerdo y, debido a la importancia que presentan para la economía del Estado anfitrión, este va a continuar aplicándolas[420].

---

419 Si analizamos, por ejemplo, el caso de España comprobamos que de todos los APPRIS firmados por España tan solo dos —los firmados con Moldavia y Nigeria— carecen de excepción relativa a la extensión de los beneficios fiscales recogidos en CDIs firmados por el Estado anfitrión con terceros Estados. Sin embargo, los CDIs firmados por España con estos Estados sí contienen cláusula de no discriminación —Nigeria (art. 25) y Moldavia (art. 23)— y en ambos casos sigue la redacción contenida en el MC OCDE (salvo en el hecho de que carece de cláusula 2 relativa a los apátridas) por lo que resulta de aplicación lo previsto en el párrafo 2 de los Comentarios al artículo 24 del MC OCDE.

420 Sirvan como ejemplos las letras d), e) y f) del apartado 4 del artículo 2103 del NAFTA.

4. CLÁUSULA RELATIVA A LA TRANSFERENCIA DE CAPITALES

4.1. CONTENIDO DE LA CLÁUSULA Y PRINCIPALES OBLIGACIONES DERIVADAS DE LA MISMA

Una de las cláusulas sustantivas más importantes en los APPRIs es la de Trasferencia de fondos o capitales, referida tanto a los movimientos de capitales de entrada como de salida (aunque hay acuerdos que sólo se refieren a la salida de capitales). Sin embargo, no todo movimiento transfronterizo de capitales puede acogerse a la protección que confiere esta cláusula, pues se exige que el capital que se desea expatriar desde o introducir en el Estado anfitrión esté directamente relacionado con la inversión que el inversor extranjero ha llevado a cabo en el Estado anfitrión y que los capitales revistan una de las formas expresadas en el acuerdo.

La práctica convencional seguida por España enumera como pagos relacionados con las inversiones (sin bien no exclusivamente, aceptando otros distintos) los siguientes: a) el capital inicial y otros importes adicionales para mantener o ampliar la inversión; b) las rentas de la inversión, con arreglo a la definición del artículo 1 que se refiere (aunque la concreta redacción puede variar ligeramente de un APPRI a otro) a los importes producidos por la inversión y en particular, aunque no exclusivamente, a los beneficios[421], dividendos, intereses, plusvalías, comisiones, cánones y honorarios; c) los fondos en concepto de reembolso de préstamos relacionados con una inversión; d)

421 TRAVERSA y RICHELLE evidencian las dificultades interpretativas existentes para determinar si cuando el APPRI se refiere a los beneficios derivados de la inversión se refiere a los beneficios brutos (antes de impuestos) o a los beneficios netos (después de impuestos) y citan el caso del APPRI firmado entre Bélgica y Benin que define los beneficios como "*amount after tax from an investment*" y el caso del APPRI firmado entre Bélgica y Bangladesh en el que un intercambio posterior de cartas entre las autoridades fiscales clarificó que el término debía entenderse referido a beneficios netos, es decir, después de pagar impuestos, TRAVERSA, E., RICHELLE, I., "Belgium" en *The impact of Bilateral Investment Treaties on Taxation*, IBFD, Países Bajos, 2017, pág. 116.
En el caso español cabe destacar el APPRI firmado entre España y Uruguay que define en el apartado 2 de su artículo 1 el término "rentas" como "los montos de los beneficios netos o intereses vinculados a una inversión durante un período determinado, incluyendo en particular, aunque no exclusivamente, beneficios, dividendos e intereses".

las indemnizaciones previstas en los artículos 5 (expropiación) y 6 (compensación por pérdidas); e) el producto de la venta o liquidación, total o parcial, de una inversión; f) los ingresos y demás remuneraciones del personal contratado en el extranjero en relación con una inversión; g) los pagos derivados de la solución de controversias.

En este contexto, destacan las particularidades recogidas en el APPRI firmado entre España e Indonesia que amplía este listado incluyendo también el pago de cánones de licencias y honorarios por servicios en la medida en que estén relacionados con la inversión y el producto de la venta de acciones que pertenezcan a los accionistas extranjeros; el APPRI entre España y Cuba que añade las sumas necesarias para el mantenimiento y desarrollo de la inversión y el APPRI entre España y Kuwait cuyo artículo 7 prevé que estos pagos sean en especie.

Sobre el aspecto temporal del movimiento de capitales, muchos APPRIs prevén que los movimientos de capitales deberán realizarse sin retrasos ("*without delay*"). Algunos acuerdos definen la expresión sin retraso (*without delay*) aclarando que la misma se refiere al tiempo necesario para dar cumplimiento a las formalidades propias de la transacción, si bien otros APPRIs fijan un período temporal concreto que no podrá sobrepasar los 30 días (como, por ejemplo, algunos acuerdos firmados por Chile, Bolivia, El Salvador, Nicaragua, Panamá, Paraguay o Uruguay), 60 días (como, por ejemplo, los acuerdos por Ecuador con El Salvador, Chile y Costa Rica), 1 mes (por ejemplo, el APPRI entre Chile y Guatemala) dos meses (como, por ejemplo, los APPRIs entre Argentina con Chile, Costa Rica y Venezuela) o 6 meses (como hace el acuerdo entre Brasil y Chile)[422]. La práctica convencional española revela que los APPRIs firmados por España habitualmente contienen una breve referencia al aspecto temporal indicando únicamente que las transferencias se realizarán "sin demora", "sin excesiva demora"[423] o "sin retrasos indebidos"[424] No obstante, podemos citar algunos casos de APPRIs que contienen una referencia más precisa como, por ejemplo, los APPRIs firmados por España con Indonesia, Hon-

422 Fuente http://www.ftaa-alca.org/ngroups/ngin/publications/english99/compinv2.asp

423 Artículo 7 del APPRI firmado entre España y Cuba.

424 Artículo 7 del APPRI firmado entre España y Uzbekistán y del APPRI entre España y Kirguistán.

duras, El Salvador y Filipinas que prevén que "Las Partes se comprometen a facilitar los procedimientos necesarios para que estas transferencias se efectúen sin demoras excesivas. En particular, no transcurrirán más de tres meses desde la fecha en que el inversor presente debidamente las solicitudes necesarias con el fin de efectuar la transferencia hasta la fecha en que tenga lugar efectivamente la transferencia".

Normalmente esta cláusula incluye la obligación de realizar la transferencia en una moneda libremente convertible, así como facilitar el acceso al mercado oficial de divisas[425] en forma no discriminatoria a fin de adquirir las divisas necesarias para realizar las transferencias amparadas en esta cláusula. En ocasiones también se incluye una referencia al tipo de cambio aplicable, exigiendo que sea el vigente en el momento de la transferencia.

De la obligación de permitir estos movimientos de capitales, se deriva una limitación de la soberanía del Estado anfitrión para aplicar controles de cambios a las operaciones de transferencia de las rentas de inversión más allá de las obligaciones impuestas por los Estatutos del Fondo Monetario Internacional[426]. No obstante, es frecuente que los APPRIs prevean que la salida de capitales puede estar sometida a restricciones[427] para evitar actividades de blanqueo de capitales o financiación del terrorismo, siendo habitual introducir una referencia a situaciones de dificultades en la balanza de pagos en estas cláusulas para permitir la adopción en estos casos de limitaciones a las transferencias de fondos[428].

---

425 Son escasos pero también es posible encontrar ejemplos de APPRIs que prevén la contingencia de ausencia de mercado de divisas, como es el caso del APPRI firmado entre España y Arabia Saudí cuyo artículo 6.3 prevé que "En ausencia de un mercado de divisas, el tipo de cambio corresponderá al tipo de cambio cruzado obtenido de los tipos que aplicaría el Fondo Monetario Internacional para la conversión de las monedas de que se trate en Derechos Especiales de Giro".

426 Véase art. XIV de los Estatutos del Fondo Monetario Internacional y MANN, F.A., *The Legal Aspect of Money*, Oxford, Reino Unido, 1992, págs. 526-529.

427 Para un estudio pormenorizado de estas restricciones véase KOLO, A., "Investor protection vs Host State regulatory autonomy during economic crisis: treatment of capital transfers and restrictions under modern investment treaties", *Journal World Investment & Trade*, nº 457, 2007, págs. 457-503.

428 ILLESCAS FERNÁNDEZ-BERMEJO, F. J., "Los Tratados de Protección de Inversiones y su utilidad para los inversores españoles en Latinoamérica", *Actualidad Jurídica Uría y Menéndez*, nº 5, 2003, pág. 90.

En relación con este tipo de restricciones, los Estados miembros de la UE a la hora de negociar sus APPRIs deben tener en cuenta las competencias de la UE para introducir restricciones en este ámbito. Efectivamente, aunque el artículo 63 del TFUE declara prohibidas todas las restricciones a los movimientos de capitales y sobre pagos entre Estados miembros y entre Estados miembros y terceros países, los artículos 64, 65 y 66 TFUE (ex artículos 57, 59 y 60 TCE, respectivamente) habilitan la adopción de restricciones limitadas fundamentalmente a los movimientos de capitales relacionados con terceros países.

En concreto, el artículo 64 TFUE permite a los Estados miembros mantener las restricciones a la inversión directa y a otros tipos de operaciones que estuvieran en vigor a fecha de 31 de diciembre de 1993. Igualmente también autoriza al Consejo a adoptar medidas por unanimidad, previa consulta al Parlamento Europeo, que supongan un paso atrás en la liberalización de la circulación de capitales con terceros países. Asimismo, el Consejo y el Parlamento Europeo pueden adoptar medidas legislativas en relación con la inversión directa, el establecimiento, la prestación de servicios financieros o la admisión de activos financieros en mercados de capitales[429].

Por su parte, el artículo 66 del TFUE permite al Consejo, a propuesta de la Comisión y previa consulta al Banco Central Europeo, adoptar respecto a terceros países, por un plazo que no sea superior a seis meses, las medidas de salvaguardia estrictamente necesarias. Para ello es necesario que concurran circunstancias excepcionales en las que los movimientos de capitales con destino a terceros países o procedentes de ellos causen, o amenacen causar, dificultades graves para el funcionamiento de la unión económica y monetaria[430].

Finalmente y centrándonos en las medidas de carácter fiscal, el artículo 65 TFUE salvaguarda el derecho de los Estados miembros a adoptar medidas fiscales que distingan entre contribuyentes cuya situación difiera con respec-

---

429 Parlamento Europeo, La libre circulación de capitales, Fichas temáticas sobre la Unión Europea, https://www.europarl.europa.eu/factsheets/es/sheet/39/la-libre-circulacion-de-capitales

430 Parlamento Europeo, La libre circulación de capitales, Fichas temáticas sobre la Unión Europea, https://www.europarl.europa.eu/factsheets/es/sheet/39/la-libre-circulacion-de-capitales

to a su lugar de residencia o con respecto a los lugares donde esté invertido su capital, así como las medidas necesarias para impedir las infracciones de la normativa fiscal siempre que tales medidas no constituyan ni un medio de discriminación arbitraria ni una restricción encubierta de la libre circulación de capitales y pagos según es definida por el artículo 63 TFUE. El apartado 4 del artículo 65 prevé que la Comisión o, a falta de una decisión de la Comisión dentro de un período de tres meses a partir de la solicitud del Estado miembro interesado, el Consejo, podrá adoptar una decisión por unanimidad que declare que las medidas fiscales restrictivas adoptadas por un Estado miembro con respecto a uno o varios terceros países deben considerarse compatibles con los Tratados en la medida en que las justifique uno de los objetivos de la Unión y sean compatibles con el correcto funcionamiento del mercado interior.

Ante este marco normativo, en 2004 la Comisión consideró que algunos[431] de los APPRIs de preadhesión firmados por Austria, Finlandia, Suecia y Dinamarca con países no pertenecientes a la UE podían entrar en conflicto con determinadas competencias reservadas al Consejo de Ministros de la UE. El principal problema que apreció la Comisión es que la redacción de la cláusula de transferencia de capitales de estos APPRIs vetaba la posibilidad de que estos Estados miembros aplicaran las medidas limitativas de la circulación de capitales hacia y desde terceros países que sobre la base de los artículos 64, 65 y 66 TFUE podía adoptar el Consejo de la UE.

La Comisión alegó que el mantenimiento de los correspondientes APPRIs infringía el Derecho derivado previsto en los artículos 57 TCE, apartado 2, 59 y 60 TCE, apartado 1, las propias disposiciones citadas, así como el deber de cooperación establecido en el artículo 10 TCE. En particular, alegó que la ausencia de toda referencia al derecho de Austria y Suecia a imponer las restricciones adoptadas por el Consejo en virtud de las citadas disposicio-

431 En concreto, Suecia tenía 17 APPRIs en estas circunstancias, Finlandia y Austria seis, respectivamente y Dinamarca un único acuerdo. En concreto, Austria había celebrado acuerdos con China, Malasia, Rusia (originalmente con la Unión Soviética), Corea, Turquía y Cabo Verde. Suecia ha firmado acuerdos con Vietnam, Argentina, Bolivia, Costa de Marfil, Egipto, Hong Kong, Indonesia, China, Malasia, Pakistán, Madagascar, Perú, Senegal, Sri Lanka, Túnez, Yugoslavia (sucedida por Serbia y Montenegro), Yemen. Finlandia había celebrado APPRIs Rusia (originalmente con la Unión Soviética), Bielorrusia, China, Malasia, Sri Lanka y Uzbekistán.

nes podía dificultar, o incluso imposibilitar, el cumplimiento de su deber de Derecho comunitario de aplicar tales restricciones[432].

La Comisión notificó este hecho a estos Estados los cuales, según el artículo 351 TFUE (en aquel momento artículo 307 TCE) están obligados a tomar todas las medidas apropiadas para eliminar las incompatibilidades con el Tratado derivadas de acuerdos internacionales que hayan celebrado antes de su adhesión. Consecuencia de estas actuaciones, Dinamarca denunció el único APPRI afectado, pero Austria, Suecia y Finlandia persistieron en su incumplimiento, por lo que la Comisión inició el procedimiento de infracción contra estos tres Estados que finalizó con los pronunciamientos del TJUE de 3 de marzo de 2009 en los asuntos Comisión contra Austria (Asunto C-205/06)[433] y Comisión contra Suecia (Asunto C-249/06)[434] y de 19 de noviembre de 2009 en el asunto Comisión contra Finlandia (Asunto C-118/07)[435] declarando el incumplimiento de los tres Estados[436].

A fin de evitar nuevos incumplimientos, algunos Estados miembros (entre los que no se cuenta España que se limita a incluir en los Acuerdos

---

432 Si bien la renegociación o la denuncia de los APPRIs eran posibles y permitirían a ambos Estados miembros cumplir con su obligación de Derecho comunitario, deberían llevarse a cabo respetando los plazos de remanencia de los acuerdos exigidos por el Derecho Internacional Público. Durante esos periodos, se aplicarían las disposiciones sobre libre circulación de los APPRIs y las normas comunitarias que restringen dicha circulación se aplicarían de manera limitada dentro de la Comunidad.

433 Sentencia del TJUE de 3 de marzo de 2009, Comisión de las Comunidades Europeas contra República de Austria, Asunto C-205/*06 [Tol 3241977]*.

434 Sentencia del TJUE de 3 de marzo de 2009, Comisión de las Comunidades Europeas contra Reino de Suecia, Asunto C-249/06 *[Tol 1444795]*.

435 Sentencia del TJUE de 19 de noviembre de 2009, Comisión de las Comunidades Europeas contra República de Finlandia, Asunto C-118/07 *[Tol 1646295]*.

436 Sobre estos pronunciamientos véase KOUTRAKOS, P., "Case C-205/06, commission v. Austria, judgment of the Court (Grand Chamber) of 3 March 2009, not yet reported; Case C-249/06, commission v. Sweden, judgment of the Court (Grand Chamber) of 3 March 2009", *Common Market Law Review,* Vol. 46, nº 6, 2009, págs. 2059-2076; LAVRANOS, N., "Commission v. Austria. Case C-205/06. Judgment; Commission v. Sweden. Case C-249/06 Judgment", The American Journal of International Law Vol. 103, nº 4, 2009, págs. 716-722; GHOURI, A.A., "Resolving Incompatibilities of Bilateral Investment Treaties of the EU Member States with the EC Treaty: Individual and Collective Options", *European Law Journal,* Vol. 16, nº 6, 2010, págs. 806-830.

una genérica referencia a que la protección y promoción de la inversión se llevará a cabo de conformidad con las leyes y reglamentos o disposiciones legales aplicables en España) en sus APPRIs más recientes introducen en esta cláusula una referencia expresa a la posibilidad de establecer excepciones a la libertad de transferencias impuestas por la UE. Tal es el caso del modelo de APPRI de la Unión Económica Belgo-Luxemburguesa (BLEU Model) que expresamente prevé la posibilidad de aplicar "*exceptions to the principle of free movement of capital and payments between Member States and third countries, with a view to protecting the general Community interest and enabling the Community to comply, as appropriate, with its international obligations and with those of the Member States*"[437].

4.2. LA RELACIÓN DE LA CLÁUSULA DE TRANSFERENCIA DE CAPITALES CON LAS MEDIDAS TRIBUTARIAS

Aunque la cláusula relativa a la transferencia de capitales no tiene una conexión directa con la materia tributaria, sino que su conexión en más bien indirecta, tiene una gran importancia para la repatriación transnacional de beneficios y el gravamen de estos.

En primer lugar, procede precisar que esta cláusula no impide el ejercicio del poder tributario por el Estado anfitrión para someter a gravamen estas transferencias. Un claro ejemplo de ello viene constituido por el hecho de que, en algunos APPRIs, esta cláusula condiciona la libertad de transferencia de fondos al cumplimiento de las obligaciones fiscales reguladas de buena fe relativas a dicha transferencia en el Estado anfitrión. Buenos ejemplos de ello son la cláusula de transferencia de capitales recogida en el artículo 6 del APPRI entre Eslovaquia y la Federación Rusa que prevé que "*Each Contracting Party shall guarantee to investors of the other Contracting Party, after they have paid appropriate taxes and charges, free transfer of funds*"; el artículo 7.3 del APPRI firmado entre España y Uzbekistán que prevé que "Una Parte Contratante podrá exigir, si así lo disponen sus leyes y reglamentos, que el inversor haya satisfecho sus obligaciones tributarias en relación con los pagos a que se refiere el presente artículo antes de la transferencia, siempre que dicha

---

437 TRAVERSA, E., RICHELLE, I., "Belgium", *ob. cit.*, pág. 116.

exigencia no se utilice para obstaculizar la transferencia libre y sin demora garantizada por el presente artículo"; el artículo 6.4 del APPRI entre España y Corea del Sur y el artículo 7 del APPRI entre España y Egipto que condicionan el disfrute de los beneficios previstos en el APPRI al cumplimiento de las disposiciones fiscales vigentes en la parte contratante receptora de la inversión o el artículo 6 del APPRI firmado entre España y Bielorrusia que prevé que "Las transferencias se realizarán una vez que el inversor haya cumplido con las obligaciones fiscales establecidas por la legislación vigente en la Parte receptora de la inversión".

En otras ocasiones, los APPRIs pueden contener previsiones más explícitas sobre la posibilidad de aplicar tributos a los capitales transferidos como es el caso del Artículo IV del APPRI firmado entre EE. UU. y Ucrania en cuyo apartado 3 afirma "*Notwistanding the provisions of paragraphs 1 and 2, either Party may maintain laws and regulations a) requiring reports of currency transfers; and b) imposing income taxes by such means as a withholding tax applicable to dividends or other transfers*".

Estas referencias expresas al cumplimiento de las obligaciones fiscales recogidas en los APPRIs implican que el Estado anfitrión podrá aplicar las medidas fiscales *bona fide* y no discriminatorias reguladas en su normativa fiscal, incluso aunque su aplicación suponga una limitación a la salida de capitales del Estado anfitrión hacia el Estado del inversor. Sin embargo, las medidas fiscales no podrán ser utilizadas por el Estado anfitrión como una "medida de efecto equivalente"[438] a una restricción a la salida de capitales (prohibidas por esta cláusula), cosa que sucedería si el Estado anfitrión aplicara una medida fiscal a los capitales repatriados en condiciones tan gravosas y/o en una cuantía por encima de lo habitual que hiciera muy desfavorable —desde un punto de vista económico— o imposible —desde un punto de vista práctico— la salida de capitales del Estado anfitrión por parte del inversor extran-

438 WÄLDE y KOLO apuntan que no sólo las medidas legislativas pueden constituir medidas de efecto equivalente en el ámbito tributario, sino que también pueden tener esta consideración ciertas trabas administrativas ofrecidas por el Estado anfitrión, como por ejemplo la cumplimentación de formularios que no están disponibles, la obstaculización mediante la inexistencia o insuficiente de la cantidad de divisas necesaria para la expatriación,... véase WÄLDE, T.; KOLO, A., "Coverage of taxation under modern investment treaties", *ob cit.*, pág. 334.

jero. Además, hay que tener en cuenta siempre las exclusiones o *carve outs* que el APPRI contuviera y que excluyeran las cuestiones fiscales del ámbito de aplicación del convenio.

WÄLDE y KOLO se plantean si en aquellos APPRIs en los que la cláusula relativa a la transferencia de capitales no hace referencia a la posibilidad de establecer gravámenes sobre los capitales transferidos debe interpretarse como una garantía absoluta para el inversor extranjero que impide el gravamen de los capitales en el Estado anfitrión. Estos autores concluyen que si bien el poder tributario del Estado anfitrión debe interpretarse en el marco de un APPRI con prudencia, no procede entender que dicho APPRI se superpone al poder tributario del Estado anfitrión eliminándolo, por lo que, incluso en estos casos en los que la cláusula no salvaguarda de forma expresa el cumplimiento de las obligaciones fiscales en el Estado anfitrión, sería admisible una tributación razonable y no discriminatoria que fuera ejercida dentro de los márgenes habituales establecidos en la normativa tributaria del Estado anfitrión.

A la vista de que algunos APPRIs condicionan la realización de la transferencia al previo cumplimiento de las obligaciones formales, unida a la exigencia habitual de que la transferencia de capitales debe llevarse a cabo sin demora antes comentada, cabe cuestionarse si el inicio de un procedimiento por la Administración tributaria del Estado anfitrión, por ejemplo, un procedimiento de comprobación limitada o de inspección, de cuyo resultado depende el cumplimiento de las obligaciones tributarias por el inversor extranjero y cuya tramitación impide llevar a cabo la transferencia, constituye un incumplimiento a esta cláusula.

Desde nuestro punto de vista, el mero inicio del procedimiento tributario no debería constituir *per se* un incumplimiento de esta cláusula, aunque ciertamente el inicio y posterior tramitación del procedimiento tributario en cuestión suponga en la práctica un retraso en la materialización de la transferencia. Para realizar esta afirmación nos basamos en la supremacía del poder tributario del Estado anfitrión sobre la protección conferida por la cláusula relativa a las transferencias de capitales, la cual garantiza el derecho del Estado anfitrión a iniciar de forma legítima un procedimiento tributario al objeto de determinar los extremos de la obligación tributaria y su cumplimiento.

No obstante, *a sensu contrario*, consideramos que aquellos supuestos en los que en el inicio del procedimiento pueda apreciarse mala fe por parte del

Estado anfitrión (al iniciarlo a los efectos de retrasar intencionadamente la realización de la transferencia bajo la excusa de esperar al resultado de dicho procedimiento o, en aquellos casos en los que, si bien el procedimiento fue iniciado de buena fe, se produjera durante la tramitación una dilación indebida e injustificada en su tramitación), sí podrían constituir un incumplimiento a la cláusula relativa a Transferencias de capitales.

A la vista de la ya comentada primacía del poder tributario del Estado anfitrión sobre la protección conferida por la cláusula relativa a las transferencias de capitales, varias son las medidas tributarias que, en nuestra opinión, podrían, en determinadas circunstancias, contravenir esta cláusula.

En primer lugar, dado que una de las formas más comunes de repatriar los beneficios es a través del pago de rentas pasivas (dividendos e intereses) o cánones y a la vista de que la transferencia internacional de estas rentas está sometida, por lo general y en virtud del MC OCDE, a una tributación compartida entre el Estado de residencia del contribuyente (Estado de nacionalidad del inversor) que incluirá estas rentas en la base imponible nacional del correspondiente impuesto sobre la renta y el Estado de la fuente (Estado anfitrión) que practicará la correspondiente retención, haremos referencia a la compatibilidad de estas retenciones practicadas por el Estado anfitrión a las rentas repatriadas con la cláusula de Transferencia de capitales recogida en los APPRIs.

Si bien la aplicación de retenciones a cuenta está permitida por esta cláusula[439], si el Estado anfitrión intenta ocultar una restricción prohibida bajo el manto de una retención y el inversor extranjero presenta una demanda arbitral alegando el incumplimiento de esta cláusula por este motivo, el tribunal deberá valorar tanto el tipo de gravamen de la retención, como el modo de llevar a cabo la retención en el Estado anfitrión a la luz del principio de primacía del fondo sobre la forma y estudiar la compatibilidad de la medida tributaria con la cláusula que protege la transferencia de capitales.

En consecuencia, si la medida tributaria en cuestión consiste en una retención a cuenta discriminatoria, arbitraria o extraordinaria que supone una restricción material a la libertad de repatriación de capitales, debe ser consi-

---

439 WÄLDE, T.; KOLO, A., "Coverage of taxation under modern investment treaties", *ob. cit.*, pág. 336.

derada contraria a esta cláusula sustantiva[440]. Además, como precisan KOLO y WALDE, en el caso de que las restricciones aplicadas sobre los capitales que el inversor pretende repatriar tengan como efecto producir la imposibilidad de que el inversor atienda el pago de deudas de acreedores externos o cumpla con las obligaciones que tiene contraídas con sus accionistas, dichas restricciones podrían constituir no sólo una afrenta a esta cláusula de Transferencia de capitales, sino también un supuesto de expropiación indirecta[441].

El riesgo de que la retención practicada por el Estado anfitrión sea considerada contraria a la cláusula de transferencia de capitales se reduce en aquellos supuestos en los que el Estado anfitrión y el Estado de nacionalidad del inversor hayan firmado un CDI debido a que el MC OCDE prevé unos tipos aplicables a la retención menores que los previstos en la normativa doméstica del Estado anfitrión o incluso, en ocasiones, declara exentas las rentas transferidas.

En relación con la práctica de retenciones por el Estado anfitrión, resulta ineludible analizar la compatibilidad de la cláusula relativa a las Transferencias de capitales de los APPRIs con las medidas fiscales defensivas[442] contra jurisdicciones fiscales no cooperativas cuya adopción por los Estados miembros fue propuesta por el informe del Grupo del Código de Conducta publicado el 25 de noviembre de 2019. Nos referimos, en concreto, a la medida consistente en aplicar una retención a cuenta a un tipo más elevado sobre pagos como intere-

440 WÄLDE, T.; KOLO, A., "Coverage of taxation under modern investment treaties", *ob. cit.*, pág. 334.

441 WÄLDE, T.; KOLO, A., "Investor-State disputes: the interface between Treaty-based international investment protection and fiscal sovereignity", *ob. cit.*, págs. 434-436.

442 En diciembre de 2019, el Consejo adoptó orientaciones sobre la coordinación de las medidas defensivas nacionales en el ámbito fiscal frente a los países de la lista de jurisdicciones no cooperativas elaborada por la UE. En concreto, los Estados miembros acordaron aplicar al menos una de las siguientes medidas legislativas: (1) no deducibilidad de los costes; (2) normas sobre sociedades extranjeras controladas; (3) medidas de retención en origen; (4) limitación de la exención de participación en la distribución de beneficios. Los Estados miembros se han comprometido a garantizar que al menos una de estas medidas defensivas legislativas sea efectiva a partir del 1 de enero de 2021 a más tardar (o el 1 de julio de 2021 si se enfrentan a problemas institucionales o constitucionales). El Grupo del Código de Conducta ha llevado a cabo una revisión de las medidas defensivas aplicadas por los Estados Miembros y las conclusiones correspondientes se publicaron en noviembre de 2021.

ses, cánones, comisiones por servicios o remuneraciones, cuando estos pagos se consideren percibidos en jurisdicciones fiscales no cooperativas.

Consecuencia de esta propuesta, al menos trece Estados miembros (Croacia, Chipre, Dinamarca, Estonia, Francia, Alemania, Italia, Letonia, Lituania, Países Bajos, Polonia, Portugal y Eslovaquia) han optado por introducir un tipo de retención más elevado cuando los pagos se perciban en jurisdicciones no cooperativas[443].

A modo de ejemplo, podemos analizar la retención sobre flujos de dividendos con destinos a paraísos fiscales que, al objeto de luchar contra la planificación fiscal agresiva y el fraude fiscal, Países Bajos tiene previsto aplicar desde el 1 de enero de 2024[444] y que se va a unir a una medida similar que ya se venía aplicando sobre intereses y cánones desde 2021 cuando eran pagados a Estados de baja tributación[445]. Se prevé que estas retenciones se practiquen sobre dividendos con destino a países que aplican un tipo de gravamen inferior al 9% en el impuesto sobre beneficios o países considerados paraísos fiscales, siendo aplicables incluso en aquellos casos en los que haya un CDI firmado con el otro Estado.

Otro ejemplo lo podemos encontrar en la ley que regula el impuesto sobre la renta en la República Eslovaca que prevé aplicar un tipo de retención del 35% cuando no se pueda identificar a los beneficiarios efectivos de los ingresos y en aquellos casos en los que los pagos tengan como destinatarios a contribuyentes de jurisdicciones no cooperativas (es decir, cuando no existe un CDI o Acuerdo de intercambio de información, el contribuyente procede de una jurisdicción que figura en la lista de jurisdiccioness no cooperativas de la UE o de un Estado que no aplica un impuesto sobre sociedades o bien aplica un tipo cero)[446].

---

443 Informe del Consejo de la Unión Europea, 14230/21, de 26 de noviembre de 2021 disponible es https://data.consilium.europa.eu/doc/document/ST-14230-2021-INIT/en/pdf

444 Para más información sobre esta medida véase: https://business.gov.nl/amendment/withholding-tax-dividend-flows-tax-havens/ y https://news.bloombergtax.com/daily-tax-report-international/netherlands-announces-withholding-tax-on-dividends

445 Para más información sobre las retenciones aplicadas desde 2021 sobre intereses y cánones, véase: https://www.belastingdienst.nl/wps/wcm/connect/bldcontentnl/belastingdienst/zakelijk/winst/bronbelasting-rente-en-royalty/

446 Para más información sobre este gravamen véase https://taxsummaries.pwc.com/slovak-republic/corporate/withholding-taxes

Dos aspectos de este tipo de medidas hacen dudar de su compatibilidad con los imperativos derivados de la cláusula relativa a las transferencias de capitales: su carácter restrictivo y su marcada condición discriminatoria.

Respecto a su carácter restrictivo, es oportuno recordar que, como hemos dicho anteriormente, es frecuente que los APPRIs prevean que la salida de capitales puede estar sometida a restricciones para evitar actividades de blanqueo de capitales, financiación del terrorismo o control en la balanza de pagos. La cuestión de fondo aquí pasa por determinar si las limitaciones a las transferencias de capitales para luchar contra la planificación fiscal agresiva o el fraude fiscal que revistan la forma de una medida fiscal pueden o no ser consideradas un incumplimiento a esta cláusula.

En este sentido consideramos que entre las situaciones que justifican la adopción de medidas restrictivas de las transferencias de capitales que no contravienen esta cláusula bien podría incluirse de forma expresa la lucha contra el fraude fiscal o la planificación fiscal agresiva. En nuestra opinión, si se incluyera una referencia expresa en el oportuno artículo del APPRI, la adopción de estos tipos de retención incrementados no podría ser considerada contraria a la cláusula de transferencia de capitales.

No obstante, más delicada sería la situación en la que este tipo de retención incrementado quedaría si el APPRI no contuviera una referencia expresa a la posibilidad de introducir restricciones en aras a la lucha contra la planificación fiscal agresiva y el fraude fiscal. En esta situación, si el inversor alegara su incumplimiento ante un tribunal arbitral, la defensa del Estado anfitrión sería más débil, aunque aún así podría intentar justificar su actuación en el objetivo de interés público que la medida tributaria persigue como es la lucha contra el fraude fiscal, recayendo en los árbitros la decisión final.

Por otro lado, esta medida es claramente discriminatoria al aplicarse únicamente a las jurisdicciones consideradas no cooperativas. No creemos que su carácter discriminatorio constituya *per se* una afrenta a la cláusula relativa a la transferencia de capitales, ya que constituye una medida que persigue un objetivo de política pública como es la lucha contra la planificación fiscal agresiva y el fraude fiscal, a no ser que esta cláusula contenga una referencia al estándar de trato MFN (como por ejemplo contienen los APPRIs firmados por España con Cuba, Honduras y Venezuela), en cuyo caso sí que estaría prohibida por el APPRI.

Los intereses, además de poder ser objeto de retención practicada por el Estado anfitrión, también pueden ser objeto de la aplicación de medidas que limitan su deducibilidad como pueden ser las normas de subcapitalización (*thin capitalisation rules*) o reglas de limitación de intereses (*Interest Limitation Rules* (ILR) o *Interests barriers rules*)[447] auspiciadas principalmente por la Acción 4 del Proyecto BEPS[448] y la Directiva (UE) 2016/1164 del Consejo de 12 de julio de 2016 por la que se establecen normas contra las prácticas de elusión fiscal que inciden directamente en el funcionamiento del mercado interior, cuya aplicación, al limitar la deducibilidad fiscal de los intereses pagados por la sociedad del Estado anfitrión a los prestamistas del otro Estado, podría llegar a plantear dudas sobre su incumplimiento de la cláusula de Transferencia de capitales. No obstante, reproducimos aquí los mismos argumentos esgrimidos en relación al carácter restrictivo de las retenciones a un tipo incrementado practicadas por el Estado inversor.

Si bien los dividendos, intereses y cánones son los clásicos instrumentos de repatriación de los beneficios de la inversión realizada en el Estado anfitrión, los inversores también pueden acudir a otros mecanismos que pueden actuar de forma indirecta como instrumentos de repatriación de beneficios. Nos referimos, por un lado, a las operaciones entre sociedades vinculadas al objeto de vaciar la base imponible de la sociedad ubicada en un territorio con una elevada presión fiscal y trasladar los beneficios a la base imponible de la sociedad vinculada ubicada en un territorio con menor tributación[449] y, por otro lado, a las conocidas como asimetrías híbridas, en las que el inversor se aprovecha de la diferente calificación fiscal entre los ordenamientos de

---

447 Las normas sobre la barrera de intereses pretenden evitar unos gastos por intereses fiscalmente deducibles excesivos en el caso de las entidades residentes en un país de alta imposición que estén muy apalancadas. Las normas sobre la barrera de intereses restringen la deducibilidad fiscal de los gastos netos por intereses (correspondientes al excedente de los gastos por intereses sobre los ingresos por intereses) hasta el importe del EBITDA de la entidad. Esto tiene como consecuencia que cuanto mayor sea el valor añadido de la entidad, mayor será el potencial de gasto neto por intereses deducible fiscalmente.

448 Limiting Base Erosion Involving Interest Deductions and Other Financial Payments, Action 4-2015 Final Report.

449 WALDE y KOLO consideran que los precios de transferencia son un mecanimo de repatriación de carácter indirecto, véase WÄLDE, T.; KOLO, A., "Coverage of taxation under modern investment Treaties", *ob. cit.,* págs. 305 ss.

distintas jurisdicciones, al objeto de obtener situaciones de "deducción y no inclusión" (D/NI) o "doble deducción" (D/D) de pagos, gastos, o pérdidas, de forma que tal "asimetría de resultados" genera como principal efecto la doble no imposición.

Lo lógico es que los inversores extranjeros no acudan en primer término a estas fórmulas para repatriar sus beneficios, sino que acudan a ellas como operaciones refugio cuando el Estado anfitrión haya impuesto restricciones a las clásicas fórmulas de transferencias de beneficios (dividendos, intereses y cánones). Ello se aprecia más claramente en el caso de las operaciones vinculadas a las que el inversor extranjero puede recurrir aumentando los precios de las operaciones vinculadas al objeto de eludir las restricciones impuestas por el Estado anfitrión y poder repatriar de esta forma indirecta los beneficios obtenidos por la inversión en el Estado anfitrión[450]. No obstante, es posible que los inversores acudan también a estas fórmulas indirectas de repatriación de beneficios a pesar de que el Estado anfitrión de la inversión no haya fijado ninguna limitación en las fórmulas tradicionales de repatriación de beneficios.

Para atajar la realización de estas operaciones alternativas de repatriación de dividendos, el Estado anfitrión aplicará medidas en el ámbito tributario que, en el caso de las operaciones vinculadas consistirán en la aplicación del régimen de precios de transferencia (*transfer pricing*)[451] y en la aplicación de las normas de neutralización de asimetrías híbridas en el segundo caso. La relevancia que plantean estas medidas en relación con nuestro estudio es que pueden ser consideradas por el inversor extranjero como una afrenta a la cláusula de Transferencia de capitales al ocasionar una limitación de la capacidad de repatriación de fondos del inversor ya que tienen como efecto la reducción del precio de la operación vinculada que las partes inicialmente le habían otorgado en el caso de las operaciones vinculadas y el aumento de la tributación efectiva, en el caso de las normas de neutralización de asimetrías híbridas.

---

450 UNCTAD, *Transfer pricing, UNCTAD Series on issues in international investment agreements,* United Nations, New York and Geneve, 1999, pág. 27.

451 Consistente en la utilización de mecanismos de fijación de precios de los bienes y servicios intercambiados entre filiales, empresas asociadas o empresas controladas en común que forman parte de la misma empresa más grande.

Podemos ilustrar estas medidas acudiendo a la normativa española en materia de precios de transferencia, la cual está contenida en el artículo 18 de la Ley del Impuesto sobre Sociedades[452] (LIS) el cual es desarrollado por los Capítulos V, VI, VII Sección 2ª del Reglamento del Impuesto sobre sociedades Real Decreto 634/2015, de 10 de julio, por el que se aprueba el Reglamento del Impuesto sobre Sociedades, así como por los CDIs firmados por España en los que el artículo 9 MC OCDE aboga por la aplicación del principio de plena competencia (*arm's lenght principle*) en los casos de operaciones entre sociedades participadas.

Por su parte, las normas de neutralización de asimetrías híbridas reguladas por la normativa tributaria española —que traen causa de la Directiva ATAD 2[453] y del Informe Final (2015) de la Acción 2 del Proyecto BEPS de la OCDE[454]— se introdujeron en nuestra normativa interna a través del Real Decreto Ley 4/2021, de 9 de marzo que modificó la LIS incorporando un nuevo artículo 15 bis y modificando en coherencia el apartado 1 del artículo 16 y el impuesto sobre la renta de no residentes en el que se introdujeron los apartados 6 y 7 al artículo 18.

A pesar del carácter restrictivo de estas medidas, dada la primacía del poder tributario sobre la protección conferida por la cláusula relativa a las transferencias, no creemos que estas cláusulas deban refutarse automáticamente contrarias a dicha cláusula, especialmente si atendemos al hecho de que son medidas de carácter general no discriminatorio que persiguen el objetivo de luchar contra la planificación fiscal agresiva y el fraude fiscal y están ampliamente extendidas entre los Estados por influencia de los trabajos de la OCDE.

No obstante, nos encontraríamos ante una situación distinta si el Estado anfitrión aplicara estas medidas de forma abusiva, por ejemplo apartándose injustificadamente y en perjuicio del inversor de las recomendaciones

---

452 Ley 27/2014, de 27 de noviembre, del Impuesto sobre Sociedades *[Tol 4554400]*.

453 Directiva (UE) 2017/952 del Consejo de 29 de mayo de 2017 por la que se modifica la Directiva (UE) 2016/1164 en lo que se refiere a las asimetrías híbridas con terceros países *[Tol 9662959]*.

454 OCDE, *Neutralising the Effects of Hybrid Mismatch Arrangements, Action 2-2015 Final Report,* OECD/G20 Base Erosion and Profit Shifting Project, OECD Publishing, Paris, 2015.

de la OCDE en cuanto a las reglas de valoración o exigiendo un nivel irrazonable y obstructivo de exigencia en el cumplimiento de las obligaciones de documentación relativas a los precios de transferencia o presentando objeciones arbitrarias a la documentación presentada por el inversor, pues procede recordar que —como afirman WÄLDE y KOLO— no sólo las medidas tributarias de carácter normativo pueden constituir medidas de efecto equivalente, sino que también pueden tener esta consideración ciertas trabas administrativas ofrecidas por el Estado anfitrión, como por ejemplo la exigencia de cumplimentación de formularios que no están disponibles[455].

En este contexto también resulta procedente cuestionarse la compatibilidad de la cláusula relativa a las Transferencias de capitales con los impuestos a la emigración o *exit taxes*[456] de aplicación a los cambios de residencia de los contribuyentes al objeto de luchar contra los cambios de residencia llevados a cabo con el único objetivo de evitar la tributación en el Estado de residencia.

En España esta figura se introdujo por la Ley 26/2014, de 27 de noviembre, por la que se modifican la Ley 35/2006, de 28 de noviembre del Impuesto sobre la Renta de las Personas Físicas[457] (LIRPF), si bien su regulación actual ha venido dada, en relación con los nos residentes, por la Ley 11/2021, de 9 de julio, de medidas de prevención y lucha contra el fraude fiscal[458] que prevé la aplicación de un *exit tax* cuando las sociedades y las personas físicas pierden su condición de residente fiscal en España, así como en determinados supuestos en relación con los Establecimientos Permanentes (EPs).

---

455 WÄLDE, T.; KOLO, A., "Coverage of taxation under modern investment treaties", *ob, cit.*, pág. 334.

456 Para un estudio en profundidad de los *exit taxes* véase RIBES RIBES, A., *Los impuestos de salida*, Tirant Lo Blanch, Valencia, 2014.

457 Ley 35/2006, de 28 de noviembre, del Impuesto sobre la Renta de las Personas Físicas, el texto refundido de la Ley del Impuesto sobre la Renta de no Residentes, aprobado por el R.D. Legislativo 5/2004, de 5 de marzo, y otras normas tributarias *[Tol 1009222]*.

458 Ley 11/2021, de 9 de julio, de medidas de prevención y lucha contra el fraude fiscal, de transposición de la Directiva (UE) 2016/1164, del Consejo, de 12 de julio de 2016, por la que se establecen normas contra las prácticas de elusión fiscal que inciden directamente en el funcionamiento del mercado interior, de modificación de diversas normas tributarias y en materia de regulación del juego *[Tol 8501334]*.

Para los supuestos de cambio de residencia fiscal de las personas físicas y las personas jurídicas, los artículos 95 bis LIRPF y 19.1 LIS regulan la generación de una renta (ficticia) a integrar en la base imponible para aquellas personas jurídicas o una ganancia patrimonial ficticia en el caso de personas físicas que siendo residentes en territorio español trasladen su residencia fuera de éste, sin que en ningún caso el gravamen recaiga sobre una renta que deba ser transferida. La configuración de esta medida tributaria resulta fundamental desde nuestro punto de vista para excluir los *exit taxes* del ámbito objetivo de protección de la cláusula relativa a la transferencia de capitales, si bien podría quedar protegida por otra cláusula del APPRI como la cláusula FET o la prohibición de expropiación indirecta.

Una situación distinta plantea el artículo 18.5 del Real Decreto Legislativo 5/2004, de 5 de marzo, por el que se aprueba el texto refundido de la Ley del Impuesto sobre la Renta de no Residentes[459] (LIRNR) que prevé integrar en la base imponible del EP la diferencia entre el valor de mercado y el valor fiscal de los elementos patrimoniales que a) estén afectos a un EP situado en territorio español que cesa su actividad[460], b) estando previamente afectos a un EP situado en territorio español, sean transferidos al extranjero y c) que

---

459 Real Decreto Legislativo 5/2004, de 5 de marzo, por el que se aprueba el texto refundido de la Ley del Impuesto sobre la Renta de no Residentes, BOE núm. 62 de 12 de marzo de 2004 *[Tol 348007]*.

460 En el supuesto de que el establecimiento cese su actividad, cabe plantearse si estarían amparadas por la cláusula relativa a las transferencias las cantidades obtenidas en el Estado anfitrión por la liquidación de los activos allí ubicados que se desearan repatriar por el inversor. En este caso la respuesta es afirmativa pues es muy habitual que la propia cláusula relativa a las transferencias incluya en su enumeración de pagos relacionados con las inversiones el "producto de la venta o la liquidación, total o parcial, de una inversión" (como sucede, por ejemplo, en los APPRIs que España ha firmado con Libia, Kuwait, Líbano, Siria, Senegal, Yugoslavia, Ucrania, Uzbekistán, Arabia Saudí y Argentina). En otros casos no se incluye este tipo de rentas en el listado de pagos relacionados con la inversión protegidos por la cláusula relativa a las transferencias (como sucede, por ejemplo, en el APPRI firmado por España con Uruguay), pero incluso en estos casos sería posible incluir a este tipo de renta dentro de las rentas protegidas por la cláusula porque habitualmente la cláusula relativa a las transferencias no contiene un *numerus clau*sus de rentas protegidas; de hecho es habitual que la redacción de esta cláusula contenga una cláusula abierta a nuevas incorporaciones al afirmar que en el listado de rentas protegidas por la cláusula se "incluirán en particular, aunque no exclusivamente".

estén afectos a un EP situado en el territorio español que traslada su actividad al extranjero.

Los supuestos a) y c) no pueden considerarse situaciones en donde tenga lugar una transferencia, por lo que no quedarían cubiertas por la cláusula relativa a las Transferencias de capitales, si bien podrían quedar protegidas por otras cláusulas sustantivas del APPRI. No obstante, cabe plantearse si la transferencia de activos afectos al EP (entendida como traslado material de los activos) desde el Estado anfitrión prevista en el apartado b) y que origina la aplicación del *exit tax* resulta protegida por la cláusula relativa a la Transferencia de capitales.

En principio, aunque los bienes inmuebles (y en ocasiones también los bienes muebles y los derechos reales, según la concreta redacción del APPRI en cuestión) están comprendidos dentro del concepto de "inversión" recogida habitualmente en los APPRIs y, por tanto, estarían cubiertos por la protección que estos confieren, lo cierto es que no se incluyen en el concepto de "rentas". Ello se debe a que una interpretación sistemática del APPRI nos lleva a concluir que el término "rentas" se identifica con la idea de dinero en efectivo, tal y como indican los términos importes, sumas o rendimientos utilizados en las definiciones de "renta" recogidas en los APPRIs y el término "pagos" (entendido como cantidad expresada en moneda libremente convertible) de la cláusula relativa a las transferencias.

La consecuencia que de ello se deriva es que estas transferencias materiales de activos quedarían protegidas por el APPRI aunque no por la cláusula de Transferencia de capitales, sino por otras cláusulas del convenio que, en función de las circunstancias, resultaran aplicables, como, por ejemplo, la cláusula FET o la prohibición de expropiación indirecta.

No obstante, nos ha llamado la atención el hecho de que un número reducido de APPRIs entre los que se cuenta el firmado entre España y Kuwait, al definir el término "renta" contienen una referencia expresa a las rentas en especie e, igualmente, la cláusula relativa a las transferencias confiere también protección a las transferencias en especie. En consecuencia, consideramos que en aquellos casos en los que el APPRI expresamente incluya dentro del concepto de renta no sólo las rentas en dinero, sino también las rentas en especie es posible que los tribunales arbitrales consideren que las transferencias de activos quedan incluidas dentro del concepto de rentas en especie y, por tanto, amparadas por la cláusula relativa a las Transferencias de capitales.

Sin embargo, aunque así fuera, ello no significaría automáticamente que el *exit tax* fuera considerado incompatible con la cláusula de Transferencias de capitales de los APPRIs, habida cuenta de la supremacía del poder tributario del Estado anfitrión sobre la protección conferida por la cláusula relativa a las Transferencias de capitales, como ya hemos comentado anteriormente. Es por ello que el inversor debería probar que el *exit tax* aprobado constituye una medida discriminatoria, aplicada de forma abusiva y/o que supera los límites admitidos por la cláusula relativa a las Transferencias de capitales para que fuera considerado contrario a ésta.

Finalmente, resulta interesante analizar la compatibilidad de la cláusula de Transferencia de capitales con la imposición complementaria[461] del 19%[462] prevista por el artículo 19.2 LIRNR aplicable sobre las rentas[463] obtenidas a través de EP de entidades no residentes, que se transfieran al extranjero, siempre que dichas rentas no hayan tenido la consideración de gastos deducibles a efectos de la fijación de la base imponible del EP.

No obstante, este gravamen complementario no resultará exigible a (i) las rentas obtenidas en territorio español por los EP de entidades que tengan su residencia fiscal en otro Estado de la UE (salvo que resida en un paraíso fiscal), ni (ii) a las rentas obtenidas en territorio español a través de un EP por entidades que tengan su residencia fiscal en un Estado que haya suscrito con España un CDI, en el que no se establezca expresamente otra cosa, siempre que exista un tratamiento recíproco.

El principal riesgo de incompatibilidad con la cláusula de Transferencia de capitales que presenta este gravamen complementario viene constituido por su carácter discriminatorio al no resultar de aplicación en todos los casos, sino sólo a aquellos supuestos en los que las rentas hayan sido obtenidas a través de un EP de una entidad que tenga su residencia fiscal en un Estado que

---

461 Introducida en nuestra normativa por el número uno del artículo 73 de la Ley 26/2009, de 23 de diciembre, de Presupuestos Generales del Estado para el año 2010, con efectos desde 1 de enero de 2010 *[Tol 1742872]*.

462 Que se elevó al 21% para los ejercicios 2012, 2013 y 2014 y al 20% en el ejercicio 2015.

463 Incluidos los pagos a que hace referencia el artículo 18.1.a) LIRNR, es decir, los pagos que el EP efectúe a la casa central o a alguno de sus establecimientos permanentes en concepto de cánones, intereses, comisiones, cantidades abonadas en contraprestación de servicios de asistencia técnica o por el uso o la cesión de bienes o derechos.

no sea miembro de la UE, que no haya firmado un CDI con España o tenga la consideración de paraíso fiscal.

Sin embargo, dado que el objetivo perseguido por esta medida es igualar la tributación de los EP a las filiales de sociedades extranjeras (en virtud del principio de neutralidad), resultaría factible que el Estado anfitrión (en este caso, España) defendiera ante un tributal arbitral su compatibilidad con la cláusula de Transferencia de capitales, siempre que la cláusula aplicable en concreto no contuviera una referencia expresa al estándar de trato MFN (como, por ejemplo, contienen los APPRIs firmados por España con Cuba, Honduras y Venezuela, antes citados), en cuyo caso sería más difícil defender su compatibilidad con el APPRI.

Capítulo III
EL PODER TRIBUTARIO DE LOS ESTADOS ANTE LOS APPRIS

1. LIMITACIONES AL PODER LEGISLATIVO TRIBUTARIO DERIVADAS DE LA CLÁUSULA DE RESOLUCIÓN DE CONTROVERSIAS DE LOS APPRIS

1.1. EL ARBITRAJE INTERNACIONAL DE INVERSIONES

En cualquier caso, el contenido de las cláusulas sustantivas de un APPRI, por muy amplio que sea, no constituye garantía suficiente para el inversor, salvo que éste cuente con un mecanismo de solución de controversias que le permita dirigirse directamente contra el Estado anfitrión de la inversión cuando considere que éste último ha incumplido las obligaciones que le incumben en virtud del Acuerdo, lo que en la actualidad suele traducirse en un mecanismo arbitral, piedra angular[464] del régimen de protección que ofrecen los APPRIs[465].

---

464 DÍEZ-HOCHLEITNER RODRÍGUEZ, J., "El arbitraje internacional como cauce de protección de los inversores extranjeros en los APPRIS", *ob. cit.*, pág. 50.

465 Sobre el arbitraje internacional de inversiones en el ámbito tributario véase PÉREZ BERNABEU, B., *"El arbitraje internacional de inversiones previsto en los APPRIs como medida alternativa de resolución de conflictos en materia tributaria"* en *Las Medidas Alternativas de Resolución de Conflictos (ADR) en las Distintas Esferas del Ordenamiento Jurídico*, Pablo Chico de la Cámara (Dir.), Ed. Tirant lo Blanch, Valencia, 2018, págs. 629-657 y "Las medidas adoptadas por los Estados miembros bajo el prisma de la protec-

No obstante, este moderno mecanismo no siempre estuvo a disposición de los inversores. Efectivamente, en un primer momento —a partir de la segunda mitad del siglo XIX—, esta tutela a los intereses económicos de las sociedades y personas físicas fuera de su Estado nacional se articuló, junto a la posibilidad de demandar al Estado anfitrión ante sus tribunales nacionales, a través de la protección diplomática que se configuraba como un instituto integrado en el marco más general de la responsabilidad internacional de los Estados de carácter interestatal y diplomático que servía de cauce para el ejercicio de un derecho subjetivo del Estado del que es nacional el inversor perjudicado (que ostenta una total libertad de acción y el control absoluto de la reclamación)[466] contra el Estado anfitrión de la inversión.

Sin embargo, a partir de 1959, fecha en que se suscribió el primer APPRI entre Alemania y Pakistán, la protección diplomática como mecanismo de protección de los intereses económicos de los nacionales de un Estado en el extranjero se vió sustituida por una vía alternativa de protección de las inversiones extranjeras constituida por un sistema de arbitraje inversor-Estado (conocido como ISDS, por sus siglas en inglés *Investor-State Dispute Settlement*) que descansa sobre un sistema de tribunales arbitrales internacionales, inicialmente concebidos para dirimir conflictos entre Estados o entre particulares, que ha evolucionado hasta alcanzar la esfera del Derecho Internacional Público.

El ISDS supone una excepción a la regla general según la cual los particulares —tanto personas físicas como jurídicas— no tienen acceso directo, en principio, a los mecanismos internacionales para reclamar sus derechos, consecuencia de lo que algunos sectores doctrinales consideran el reconocimiento de un papel creciente a los individuos en el orden internacional, convirtiéndose en un medio de conciliación entre Estados y particulares, abandonando lo que se ha venido en llamar "el dogma de la soberanía absoluta del Estado[467].

---

ción a la inversión extranjera: pasado y ¿futuro?" en *El mercado único en la Unión Europea. Balance y perspectivas jurídico-políticas*, Laura García Álvarez y José Miguel Martín Rodríguez (Dirs.), Dykinson, 2019, págs. 929-942.

466 Sobre los principales inconvenientes de la protección diplomática, véase VICENTE BLANCO, D.J., "La protección de las inversiones extranjeras y la codificación internacional del arbitraje", *Anales de Estudios Económicos y Empresariales*, nº 7, 1992, págs. 360-362.

467 VICENTE BLANCO, D.J., "La protección de las inversiones extranjeras y la codificación internacional del arbitraje", *ob. cit.*, págs. 373.

Así pues, los APPRIs han implicado la introducción del arbitraje como medio de resolución de controversias, cuya principal virtud reside en superar los inconvenientes que presentaba el anterior sistema de resolución de controversias basado en la protección diplomática al que vino a sustituir, al permitir el enfrentamiento directo entre un Estado y un particular de otro Estado, sin la intermediación de éste y en una instancia jurídica supranacional, dejando sin aplicación el Derecho del Estado en litigio, así como la competencia de su jurisdicción[468].

Por su parte, las disposiciones que regulan la solución de controversias inversor-Estado forman parte de las cláusulas más típicas de los modelos de APPRI[469] pudiendo, como ya hemos tenido ocasión de comentar en este trabajo, condicionar la activación del arbitraje inversor-Estado a la satisfacción previa de ciertas condiciones procesales, como, por ejemplo, la prioridad de la solución amistosa de la controversia, el agotamiento de los recursos internos o la revisión administrativa del acto que pretende ser impugnado en sede arbitral por el inversor extranjero[470].

El arbitraje puede ser *ad hoc* (regulado por las Reglas de Arbitraje de la Comisión de las Naciones Unidas para el Derecho Mercantil Internacional, Reglas de Arbitraje de la UNCTAD, por sus siglas en inglés *United Nations Conference on Trade and Development*)[471] o bien institucional.

468 VICENTE BLANCO, D.J., "La protección de las inversiones extranjeras y la codificación internacional del arbitraje", *ob. cit.*, págs. 374.

469 Como afirma REQUENA CASANOVA, estas disposiciones incluyen varios elementos tradicionales como el alcance material del mecanismo de solución inversor-Estado, una fase previa para intentar resolver la controversia de manera amistosa antes de acudir al arbitraje, la institución o las reglas del arbitraje, el derecho aplicable al fondo o las obligaciones de reconocimiento y ejecución de las sentencias arbitrales, si bien en la práctica se aprecian varios rasgos diferenciales entre los elementos típicos de dichas cláusulas en función de la procedencia de los modelos, véase REQUENA CASANOVA, M., "La solución de controversias en los Modelos de APPRI: cláusulas tradicionales y nuevas tendencias", *Revista electrónica de estudios internacionales*, nº 24, 2012, [en línea] (2012), pág. 13, http://www.reei.org/index.php/revista/num24/articulos/solucion-controversias-modelos-appri-clausulas-tradicionales-nuevas-tendencias [Consulta: 18/07/2023].

470 REQUENA CASANOVA, M., "La solución de controversias en los Modelos de APPRI: cláusulas tradicionales y nuevas tendencias", *ob. cit.*, pág. 15.

471 REQUENA CASANOVA destaca que "es frecuente que los inversores extranjeros puedan instar un arbitraje internacional ad hoc conforme a las normas de la CNUDMI, una

La institución de arbitraje más conocida que administra los arbitrajes de inversión es la Centro Internacional de Solución de Controversias de Inversión (CIADI) con sede en Washington, si bien los arbitrajes del CIADI que involucran a partes de Europa o Asia a menudo se llevan a cabo en la sede del Banco Mundial en París. El CIADI se caracteriza por tratarse de una institución permanente constituida bajo Derecho Internacional Público, que administra los procedimientos de resolución de disputas en los que se otorga legitimación directa a inversores privados frente al Estado anfitrión de la inversión[472] teniendo por objeto, tal y como dispone el párrafo 2º del Convenio CIADI, "facilitar la sumisión de las diferencias relativas a inversiones entre Estados contratantes y nacionales de otros Estados contratantes a un procedimiento de conciliación y arbitraje de acuerdo con las disposiciones de este Convenio".

Junto al CIADI, otras instituciones como la Cámara de Comercio de Estocolmo[473] (SCC), la Corte Permanente de Arbitraje (PCA) y la Cámara Internacional de Comercio (ICC) de París[474] también actúan como

posibilidad tasada en la mayoría de modelos, normalmente en concurrencia con otros foros de arbitraje", si bien en otros supuestos "se remiten a estas reglas en solitario", REQUENA CASANOVA, M., "La solución de controversias en los Modelos de APPRI: cláusulas tradicionales y nuevas tendencias", *ob. cit.*, pág. 20.

472 CLAROS ALEGRÍA, P., "El sistema arbitral del Centro Internacional de Arreglo de Diferencias relativas a Inversiones (CIADI)", *Spain Arbitration Review (Revista del Club Español de Arbitraje),* nº 1, 2008, pág. 19.

473 Cuya principal ventaja consiste en permitir cualquier recurso contra sus resoluciones aunque se refiriera exclusivamente a cuestiones formales.

474 Como pone de relieve REQUENA CASANOVA, "En la última década la tendencia en los modelos nacionales ha sido ofrecer a los inversores la posibilidad de someter las controversias ante una diversidad de foros arbitrales. No obstante, la instancia arbitral que los modelos ponen al servicio de los inversores extranjeros se refiere habitualmente al arbitraje institucional conforme a las reglas del CIADI, si bien todos ellos aluden igualmente al Reglamento del Mecanismo Complementario para la administración de procedimientos por el Secretario del CIADI, alternativa aplicable cuando el Estado de la inversión no es parte del Convenio CIADI o si el inversor es nacional de un Estado que no hubiera celebrado dicho Convenio. En menor medida, los modelos mencionan como posibles instancias arbitrales las Reglas de Arbitraje de la CCI o las Reglas del Instituto de Arbitraje de la Cámara de Comercio de Estocolmo", véase REQUENA CASANOVA, M., "La solución de controversias en los Modelos de APPRI: cláusulas tradicionales y nuevas tendencias, *ob. cit.,* pág. 20.

instituciones de arbitraje que administran arbitrajes de inversión, si bien los inversores recurren a estas instancias para resolver sus disputas con menor frecuencia.

En cualquier caso, cuando un inversor acude al ISDS pretende la reparación del daño causado por la violación de los estándares de trato recogidos en las cláusulas sustantivas del APPRI cometida por el Estado anfitrión.

En un primer momento, fue la jurisprudencia la encargada de fijar los principios básicos de reparación. De hecho, los principios básicos de reparación en el Derecho Internacional fueron establecidos por primera vez en 1927 en el fallo de la Corte Permanente de Justicia Internacional en el asunto Chorzów[475] que estableció que, si bien la restitución debía considerarse como el remedio principal en el Derecho Internacional de Inversiones, en los casos en los que este remedio no fuera factible, debería acordarse la reparación por medio del pago de una suma equivalente.

Sin embargo, pronunciamientos posteriores no llegaron a una decisión uniforme en relación con el remedio apropiado de reparación del daño sufrido por el inversor extranjero, ofreciendo distintos remedios a pesar de considerar supuestos de hecho similares, como ilustran los laudos dictados en relación a varios casos de nacionalización de algunas compañías petroleras[476] en la década de los setenta en Libia[477].

Ya en el siglo XXI, estos principios básicos de reparación han sido desarrollados por los Artículos sobre responsabilidad del Estado por hechos internacionalmente ilícitos, adoptados el 9 de agosto de 2001 en la sesión número 52 de la Comisión de Derecho Internacional de la Organización de

475 *Affaire relative à l'Usine de Chorzów*, Serie A Nº 17 (Corte Permanente de Justicia Internacional), 13 de septiembre de 1928.

476 British Petroleum Company Ltd v. Libya, Award, 10 October 1973; Libyan American Oil Company (LIAMCO) v. Libya, Award, 12 April 1977; Texaco v. Libya, Award, 19 January 1977, según precisan BLACKABY, N.; CAMARGO GARCÍA, A., "Alternativas de reparación en el arbitraje internacional de inversiones. Un debate entre la teoría y la práctica", Anuario Colombiano de Derecho Internacional, Vol 1, 2008, pág. 162.

477 BLACKABY, N.; CAMARGO GARCÍA, A., "Alternativas de reparación en el arbitraje internacional de inversiones. Un debate entre la teoría y la práctica", *ob. cit.*, pág. 162.

Naciones Unidas (ONU)[478], anexos a la Resolución de la Asamblea General de las Naciones Unidas 56/83, de 12 de diciembre de 2001, mediante la cual la ONU recomienda[479] a los gobiernos su adopción.

Los Artículos sobre responsabilidad del Estado por hechos internacionalmente ilícitos establecen un estándar aplicable a los Estados que han contravenido alguna obligación internacional. En concreto, el artículo 31 de estos Artículos recoge el principio de reparación integral, pudiendo llevarse a cabo esta reparación integral mediante la restitución, la indemnización y la satisfacción, ya sea de forma individual o combinada[480], si bien la satisfacción se reserva para remedios entre Estados por daños inmateriales.

Por su parte, los artículos 35 y 36 presentan la restitución como el remedio principal que pretende el restablecimiento de la situación anterior, recurriendo a la compensación o indemnización pecuniaria como medio subsidiario, cuando la restitución no sea posible, aclarando el artículo 35 que la restitución no puede suponer una obligación imposible[481] de realizar, ni tampoco puede suponer una carga desproporcionada.

---

478 Creada por la Organización de las Naciones Unidas mediante la Resolución 123 de 21 de noviembre de 1947, que contiene el Estatuto de la Comisión de Derecho Internacional.

479 Como apunta GARCÍA JIMÉNEZ, los Artículos sobre responsabilidad del Estado por hechos internacionalmente ilícitos fueron adoptados como una resolución de la Asamblea General de la ONU, la cual, no es *per se* fuente de Derecho Internacional, aunque dan evidencia de la opinión de los Gobiernos sobre una determinada cuestión, añadiendo que una resolución de la Asamblea General puede contener normas consuetudinarias previamente cristalizadas o aprobar *opinio iuris* que lleve al rápido desarrollo de una costumbre internacional, véase GARCÍA JIMÉNEZ, A., "La estimación de reparaciones en el arbitraje de inversiones en materia de finanzas del CIADI", *Revista electrónica Iberoamericana*, Vol. 9, nº 2, 2015, [en línea] (2015), pág. 8, https://www.urjc.es/images/ceib/revista_electronica/vol_9_2015_2/REIB_09_02_AGarcia.pdf. [Consulta: 18/07/2023].

480 Artículo 34 de los Artículos sobre responsabilidad del Estado por hechos internacionalmente ilícitos de la Comisión de Derecho Internacional.

481 ENDICOTT distingue entre imposibilidad material e imposibilidad legal para proceder a la restitución. En palabras de este autor, la imposibilidad material puede producirse cuando el objeto de la disputa ha sido destruido, deteriorado de manera irreversible (por ejemplo, cuando un barco se hunde), ha perecido o ha sido adquirido por un tercero de buena fe, mientras que la imposibilidad jurídica se puede derivar de limitaciones establecidas a nivel constitucional, véase ENDICOTT, M., "Remedies in Investor-State Arbitration: Restitution, Specific Performance and De-

La aplicación de los Artículos de la Comisión de Derecho Internacional al arbitraje internacional de inversiones ha sido cuestionada argumentando que el objetivo de dichos preceptos es regular la responsabilidad entre Estados soberanos, sin cubrir, por tanto, los casos en los que una de las partes es un particular, como por ejemplo, en el caso que nos ocupa, un inversor extranjero. Sin embargo, este argumento debe ser rechazado, pues los propios comentarios oficiales de los Artículos aclaran que el ámbito de aplicación de los mismos, fijado en su artículo 1[482], comprende todas las obligaciones de los Estados, incluyendo aquellas que mantiene con terceras partes que no tienen la condición de Estados soberanos. En consecuencia, queda expedita la vía a su aplicación al arbitraje internacional de inversiones[483], si bien en su aplicación deben tenerse presentes las particularidades que el arbitraje internacional de inversiones presenta frente a la responsabilidad entre Estados[484].

Por lo que respecta a los APPRIs, si bien es poco frecuente que el texto de los Acuerdos haga referencia a las distintas alternativas de reparación a las que pueden optar los tribunales en caso de presentarse un conflicto, es posible encontrar algunos APPRIs que sí mencionan el elenco de remedios a los que pueden optar los tribunales arbitrales, aunque en la mayoría de casos, este catálogo de remedios se limita a la indemnización y/o la restitución, exclusivamente. Podemos encontrar ejemplos de ello en el Modelo de APPRI de EE. UU., tanto en el artículo 34 del anterior modelo de 2004[485] como en el mismo precepto del actual modelo de 2012 al establecer que:

---

claratory Awards" en *New Aspects of International Investment Law*, Philippe Kahn and Thomas Wälde, (Eds.), Brill, Países Bajos, 2007, págs. 520 ss.

482 Artículo 1: Responsabilidad del Estado por sus hechos internacionalmente ilícitos "Todo hecho internacionalmente ilícito del Estado genera su responsabilidad internacional".

483 HOBER, K., "State responsibility and Investment Arbitration", *Journal of International Arbitration*, nº 5, 2008, págs. 545-568.

484 CROWFORD, J; OLLENSON, S., "The Nature and forms of international responsibility" en *International Law*, MD Evans (Ed.), OUP Oxford, Reino Unido, 2014, 4ª edición, págs. 444 y 465.

485 2004 U.S. Model Bilateral Investment Treaty, disponible en https://ustr.gov/archive/Trade_Sectors/Investment/Model_BIT/Section_Index.html,

"Where a tribunal makes a final award against a respondent, the tribunal may award, separately or in combination, only:

(a) monetary damages and any applicable interest; and

(b) restitution of property, in which case the award shall provide that the respondent may pay monetary damages and any applicable interest in lieu of restitution".

A tribunal may also award costs and attorney's fees in accordance with this Treaty and the applicable arbitration rules".

Igualmente, el artículo 40 del Modelo de APPRI de Canadá de 2021 tiene una redacción similar al prever:

"If a Tribunal makes a final award against the respondent Party, in respect of its finding of liability, the Tribunal may award, separately or in combination, only:

(a) monetary damages and any applicable interest; and

(b) restitution of property, in which case the award shall provide that the respondent Party may pay monetary damages and any applicable interest in lieu of restitution".

Los tribunales arbitrales gozan de amplios poderes para elegir el medio de reparación del daño que estimen más oportuno de entre los recogidos expresamente en el APPRI o, a falta de previsión expresa en éste, según lo previsto en la normativa sobre arbitraje.

En la práctica arbitral del CIADI, se prioriza los remedios pecuniarios, siendo el remedio que más se concede en los laudos arbitrales[486]. Ello no es imputable a una limitación del poder discrecional de los árbitros para imponer remedios no pecuniarios, sino que, por un lado, viene dictada por las pragmáticas preferencias de los inversores[487], pues no olvidemos que los

[486] Aunque la idea de que la indemnización como medio reparador tiene un marcado carácter indulgente para los Estados, los cuales, de este modo, encuentran una cómoda y poco gravosa forma de "comprar" el cumplimiento de una obligación derivada del Derecho internacional, debe ser en la actualidad abandonada, a la vista de las cuantiosas indemnizaciones que se fijan en los laudos arbitrales, véase WÄLDE, T., "Remedies and compensation in international investment law", *Transnational Dispute Management*, Vol. 2, nº 5, November 2005, pág. 21.

[487] Quienes optan por una indemnización económica lo hacen bien por las dificultades prácticas que otra solución no pecuniaria implicaría (como, por ejemplo, las dificultades inherentes a obtener la restitución de una propiedad que ya ha sido liquidada y transmitida a un tercero), o bien porque, normalmente, la puesta en marcha de un

tribunales arbitrales están limitados por la doctrina *nec ultra petita* que les impide recurrir a remedios distintos de los solicitados por las partes[488] y, por otro lado, obedece a argumentos de carácter teórico relacionados con la soberanía estatal, pues, a pesar de que algunos tribunales arbitrales han defendido la autonomía de los árbitros para fijar remedios de carácter no pecuniario o, incluso, medidas cautelares[489], otros tribunales se han mostrado reticentes[490] a conceder dichas medidas basándose en la tradicional teoría (hoy puesta en tela de juicio) que sostiene que los remedios de carác-

arbitraje internacional de inversiones implica el fin próximo de las relaciones entre ese inversor y el Estado, debido a la pérdida de confianza por parte del inversor que considera al Estado anfitrión como territorio hostil, véase ALLEN, B., "The use of non-pecuniary remedies in WTO Dispute settlement: lessons for arbitral practitioners" en *Performance as a Remedy: Non-Monetary Relief in International Arbitration,* Swiss Association Arbitration (ASA), Special Series No. 30, Michael Schneider; Joaquim Knoll (Eds.), Jurisnet, 2011, pág. 294.

488 Véase Enron Corp. V. Argentina, ICSID Case nº ARB/01/3, Request for Rectification and/or Supplementary Decision, 25 October 2007, para. 42.

489 Véanse entre otros los laudos arbitrales en los casos Micula v. Romania, ICSID Case nº ARB/05/20, 24 September 2008, paras. 166-168 (en el que el tribunal reconoce que es competente para dictar remedios no pecuniarios, como la restitución); City Oriente Ltd, V. Republic of Ecuador, ICSID Case nº ARB/06/21, 13 May 2008, para. 27 (en el que el tribunal declara ser competente para acordar la ejecución forzosa del contrato contra el Estado anfitrión); Enron Corp. v. Argentine Republic, ICSID Case nº ARB/01/3, Award on Jurisdiction, 14 January 2004, paras. 78-81 (que defendió el poder del tribunal arbitral para decretar la realización o cese de ciertas conductas por parte del Estado); Casado v. Republic of Chile (Provisional Measures), ICSID Case nº. ARB/98/2, 25 September 2001, para. 51 (en el que el tribunal arbitral ordenó la suspensión de procedimientos reiterativos que se llevaban a cabo de manera paralela, aclarando que esta obligación no interfería en la soberanía nacional), citados por ALLEN, B., "The use of non-pecuniary remedies in ETO Dispute settlement: lessons for arbitral practitioners", *ob. cit.,* pág. 295.

490 Occidental Petroleum Corp. V. Republic of Ecuador, ICSD Case nº ARB/06/11, Provisional Measures, 17 August 2007, paras. 78-85 y LG&E Energy Corp. Et alter v. Argentine Republic, ICSID Case nº ARB/02/01, Decision on Damages, 25 July 2007, paras. 86-87. En ambos supuestos el tribunal arbitral rechazó fijar obligaciones de carácter no pecuniario alegando *inter alia* problemas de soberanía nacional, véase por ALLEN, B., "The use of non-pecuniary remedies in ETO Dispute settlement: lessons for arbitral practitioners", *ob. cit.,* pág. 295.

ter no pecuniario suponen una intrusión en la soberanía estatal[491] mayor que las indemnizaciones de carácter pecuniario[492].

Autores como ENDICOTT[493] o ALLEN[494] critican este aspecto de la práctica arbitral del CIADI por considerarlo excesivamente centrado, casi de manera exclusiva, en la indemnización como remedio de carácter pecuniario y ello por dos motivos. De un lado, porque la indemnización de carácter pecuniario no siempre es el medio más adecuado para reparar el daño, debido a la dificultad en la cuantificación del daño sufrido, por ejemplo, en el caso en que el daño causado por el Estado anfitrión consiste en impedir que sujetos extranjeros ocupen altos puestos directivos en la sociedad inversora o en el supuesto de pérdida de un bien único e irremplazable.

De otro lado, debido a que la indemnización pecuniaria repara únicamente el daño ya acontecido en el pasado, sin detener ni ofrecer solución alguna a eventuales y futuras conductas perjudiciales para el inversor del Estado anfitrión.

Por ello, estos autores sugieren una postura más flexible de los tribunales arbitrales que incorpore remedios de carácter no pecuniario, solución que sería especialmente útil en aquellos supuestos en los que se solicita una in-

---

491 Como Afirman BLACKABY y CAMARGO GARCÍA, "Resulta evidente que únicamente depende del Estado «condenado» restablecer la situación que hubiese existido si el acto no se hubiese cometido. Lo cual implicará en términos generales, bien derogar una decisión o cesar una conducta, o bien tomar una decisión o realizar una conducta, circunstancias en las cuales se encuentra implícito el ejercicio de la soberanía. De este modo, exigirle a un Estado el cumplimiento de un fallo que le exija «restituir» puede constituir en algunos casos, una intromisión a la soberanía, razón por la cual, para evitar conflictos, se evalúa desde una perspectiva más práctica y conciliadora, la posibilidad de que el Estado repare por medio del pago de una suma equivalente cuando la restitución sea imposible (...) De este modo, un tribunal arbitral tendrá dificultad en exigir que la decisión de expropiación sea derogada, pero no tendrá dificultad en solicitar al Estado que compense a las víctimas de dicha decisión, véase BLACKABY, N.; CAMARGO GARCÍA, A., "Alternativas de reparación en el arbitraje internacional de inversiones. Un debate entre la teoría y la práctica", *ob. cit.,* pág. 162.

492 ALLEN, B., "The use of non-pecuniary remedies in ETO Dispute settlement: lessons for arbitral practitioners", *ob. cit.,* pág. 295.

493 ENDICOTT, M., "Remedies in Investor-State Arbitration: Restitution, Specific Performance and Declaratory Awards", *ob. cit.,* pág. 519.

494 ALLEN, B., "The use of non-pecuniary remedies in ETO Dispute settlement: lessons for arbitral practitioners", *ob. cit.,* págs. 299-300.

demnización por el lucro cesante, en los que los tribunales son muy reacios a su concesión debido al marcado carácter especulativo de dichas reclamaciones, especialmente en los supuestos en los que la inversión es relativamente reciente[495].

Una mención especial, merecen las cuestiones relativas a la fijación del monto de la indemnización en aquellos casos en los que el inversor que demanda al Estado anfitrión haya cometido actuaciones que el tribunal arbitral considere constitutivas de fraude fiscal o de *treaty shopping* fiscal. Tal situación fue contemplada en el laudo dictado en el asunto Yukos[496] en el que el tribunal arbitral tuvo en cuenta como criterio reductor del *quantum* de la indemnización —en perjuicio de la aplicación de la doctrina de manos sucias o *unclean hands*[497]— las actuaciones constitutivas de fraude fiscal llevadas a cabo por el inversor extranjero[498] al afirmar que "*an award of damages may be reduced if the victim of the wrongful act of the respondent State also committed a fault which contributed to the prejudice it suffered and for which the trier of*

495 ALLEN, B., "The use of non-pecuniary remedies in ETO Dispute settlement: lessons for arbitral practitioners", *ob. cit.*, pág. 300.

496 Yukos Universal Limited (Isle of Man) v. the Russian Federation, PCA Case no. AA 227, Final Award, 18 July 2014.

497 La doctrina de las manos sucias o *unclean hands* —que tiene su origen en los tribunales ingleses de equidad y, posteriormente, se desarrolló en la tradición jurídica angloamericana— establece que un tribunal no prestará su ayuda si la causa de un demandante se basa en un acto ilícito, es decir, constituye una barrera para las demandas presentadas por partes implicadas en actividades ilegales y afecta a la jurisdicción del tribunal arbitral, la admisibilidad de una reclamación o en la solución sustantiva de la disputa y en cualquier procedimiento posterior a la adjudicación.
En el asunto Yukos el tribunal consideró que la aplicación de la doctrina de manos sucias y la privación del acceso al arbitraje *"It would undermine the purpose and object of the ECT to deny the investor the right to make its case before an arbitral tribunal based on the same alleged violations the existence of which the investor seeks to dispute on the merits"*, Yukos Universal Limited (Isle of Man) v. the Russian Federation, PCA Case no. AA 227, Final Award, 18 July 2014, para. 1355.

498 Para un análisis más en profundidad de esta cuestión véase MARTÍN JIMÉNEZ, A., "International Investment Agreements and anti-tax avoidance measures: incoherencies in the International Law system, systemic interpretation and taxpayer rights", *ob. cit.*, pág. 543-546.

facts, in the exercise of its discretion, considers the claiming party should bear the responsibility"[499].

Una vez dictado el laudo que fija el medio de reparación —que normalmente será la indemnización, como acabamos de indicar—, si el Estado anfitrión condenado no cumple voluntariamente con lo dispuesto en el laudo, es necesario que el inversor extranjero solicite la ejecución[500] de dicho laudo.

Los tribunales arbitrales (incluidos los CIADI) no disfrutan de la potestad para ejecutar las obligaciones impuestas en sus laudos. Por este motivo, el inversor debe recurrir a otros mecanismos jurídicos para reconocer y ejecutar los laudos arbitrales en Estados distintos del Estado anfitrión. En la actualidad, dos son los principales mecanismos que permiten este reconocimiento y ejecución de laudos. Por un lado, el Convenio CIADI de 1965, que es el mecanismo al que debe acudirse cuando el tribunal arbitral que ha dictado el laudo se creó al amparo de este Convenio. Por otro lado, la Convención de Nueva York sobre el reconocimiento y ejecución de laudos arbitrales extranjeros de 1958 (en adelante, Convención de Nueva York)[501] a la que se

---

499 Yukos Universal Limited (Isle of Man) v. the Russian Federation, PCA Case no. AA 227, 18 July 2014, para. 1633.

500 Resulta oportuno llevar a cabo una distinción entre el reconocimiento, de un lado, y la ejecución de laudos arbitrales, de otro, al existir diferencias esenciales entre ambos. Efectivamente, el reconocimiento de un laudo arbitral persigue la obtención para el laudo arbitral de los efectos de cosa juzgada a imagen y semejanza de una sentencia nacional del Estado en donde se desea el reconocimiento y se solicita respecto de la totalidad de las obligaciones impuestas en el laudo arbitral. Por su parte, la ejecución del laudo arbitral tiene por objeto el cumplimiento de las obligaciones pecuniarias establecidas en el laudo mediante los mecanismos de ejecución forzosa regulados en la normativa nacional del Estado en donde se solicita la ejecución y no se aplica a las obligaciones que carezcan de naturaleza pecuniaria.

501 Hecha en Nueva York el 10 de junio de 1958, cuya entrada en vigor tuvo lugar el 7 de junio de 1959 cuyo objetivo es establecer normas legislativas comunes para el reconocimiento de los acuerdos o pactos de arbitraje y el reconocimiento y la ejecución de las sentencias o laudos arbitrales extranjeros y no nacionales. Por "sentencias o laudos no nacionales" se entiende aquellos que, si bien han sido dictados en el Estado donde se prevé su ejecución, son considerados "extranjeros" por la ley de ese Estado porque el procedimiento seguido conlleva algún elemento de extranjería, por ejemplo cuando se apliquen normas procesales de otro Estado. La finalidad principal de la Convención es evitar que las sentencias arbitrales, tanto extranjeras como no nacionales, sean objeto de discriminación, por lo que obliga a los Estados parte a velar por que dichas sentencias

recurre cuando el órgano arbitral que dictó el laudo cuyo reconocimiento y ejecución se persigue no se constituyó según las normas del CIADI.

Por lo que respecta al Convenio CIADI, el laudo es definitivo y obligatorio para todas las partes del procedimiento, las cuales deben cumplirlo de conformidad con sus términos, tal y como dispone el Artículo 53(1) del Convenio del CIADI. Si una parte no cumple con el laudo, la otra parte puede procurar el reconocimiento y la ejecución de las obligaciones pecuniarias en los tribunales de cualquier Estado miembro del CIADI como si se tratare de una sentencia firme de los tribunales de dicho Estado en virtud de lo dispuesto por el Artículo 54(1) del Convenio del CIADI sin la necesidad de solicitar una declaración previa de ejecutabilidad para su ejecución (es decir, sin execuátur), sin la necesidad de que el procedimiento arbitral tuviera una sede arbitral y sin la posibilidad de apelar o anular el laudo (fuera del mecanismo independiente previsto en el seno del CIADI).

Por otro lado, la Convención de Nueva York es también un instrumento clave en la eficiencia del arbitraje internacional al contener disposiciones que regulan el reconocimiento y cumplimiento de los laudos arbitrales entre Estados. De hecho, su artículo 3 exige obligatoriamente a los Estados contratantes que reconozcan los laudos arbitrales extranjeros como vinculantes y los hagan cumplir, sujeto a las excepciones muy limitadas contenidas en su artículo 5 (por ejemplo, excesos de jurisdicción, violaciones de derechos procesales fundamentales y políticas públicas).

Si comparamos ambos instrumentos encontramos una diferencia fundamental entre ellos consistente en la limitación que contiene el Convenio del CIADI al referirse únicamente, en su artículo 54(1)[502], a la ejecución de las obligaciones

---

sean reconocidas en su jurisdicción y puedan ejecutarse en ella, en general, de la misma manera que las sentencias o laudos arbitrales nacionales. Un objetivo secundario de la Convención es exigir que los tribunales de los Estados parte den pleno efecto a los acuerdos de arbitraje negándose a admitir demandas en las que el demandante esté actuando en violación de un acuerdo de remitir la cuestión a un tribunal arbitral (Información extraída de la página web de la UNCITRAL, http://www.uncitral.org/uncitral/es/uncitral_texts/arbitration/NYConvention.html) [Consulta: 18/07/2023].

502 Artículo 54 (1) “Todo Estado Contratante reconocerá al laudo dictado conforme a este Convenio carácter obligatorio y hará ejecutar dentro de sus territorios las obligaciones pecuniarias impuestas por el laudo como si se tratare de una sentencia firme dictada por un tribunal existente en dicho Estado. El Estado Contratante que se rija por una consti-

pecuniarias[503] que establezcan los laudos. Es decir, si bien en virtud del CIADI los Estados firmantes de las mismas están obligados a ejecutar las obligaciones de carácter pecuniario previstas en los laudos arbitrales en las mismas condiciones en las que ejecutarían una resolución de un tribunal interno, no sucede lo mismo con las obligaciones no pecuniarias que el laudo arbitral fije (ya sea de manera autónoma o concomitante con la obligación pecuniaria), lo que podría implicar problemas a la hora de reconocer un laudo que no fijara una obligación pecuniaria, como podría ser, por ejemplo, la restitución, la devolución de una licencia revocada, el cese de imposición de tributos no razonables, la concesión de permisos, el cese de las hostilidades contra el personal de la sociedad inversora...

Por ello, la ejecución de este otro tipo de obligaciones de carácter no pecuniario debe fundamentarse en otra base jurídica, en concreto, sobre lo dispuesto en la Convención de Nueva York, la cual establece el reconocimiento de la autoridad de la sentencia arbitral y concederá su ejecución de conformidad con las normas de procedimiento vigentes en el territorio donde la sentencia sea invocada[504], previendo un catálogo tasado de motivos[505] de denegación del reconocimiento y ejecución del laudo. Por tanto, cabe afirmar que la Convención de Nueva York no presenta, *prima facie* obstáculos a la

---

tución federal podrá hacer que se ejecuten los laudos a través de sus tribunales federales y podrá disponer que dichos tribunales reconozcan al laudo la misma eficacia que a las sentencias firmes dictadas por los tribunales de cualquiera de los estados que lo integran".

503 Un estudio de los trabajos preparatorios de la Convención CIADI revela que la exclusión de los remedios no pecuniarios de la ejecución vinculante de los laudos es debida, no al deseo de vetar esta posibilidad a los tribunales arbitrales, sino a las dudas sobre su eventual ejecución forzosa, véase History of the Convention, Vol. I, (1970) págs. 246, 248 y Vol. II (1968) págs. 344, 346, 347, 325, 903, 990, 991, 1019, 1026, 1029, citada por SCHREURER, C., "Non-pecuniary remedies in ICSID Arbitration", *Arbitration International,* Vol. 20, nº 4, 2004, pág. 325.

504 Artículo II de la Convención de Nueva York sobre el Reconocimiento y Ejecución de las Sentencias Arbitrales Extranjeras.

505 Previsto en el Artículo V que establece que:
"1. Sólo se podrá denegar el reconocimiento y la ejecución de la sentencia, a instancia de la parte contra la cual es invocada, si esta parte prueba ante la autoridad competente del país en que se pide el reconocimiento y la ejecución:
a) Que las partes en el acuerdo a que se refiere el artículo II estaban sujetas a alguna incapacidad en virtud de la ley que es aplicable o que dicho acuerdo no es válido en virtud de la ley a que las partes lo han sometido, o si nada se hubiera indicado a este respecto, en virtud de la ley del país en que se haya dictado la sentencia; o

ejecución de remedios de reparación de contenido no económico, si bien, existe el riesgo de que, en algunos casos, los tribunales nacionales rechacen la ejecución de las obligaciones no pecuniarias fijadas en los laudos arbitrales, acogiéndose a la excepción de orden público previsto en el apartado 2 del citado artículo V de la Convención[506].

1.2. EL EFECTO DE ENFRIAMIENTO NORMATIVO O *REGULATORY CHILL EFFECT*

La idea del *regulatory chill* o enfriamiento normativo[507] no es nueva para el Derecho Internacional de Inversiones, de hecho ya el Capítulo 11 sobre inversio-

b) Que la parte contra la cual se invoca la sentencia arbitral no ha sido debidamente notificada de la designación del árbitro o del procedimiento de arbitraje o no ha podido, por cualquier otra razón, hacer valer sus medios de defensa; o
c) Que la sentencia se refiere a una diferencia no prevista en el compromiso o no comprendida en las disposiciones de la cláusula compromisoria, o contiene decisiones que exceden de los términos del compromiso o de la cláusula compromisoria; no obstante, si las disposiciones de la sentencia que se refieren a las cuestiones sometidas al arbitraje pueden separarse de las que no han sido sometidas al arbitraje, se podrá dar reconocimiento y ejecución a las primeras; o
d) Que la constitución del tribunal arbitral o el procedimiento arbitral no se han ajustado al acuerdo celebrado entre las partes o, en defecto de tal acuerdo, que la constitución del tribunal arbitral o el procedimiento arbitral no se han ajustado a la ley del país donde se ha efectuado el arbitraje; o
e) Que la sentencia no es aún obligatoria para las partes o ha sido anulada o suspendida por una autoridad competente del país en que, o conforme a cuya ley, ha sido dictada esa sentencia.
2. También se podrá denegar el reconocimiento y la ejecución de una sentencia arbitral si la autoridad competente del país en que se pide el reconocimiento y la ejecución, comprueba:
a) Que, según la ley de ese país, el objeto de la diferencia no es susceptible de solución por vía de arbitraje; o
b) Que el reconocimiento o la ejecución de la sentencia serían contrarios al orden público de ese país".

506 Según apunta REDFERN en REDERN, A.; HUNTER, M; BLACKABY, N; PARTASIDES, C., *Law and Practice of International Commercial Arbitration*, Sweet and Maxwell, London, 2004, pág. 358.

507 Para un análisis en profundidad de este fenómeno véase PÉREZ BERNABEU, B., "Límites a la autonomía legislativa en materia tributaria derivados del TTIP: el regulatory chill effect", *ob. cit.*, págs. 211-239.

nes del NAFTA[508] fue el primero en poner de manifiesto la amenaza que el acceso al ISDS por parte de inversores privados suponía para el poder legislativo de los Estados firmantes de un APPRI[509] y, desde entonces, tanto la doctrina como los tribunales arbitrales han recurrido a este concepto.

El fenómeno conocido como *regulatory chill* o enfriamiento normativo tiene lugar cuando un Estado parte de un APPRI se abstiene de promulgar determinada legislación *bona fide*[510] (ya se trate de aprobar un nuevo marco legislativo o una modificación del ya existente) por temor a la amenaza de que los inversores consideren que este cambio en la legislación supone una violación de los estándares de trato contenidos en un APPRI y acudan a un tribunal arbitral solicitando una cuantiosa indemnización pecuniaria. En el fondo, la idea que subyace a esta figura es que el poder legislativo de un Estado es permeable a presiones externas que, en este caso, vienen representadas por eventuales reclamaciones de los inversores.

El principal problema que conlleva la determinación de la existencia de este fenómeno radica en la dificultad de probar su existencia desde el punto de vista jurídico, dado que se trata de una prueba de la ausencia de adopción

508 North American Free Trade Agreement (NAFTA) o Tratado de Libre Comercio de América del Norte (TLCAN) es un acuerdo regional entre los gobiernos de Canadá, de los Estados Unidos de América y de México, de firmado el 17 de diciembre de 1992, cuya entrada en vigor se produjo el 1 de enero de 1994, si bien el 30 de noviembre de 2018 se firmó un nuevo acuerdo entre las mismas partes y que se conoce como T-MEC o NAFTA 2.0 que entró en vigor el 1 de julio de 2020, tras firmarse un protocolo modificatorio el 10 de diciembre de 2019.

509 CÔTÉ, C., "Is it chilly out there? International Investment Agreements and Government Regulatory Autonomy", *AIB insights*, Vol. 16, nº 1, 2016, pág. 14.

510 En el Derecho Internacional de Inversiones se considera que una medida legislativa es *bona fide* cuando dicha medida está diseñada y aplicada con el objeto de proteger y asegurar intereses públicos legítimos, como, por ejemplo, el bienestar, la salud, la seguridad ciudadana o la protección del medio ambiente. Es preciso llamar la atención sobre el hecho de que el enfriamiento normativo o *regulatory chill*, cuando se produce en relación con las medidas legislativas "bona fide", adquiere el carácter de indeseable, a diferencia de lo que ocurre en relación con las medidas legislativas que no ostentan la condición de *bona fide*, sino que se trata de medidas discriminatorias, pues la abstención por parte del Estado de la aprobación de medidas legislativas discriminatorias para los inversores extranjeros es el objetivo perseguido por el APPRI en cuestión, TIENHAARA, K, "Regulatory chill and the threat of arbitration: a view from political science", *ob. cit.*, pág. 609.

de medidas legislativas, es decir, de una falta de actuación[511], lo que dificulta, si no imposibilita, llevar a cabo estudios estadísticos, por lo que la mayoría de los estudios sobre esta cuestión se centran en el análisis de los litigios habidos y de las evidencias empíricas para probar o desechar la existencia del *regulatory chill effect*[512] o enfriamiento normativo.

En este contexto, EBERHARDT, aporta una serie de ejemplos que ilustran los efectos del denominado fenómeno *regulatory chill* al indicar que "en Canadá, por ejemplo, las leyes antitabaco terminaron durmiendo dos veces en los cajones después de que la industria tabacalera amenazara con iniciar acciones respaldadas en el NAFTA. En Indonesia se aprobó la prohibición de realizar actividades de minería en los bosques, pero algunas empresas quedaron exceptuadas de esta norma cuando las empresas advirtieron que demandarían al Estado y promoverían un arbitraje en caso de verse afectadas por la prohibición. En Alemania, en el marco de un acuerdo promovido tras la primera demanda de Vattenfall contra el Estado, la empresa logró impedir la imposición de una restricción ambiental para la controvertida central eléctrica de carbón de Moorburg, en Hamburgo. Y en Nueva Zelanda, mientras se debatía la aplicación de las leyes antitabaco, el Gobierno anunció que esperaría hasta conocer la decisión en el juicio entablado por Philip Morris contra Australia"[513].

En los último años estamos asistiendo a una época caracterizada por la toma de conciencia por parte de los Estados anfitriones de la existencia y entidad de esta limitación de su poder legislativo que, seguramente, los propios Estados no habían sido capaces de prever cuando, en décadas anteriores, se lanzaron de forma despreocupada a la firma de APPRIs concebidos bajo los postulados de un (hoy ya superado) neoliberalismo que inspiró unos acuerdos desequilibrados a favor del inversor, centrados casi exclusivamente en

---

511 BROWN, J.G., "International Investment Agreements: Regulatory Chill in the face of litigious heat?", *Western Journal of Legal Studies*, 2013, Vol. 3, nº 1, pág. 9.

512 BAETENS, F.; BUATTE, T.; TIETJE, C.; VALKANOU, T, *The impact of Investor-State-Dispute Sttlement (ISDS) in the Transatlantic Trade and Investment Partnership*, Study prepared for Minister for Foreign Trade and Development Cooperation, Ministry of Foreign Affairs, Países Bajos, 2014, pág. 42.

513 EBERHARDT, P, "La protección de las inversiones en una encrucijada. La TTIP y el futuro del derecho global de las inversiones", Friedrich Ebert Stiftung, [en línea], (2014), pág. 8, http://www.fes.de/cgi-bin/gbv.cgi?id=11011&ty=pdf [Consulta: 25/07/2023].

proteger a los inversores extranjeros de los agravios que el Estado anfitrión pudiera cometer contra su inversión.

Esta toma de conciencia que se está produciendo, en ocasiones, de manera súbita y abrupta cuando los Estados se enfrentan a un laudo desfavorable derivado de la adopción de ciertas medidas fiscales, está llevando a los Estados a reaccionar de diversas formas[514].

Por ejemplo, algunos Estados latinoamericanos han denunciado o han procedido a renegociar su red de APPRIs, llegando incluso a introducir en sus Constituciones nacionales preceptos que restringen la posibilidad de acudir al arbitraje internacional de inversiones, dando lugar a lo que se ha venido a denominar como un "redescubrimiento"[515] de la doctrina Calvo[516]. Como ejemplos de este comportamiento en Sudamérica[517] podemos citar los casos de Bolivia[518], que fue el primer Estado en dejar de ser parte del CIADI, Ecuador[519], Venezuela[520] y el caso particular de Argentina[521]. Además, este fenómeno

---

514 SPEARS, S., "Making way for the public interest in international investment agreements", en *Evolution in investment Treaty Law and arbitration*, Chester Brown and Kate Miles (Eds.), Cambridge University Press, 2011, págs. 273-274.

515 CASTRILLÓN VELASCO, C., "Protección a la inversión extranjera: La historia por ser contada en Colombia", *Revista Instituto Colombiano de Derecho Tributario*, nº 76, 2017, pág. 265.

516 El diplomático e internacionalista argentino Carlos Calvo teorizó el principio general según el cual los pleitos con los ciudadanos extranjeros debían necesariamente ser solucionados por los tribunales locales evitando la intervención diplomática del país de pertenencia y rechazando su solución a través del arbitraje internacional de inversiones, sobre esta cuestión véase TAMBURINI, F., "Historia y destino de la "Doctrina Calvo": ¿actualidad u obsolescencia del pensamiento de Carlos Calvo", *Revista de Estudios Histórico-Jurídicos*, nº 24, 2022, págs. 81-104.

517 Véase BAS VILIZZIO, M. "Algunas reflexiones en torno al retiro de Bolivia, Ecuador y Venezuela del CIADI", *Revista Densidades*, nº 17, 2015, págs. 53-54.

518 Bolivia fue el primer Estado que, tras la problemática surgida por la denominada "guerra del agua" y el caso Aguas del Tunari dejó de formar parte del CIADI mediante la denuncia del Convenio de Washington con efectos de 3 de noviembre de 2007. Igualmente procedió a denunciar o no renovar la totalidad de los 21 APPRIs que había firmado y se encontraban en vigor, si bien debe tenerse en cuenta el período de remanencia previsto en cada APPRI. Además, el artículo 320 inciso II de la Constitución Política del Estado promulgada el 7 de febrero de 2009 prevé que "toda inversión extranjera estará sometida a la jurisdicción, a las leyes y a las autoridades bolivianas, y nadie podrá invocar situación de excepción, ni apelar a reclamaciones diplomáticas para obtener un tratamiento más favorable".

519 Debido a las elevadas indemnizaciones a las que ha tenido que hacer frente, en enero de 2008, Ecuador notificó la denuncia de 9 de sus 26 APPRIs en vigor que había firmado y en relación a los cuales no se habían registrado inversiones recíprocas y denunció el Convenio de Washington con efectos del 7 de enero de 2010. Por lo que se refiere a los 17 APPRIs restantes, con base en la nueva Constitución aprobada en 2008, Ecuador inició el proceso de denuncia de los mismos. El resultado de este lento y complejo proceso se ha limitado a la denuncia del APPRI firmado con Finlandia (el cual tiene una cláusula de remanencia de diez años), mientras que continúan los trámites del proceso de denuncia para los acuerdos restantes. Ecuador también ha introducido una limitación al acceso al arbitraje internacional de inversiones en su texto constitucional, al recoger su artículo 422 que "no se podrá celebrar tratados o instrumentos internacionales en los que el Estado ecuatoriano ceda jurisdicción soberana a instancias de arbitraje internacional, en controversias contractuales o de índole comercial, entre el Estado y personas naturales o jurídicas privadas". No obstante, el propio precepto exceptúa de lo anterior a "los tratados e instrumentos internacionales que establezcan la solución de controversias entre Estados y ciudadanos de Latinoamérica por instancias arbitrales o regionales o por órganos jurisdiccionales de designación de los países signatarios". Sobre la base de esta excepción, Ecuador sigue reconociendo los laudos emitidos por los tribunales arbitrales con sede en Latinoamérica (la mayoría con sede en Santiago de Chile), aceptando que los arbitrajes se realicen siguiendo las normas de la UNCITRAL o de la Cámara de Comercio Internacional, con sede en París.

520 Venezuela formalizó su denuncia al Convenio de Washington el 24 de enero de 2012 como forma de proteger sus recursos estratégicos (gas y petróleo) ante las más de 27 demandas que había recibido Venezuela en los últimos años. No obstante, de sus 26 APPRIs en vigor, únicamente ha procedido a denunciar el firmado con Países Bajos el día 1 de noviembre de 2008 debido al elevado número de demandas de inversores de este Estado, si bien el período de remanencia previsto en este acuerdo es de quince años. También la constitución venezolana incluye en su artículo 151 un veto al arbitraje internacional de inversiones, afirmando que "En los contratos de interés público, si no fuere improcedente de acuerdo con la naturaleza de los mismos, se considerará incorporada, aún cuando no estuviere expresa, una cláusula según la cual las dudas y controversias que puedan suscitarse sobre dichos contratos y que no llegaren a ser resueltas amigablemente por las partes contratantes, serán decididas por los tribunales competentes de la República, de conformidad con sus leyes, sin que por ningún motivo ni causa puedan dar origen a reclamaciones extranjeras". A esta previsión constitucional se suma la Ley de Inversiones Extranjeras que reafirma en su artículo 5 que las inversiones extranjeras están sujetas a la jurisdicción de los tribunales domésticos conforme a las disposiciones constitucionales, admitiendo la posibilidad de hacer uso de los mecanismos de solución de controversias previstos en el marco de los procesos de integración de Latinoamérica y el Caribe.

521 El caso de Argentina es singular, pues, aunque el gobierno argentino amenazó con abandonar el sistema CIADI, nunca llegó a consumar formalmente su amenaza. No obstante, sí que adoptó una actitud de rebeldía, al negarse a cumplir los laudos que le condenaban,

también se ha extendido[522] a otros países fuera del continente americano como son los casos de Australia[523], Sudáfrica[524], Indonesia[525] e India[526].

---

lo que, en la práctica, tenía las mismas consecuencias que una denuncia del Convenio de Washington y llegó a provocar que el Banco Mundial amenazara con no conceder más préstamos a Argentina.

522 GURRÍA, A., "The growing pains of investment treaties" en *Debate the Issues: Investment*, OECD Insights, OECD Publishing, Paris, 2016, pág. 55.

523 El gobierno federal de Australia declaró formalmente su intención de no continuar incluyendo en sus APPRIs y otros tratados comerciales el arbitraje internacional de inversiones como mecanismo de resolución de controversias. Se materializa de esta forma su preocupación por mantener una total autonomía legislativa para adoptar las proyectadas reformas en materia de salud pública (restricciones a la venta y publicidad de tabaco) y protección del medio ambiente (especialmente en los sectores de la minería y extracción petrolífera y de gas). No obstante, tan solo dos años después de este anuncio, el gobierno australiano matizó esta renuncia al incluir el arbitraje internacional de inversiones en el ALC firmado con Korea el 5 de diciembre de 2013 y aclarando que la negativa a incluir este medio de resolución de controversias sería valorada caso por caso. Véase, KURTZ, J., "Australia´s rejection of Investor-State arbitration: causation, omission and implication", *ICSID Review*, Vol. 27, nº 1, 2012, págs. 65-86; NOTTAGE, L., "The anti-ISDS Bill before the Senate: What future for Investor-State Arbitration in Australia", *International Trade and Business Law Review*, nº 18, 2015, págs. 245-293 y "The rise and possible fall of Investor-State Arbitration in Asia: a skeptic´s view of Australia´s Gillard Government Trade Policy Statement", *Legal Studies Research Paper, University of Sidney*, nº 11/32, June 2011, [en línea], (2011), http://ssrn.com/abstract=1860505 [Consulta: 25/07/2023]; TRAKMAN, L.E., "Investor-State Arbitration: evaluating Australia´s evolving position", *The Journal of World Investment & Trade*, nº 15, 2014, págs. 152-192.

524 Sudáfrica declaró en 2010 que 23 de los APPRIs que había firmado con otros Estados suponían un serio riesgo para la consecución de los objetivos previstos en su plan denominado *Black Economic Empowerment* (BEE). Consecuentemente, denunció en el año 2012 de manera unilateral el APPRI firmado con Bélgica y Luxemburgo y, posteriormente, en el año 2013, los APPRIs con España, Alemania, Suiza y Países Bajos. No obstante, atendiendo al hecho de que Sudáfrica no ha denunciado la totalidad de sus APPRIs vigentes y que en 2012 este país publicó su nuevo modelo de APPRI, esta postura ha sido entendida como una expresión de la voluntad de acelerar el proceso de renegociación de algunos Acuerdos en concreto y no tanto como un rechazo frontal al arbitraje internacional de inversiones como medio de resolución de controversias entre los inversores y el Estado. Véase, XAVIER, C., "Lessons from South Africa´s BITs Review", *Columbia FDI Perspectives*, nº 109, 2013.

525 Con el objetivo de renegociar su actual red de APPRIs, Indonesia anunció en el año 2014 su intención de denunciar o renegociar la totalidad de los sesenta y siete APPRIs que había firmado con otros Estados. No obstante, dos años después sólo había denunciado de manera unilateral los nueve APPRIs firmados con China, Laos, Malasia, Países

Igualmente es posible encontrar ejemplos de Estados que, si bien no han adoptado la decisión de excluir el acceso al arbitraje en todos sus APPRIs, sí que lo han excluido de manera puntual en algunos casos en concreto. Citamos como ejemplo el APPRI firmado en el año 2012 entre China y Taiwan[527].

No obstante, estas posturas extremas resultan contraproducentes para el Estado que las adopta, pues reducen las expectativas de recibir inversión extranjera al favorecer un clima de desconfianza en los inversores extranjeros, debilitando, a nivel internacional, los estándares de protección conferidos a la inversión. Además, el hecho de negar el acceso al arbitraje como método de resolución de conflictos nacidos del Acuerdo no significa que el Estado firmante tenga plena libertad para regular ignorando las disposiciones del mismo, puesto que, en virtud del Derecho Internacional, el Estado sigue estando vinculado por el contenido del APPRI en cuestión, de cuyos incumplimientos el Estado sigue siendo responsable ante el inversor por otros medios, distintos del arbitraje internacional de inversiones[528].

Por ello, como apunta TITI[529], otros Estados han adoptado una postura más comedida y o bien han eliminado mediante la inclusión de *carve outs* el acceso al arbitraje internacional en relación con ciertas áreas que consideran más susceptibles, como, por ejemplo, las cuestiones relativas a la seguridad

---

Bajos, Italia, Francia, Eslovaquia, Bulgaria y Egipto, si bien declaró su intención de continuar con su estrategia de denuncias unilaterales en el período 2016-2018, afectando esta decisión a once acuerdos más.

526 En 2012, el Ministro de Finanzas de India, hizo pública la intención de su gobierno de renegociar todos los APPRIs firmados por el Estado indio, aprobando un nuevo modelo de APPRI a tal efecto a principios del año 2015 al objeto de servir de base en las futuras negociaciones. En los primeros meses de 2016 India denunció de forma unilateral 57 APPRIs que conformaban su red de acuerdos de inversión y conminó a otros 25 Estados firmantes a alcanzar una interpretación conjunta de los APPRIs en vigor.

527 SMITH, H., "China-Taiwan bilateral investment protection agreement: dispute resolution mechanisms exclude international arbitration", *Arbitration News*, 23 August 2012, [en línea] (2012), http://hsfnotes.com/arbitration/2012/08/23/china-taiwan-bilateral-investment-protection-agreement-dispute-resolution-mechanisms-exclude-international-arbitration/ [Consulta: 19/07/2023].

528 TITI, A., The right to regulate in International Investment Law, *ob. cit.*, pág. 48.

529 TITI, A., The right to regulate in International Investment Law, *ob. cit.*, pág. 47.

nacional[530], o bien han introducido criterios restrictivos de acceso al arbitraje como mecanismo de resolución de controversias derivadas del APPRI[531] e incluso Estados del Sur y del Este de África han ofrecido una respuesta moderada ante este fenómeno y han promovido acuerdos multilaterales entre países de la zona que contienen cláusulas adaptadas a sus necesidades y particularidades. Buenos ejemplos de ello son el *Investment Agreement for the COMESA*[532] y el *Common Investment Area*, firmados el 23 de mayo de 2007.

En los más modernos APPRIs se aprecia una tendencia a incluir cláusulas que recogen el derecho a regular de los Estados. Este hecho es la prueba palmaria de la creciente preocupación de los Estados y el lógico interés que estos demuestran tener en asegurarse un espacio de libre ejercicio normativo para el desarrollo de sus legítimos objetivos de política legislativa.

Estas salvaguardias abarcan desde la eliminación de la cláusula paraguas (*umbrella clause*)[533] hasta la introducción de un lenguaje específico destinado

---

530 Véase el artículo 41 y el Anexo IV (Exclusions from Dispute Settlement) del Modelo de APPRI de Canadá de 2004 y de 2014 y el Anexo III del Modelo de APPRI de Canadá de 2021 y el artículo 1138 y el Anexo 1138.2 NAFTA.

531 Véase el artículo 15.3 del Proyecto de Modelo de APPRI de Noruega de 2007.

532 Firmado entre los Estados miembros del *Common Market for Eastern and Southern Africa* (COMESA): Burundi, Comores, República Democrática de El Congo, Djibouti, Egipto, Eritrea, Etiopia, Kenia, Libia, Madagascar, Malawi, Mauricio, Ruanda, Seychelles, Sudan, Suazilandia, Uganda, Zambia and Zimbabue.

533 Otra vía de asegurar el derecho a regular de los Estados pasa por la eliminación de la cláusula paraguas (*umbrella clause*) del contenido de los APPRIs. Esta cláusula, altamente favorable a los intereses de los inversores no constituye, *per se*, una limitación a la capacidad del Estado firmante del APPRI para legislar, pero ha sido vista por algunos Estados como un impedimento al ejercicio de su poder normativo, lo que ha provocado su omisión. Como apunta TITI, este punto de vista no es compartido por todos los Estados, pues, aunque los APPRIs de tercera generación de China, el modelo de APPRI noruego de 2007, todos los Modelos de APPRI de Canadá (2004, 2014 y 2021) o el Modelo de APPRI de Estados Unidos (tanto el de 2004, como su sustituto de 2012) no incluyen una *umbrela clause*, otros Modelos de APPRI de corte más liberal sí que la incluyen como el Modelo de APPRI de Reino Unido de 2008 en su artículo 2.2, el Modelo de APPRI de Alemania de 2009 en su artículo 7.2 o el Modelo de APPRI de Países Bajos de 2004 en su artículo 3.4. Sin embargo, las directrices de negociación dadas el 12 de septiembre de 2011 por el Consejo a la Comisión para la negociación en nombre de la UE los ALC con Canadá, India y Singapur (Press Release: Council of the European Union. 3109th General Affairs Council meeting, Brussels, 12 September 2011, 13587/11, PRESSE 285,

a reforzar el peso otorgado al interés público de las políticas legislativas del Estado anfitrión[534] que, aunque no asegura de forma rotunda el libre ejercicio de los poderes normativos del Estado, ni un escudo infalible contra el *regulatory chill effect*, sí constituye una legislación blanda que ofrece a los Estados firmantes de un APPRI una mayor probabilidad de que sus intereses serán tenidos en cuenta por el tribunal arbitral[535].

Dentro de esta tendencia, un primer grupo de Estados ha procedido a revisar sus APPRIs introduciendo en los Preámbulos de éstos objetivos adicionales al tradicionalmente exclusivo objetivo de carácter económico de brindar protección a la inversión. Aunque los Preámbulos de los APPRIs no son fuente independiente de derechos y obligaciones, constituyen una importante herramienta hermenéutica a la luz de la interpretación teleológica realizada sobre la base del artículo 31 de la CVDT.

Consecuentemente, al incluir en el Preámbulo una referencia a la protección de los intereses públicos de política legislativa del Estado anfitrión, no solo se declara la compatibilidad de ambos objetivos, sino que se está garantizando que la interpretación que lleven a cabo los árbitros no se centre exclusivamente en el objetivo primordial del APPRI que es conceder protección a la inversión extranjera, sino que, junto a este objetivo, también se tenga en cuenta el derecho del Estado anfitrión a legislar al objeto de llegar a una interpretación más equilibrada de los contrapuestos intereses del inversor y del Estado receptor de la inversión.

Hay distintas formas de asegurar en el Preámbulo de un APPRI la protección de los intereses públicos de política legislativa del Estado anfitrión. Tradicionalmente se ha venido incluyendo una salvaguardia de carácter general que protege el derecho del Estado a aprobar legislación de carácter ge-

---

PR CO 51) y las directrices para la negociación con los Estados Unidos sobre el TTIP (Council (EU) directives for the negotiation on the Transatlantic Trade and Investment Partnership between the European Unión and the United States of America, 17 June 2013, párrafo 23), prevén la inclusión de una cláusula paraguas, versión. Véase, TITI, A., *The right to regulate in International Investment Law,* Nomos, Baden-Baden, 2014, págs. 49-50.

534 SPEARS, S., "Making way for the public interest in international investment agreements", *ob. cit.,* págs. 275-294.

535 TITI, A., The right to regulate in International Investment Law, *ob. cit.,* págs. 104-105.

neral en determinados sectores estratégicos como la salud, la seguridad nacional, el medio ambiente o la normativa laboral[536]. Como pone de manifiesto SPEARS, a su vez, puede distinguirse dos grandes estilos en la redacción de estas referencias genéricas. En ocasiones los Preámbulos declaran que la protección de la inversión constituye el objetivo principal del Acuerdo, pero sin que su consecución suponga un agravio a la protección de otros objetivos de política legislativa como la salud, el medio ambiente o la protección de los trabajadores, entre otros[537]. En otros casos, los objetivos de política legislativa ajenos al primigenio objetivo de protección de la inversión constituyen un objetivo por sí mismos que se sitúa al mismo nivel que la protección de la inversión[538].

Más recientemente y dentro de esta corriente ha aparecido una nueva generación de APPRIs que ponen a salvo el derecho a regular del Estado receptor de la inversión introduciendo en su Preámbulo una referencia genérica por la cual proclaman su voluntad de no renunciar a su derecho a regular en aras del interés público[539].

---

536 Como hacen los Preámbulos de los Modelos de APPRI de Países Bajos, Finlandia y Suecia. En ese sentido son especialmente llamativos por la amplitud de los términos utilizados, los Preámbulos de los Modelos de APPRI de Noruega de 2007 y el de Austria. Para una panorámica general de los APPRIs que contienen una referencia general que menciona la protección social de los trabajadores, el medio ambiente o la anticorrupción véase OECD, International Investment Law: understanding concepts and tracking innovations. A comparison volume to International Investment Perspectives, Paris, 2008, Anexo 3.A.1 y Anexo 3.A.2. Véase TITI, A., The right to regulate in International Investment Law, *ob. cit.,* págs. 116-120.

537 Como hacen, por ejemplo, el Preámbulo del Modelo de APPRI de Estados Unidos de 2004 y de 2012 o de Noruega de 2007.

538 Como sucede con el Modelo de APPRI de Noruega de 2007 o los ALC entre Canadá y Colombia, Canadá y Perú, Estados Unidos y Perú, Panamá y Taiwan o el más reciente firmado entre Nueva Zelanda y China. Véase SPEARS, S., "Making way for the public interest in international investment agreements", *ob. cit.*, pág. 293-294.

539 Como sucede en los Preámbulos del Modelo de APPRI de Noruega de 2007 o el Acuerdo de Inversiones entre ASEAN y China de 2009, así como en Preámbulos de los ALCs entre India y Singapur de 2005 y entre Canadá y Colombia de 2008, véase SPEARS, S., "Making way for the public interest in international investment agreements", *ob. cit.,* pág. 294.

Con independencia de la forma en que el Preámbulo de un APPRI incluya una salvaguarda al derecho de regular de los Estados, dicha inclusión contribuye a una interpretación más equilibrada del acuerdo que tiene en consideración no sólo los intereses del inversor extranjero, sino también los intereses de política legislativa del Estado anfitrión. La gran ventaja que presenta este mecanismo viene constituida por el hecho de que una inclusión de este tipo en el Preámbulo del acuerdo no altera la estructura original del mismo y garantiza la toma en consideración de la protección de los intereses legislativos del Estado receptor de la inversión en la interpretación de cualquier cláusula del APPRI, ya que las afirmaciones realizadas en el Preámbulo inspiran la interpretación de la integridad del acuerdo. No obstante, el principal inconveniente que presenta este mecanismo viene de la mano de la propia naturaleza del mismo, pues lejos de constituir una fuente de obligaciones concretas y exigibles, únicamente constituye un recurso interpretativo en manos del tribunal arbitral[540].

Paralelamente, un reducido, pero creciente, número de Estados incluyen en sus APPRIs cláusulas generales de excepción con el fin de excluir del ámbito de aplicación de las cláusulas sustantivas del APPRI alguna materia en concreto que resulta esencial para sus objetivos de política legislativa. Dentro de la categoría de cláusulas generales de exclusión utilizadas en los APPRIs es posible distinguir tres categorías diferentes[541]:

a) La primera de ellas lleva a cabo la exclusión, pero condiciona su aplicación al cumplimiento de una serie de requisitos destinados a prevenir el uso abusivo de esta cláusula, como, por ejemplo, el artículo XX del Acuerdo General sobre Comercio y Aranceles (GATT, por sus siglas en inglés, *General Agreement on Tariffs and Trade*) o el artículo XIV Acuerdo General sobre el Comercio de Servicios (GATS, por sus siglas en inglés, *General Agreement on Trade in Services*)

b) Un segundo tipo de cláusulas excluyentes también condicionan la efectiva aplicación de la exclusión al cumplimiento de una serie de requisitos, si bien se exige el cumplimiento de un menor número de

540 TITI, A., The right to regulate in International Investment Law, *ob. cit.*, págs. 121-122.

541 SPEARS, S., "Making way for the public interest in international investment agreements", *ob. cit.*, págs. 287-290.

requisitos sustantivos, añadiendo, a diferencia del primer sub-tipo, la exigencia de cumplimiento de un mayor número de requisitos de carácter procedimental.

c) Un tercer subtipo de claususlas excluyentes, a diferencia de los dos sub-tipos anteriores que exigen al Estado receptor de la inversión probar que la medida controvertida era necesaria para alcanzar sus objetivos de política legislativa, minoran las exigencias relativas a su aplicación al requerir únicamente al Estado anfitrión que demuestre que la medida en cuestión es proporcional o apropiada al objetivo perseguido.

Otra técnica utilizada dentro del lenguaje tendente a compatibilizar los principios de protección de la inversión con la autonomía normativa de los Estados es el caso de aquellos Estados que han introducido en sus APPRIs aclaraciones interpretativas al objeto de guiar a los árbitros en su labor hermenéutica. Dentro de esta reciente tendencia destacamos el Modelo de APPRI de Canadá[542] (tanto los de 2004, 2014 como el de 2021), el Modelo de APPRI de Países Bajos de 2019 y el Modelo de APPRI de EE. UU[543]. (tanto en el de 2004, como en el 2012), que procedieron a incluir una cláusula interpretativa relativa al concepto de expropiación indirecta en un Anexo (en su Anexo B.13(1) —o B.10 en la versión de 2014— en el caso de Canadá, en el propio artículo 12 relativo a la expropiación indirecta y el Anexo B[544], en el caso del Modelo de 2012 de EE. UU.) que se incluye al texto del APPRI, recogiendo una serie de criterios que deben concurrir para poder apreciar

542 Canadian 2021 Model BIT, disponible en https://investmentpolicy.unctad.org/international-investment-agreements/treaty-files/2820/download

543 Tanto en el anterior modelo de 2004 (2004 U.S. Model Bilateral Investment Treaty), disponible en https://ustr.gov/archive/Trade_Sectors/Investment/Model_BIT/Section_Index.html, como en el actual modelo de 2012 (2012 U.S. Model Bilateral Investment Treaty), disponible en https://ustr.gov/sites/default/files/BIT%20text%20for%20ACIEP%20Meeting.pdf

544 El texto de este Anexo, tras llevar a cabo una afirmación general de que, salvo en raras circunstancias, las medidas normativas no regulatorias diseñadas y aplicadas por el Estado anfitrión para proteger sus intereses legítimos de política legislativa no constituyen expropiación indirecta, recoge un mínimo de tres factores a tener en cuenta por los tribunales arbitrales cuando vayan a determinar la existencia o no de un supuesto de expropiación indirecta.

la existencia de una expropiación indirecta amparada por el Acuerdo. Este enfoque seguido por Canadá, Países Bajos y EE. UU., entre otros, es denominado de "predictibilidad aumentada" y se contrapone al modelo de "alta protección" utilizado en la mayoría de los APPRIs, incluidos los de España.

Las previsiones contenidas en estos anexos persiguen limitar la discrecionalidad de los tribunales arbitrales a través de dos medios. Por un lado, mediante la clarificación del concepto de expropiación indirecta y, por otro lado, mediante la salvaguarda del derecho a regular del Estado anfitrión al declarar que las medidas legislativas *bona fide* no constituyen un supuesto indemnizable de expropiación indirecta.

Un cuarto mecanismo para salvaguardar el derecho a regular de los Estados firmantes de un APPRI consiste en la inclusión de una reserva expresa del derecho a regular del Estado anfitrión[545]. Dicha mención expresa puede llevarse a cabo bien en relación con una cláusula en concreto que regule un estándar de trato determinado o bien en relación con un grupo de cláusulas que estén relacionadas entre sí, como sucede con los estándares de trato que prohíben la discriminación, en concreto los estándares de trato de Nación más Favorecida y de Trato Nacional. Esta reserva expresa puede ubicarse bien en la cláusula sustantiva en cuestión o también puede ubicarse en alguna parte del Acuerdo como, por ejemplo, en un Protocolo, en un Anexo o en un Capítulo del mismo. En otras ocasiones, la mención expresa puede tener alcance general y llevarse a cabo con relación a la totalidad del contenido del acuerdo[546].

Procede cuestionarse si la mención expresa de una salvaguardia en un APPRI resulta imprescindible para defender ante un tribunal arbitral la existencia de dicho derecho del Estado anfitrión o si, por el contrario, es posible argüir su existencia pese a la falta de previsión explícita. TITI, defiende que la ausencia de una referencia expresa en este sentido no debe ser un obstáculo para que el tribunal considere la existencia de un derecho implícito a regular por parte del Estado anfitrión. Contempla este autor dos posibles

---

545 TITI, A., The right to regulate in International Investment Law, *ob. cit., págs.* 123 ss.

546 En estos casos la redacción de esta cláusula suele prever que: *"Nothing in the Agreement shall be construed to prevent the parties from adopting the measures specified threin"*, véase TITI, A., The right to regulate in International Investment Law, *ob. cit.*, 2014, pág. 124.

vías para ello. Una de ellas se basa en la aplicación del Derecho Internacional consuetudinario que prevé la excepción de necesidad. La otra, encuentra su apoyatura legal en el apartado 1 del artículo 31 de la CVDT que prevé que la interpretación de los mismos deberá llevarse a cabo de buena fe[547].

No obstante, considera este autor que, atendiendo al hecho de que, hasta la fecha, los tribunales arbitrales han conferido en sus laudos una escasa importancia al derecho de los Estados a legislar, unido al carácter impredecible de los pronunciamientos arbitrales, resulta altamente aconsejable la introducción de una defensa explícita del derecho a regular de los Estados[548]. Además, aconseja este autor que dicha referencia sea omnicomprensiva para evitar que, de su carácter parcial, el tribunal pueda inferir la intención del Estado de salvaguardar únicamente su libertad para legislar en relación con esa materia o esa cláusula sustantiva en exclusiva[549].

2. LOS APPRIS EN UN FUTURO PRÓXIMO

2.1. LA NECESARIA REMODELACIÓN DE LOS APPRIS

Uno de los grandes retos que deben afrontar los APPRIs es su necesaria remodelación que viene motivada por el hecho de que los APRRIs son un componente importante del marco que rige las condiciones para la inversión extranjera en muchos países, alcanzando un número cercano a los 3.000 Acuerdos, incluidas las disposiciones sobre inversión de los acuerdos comerciales. Sin embargo, muchos de ellos se diseñaron y firmaron hace décadas bajo unos postulados neoliberales que dieron como resultado unos Acuerdos desequilibrados a favor de los inversores extranjeros colmados de derechos que, en la actualidad, se traducen en falta de libertad para los Estados anfitriones para diseñar las políticas y las adoptar medidas necesarias para afrontar los nuevos retos derivados de la crisis del COVID, el cambio climático y la necesidad de avanzar en la consecución de los Objetivos de Desarrollo Sostenible (ODS) de la ONU en 2030.

547 TITI, A., The right to regulate in International Investment Law, *ob. cit.*, pág. 292.

548 TITI, A., The right to regulate in International Investment Law, *ob. cit.*, pág. 297.

549 TITI, A., The right to regulate in International Investment Law, *ob. cit.*, págs. 294-296.

En cuanto a la consecución de los ODS, la Agenda 2030 también destaca que la inversión extranjera es fundamental para su consecución, especialmente en aquellos países menos desarrollados, pues se calcula que la brecha de inversión alcanza los 2,5 trillones de dólares anuales[550], por ello el principal instrumento normativo que regula estas inversiones extranjeras, los APPRIs, deben reconfigurarse para orientar dicha inversión hacia el desarrollo sostenible.

Uno de los principales inconvenientes que esta tarea encuentra es la fragmentación del Derecho Internacional de Inversiones, lo que añade más dificultad a la misma. Ante esta situación, algunas voces han apuntado que lo más conveniente pasaría por la firma de tratados especializados en lugar de recurrir a los APPRIs[551]. Sin embargo, tanto organizaciones internacionales como Estados han apostado por potenciar el desarrollo sostenible a través de los APPRIs.

Entre los primeros destaca el *International Institute for Sustainable Development* (IISD) que en 2004 aprobó un Modelo de APPRI para la promoción del desarrollo sostenible[552] y la UNCTAD que en 2012 aprobó el *Investment Policy Framework for Sustainable Development*[553] que fue actualizado en 2015[554].

Entre los segundos destacan, entre otros, Países Bajos que aprobó en 2019 un Modelo de APPRI[555] que contenía numerosas referencias al desarrollo sostenible y los derechos humanos, incluyendo una referencia expresa a la

---

550 UNITED NATIONS (Conference on Trade and Developmente, UNCTAD) World Investment Report 2014, Investing in the SDGs: An Action Plan, UNCTAD/WIR/2014, pág. 140.

551 SCHNEIDERMAN, D., "Legitimacy and reflexivity in International Investmen Arbitration: a new self-restraint", *Journal of International Dispute Settlement*, Vol. 2, nº 2, 2011, págs. 471-476.

552 MANN, H.; VON MOLTKE, K.; PETERSON, L. E. COSBEY, A., *A Model International Agreement on Investment for Sustainable Development. Negotiators' Handbook*, Second Edition, IISD, [en línea], (2006), https://www.iisd.org/system/files/publications/investment_model_int_handbook.pdf [Consulta: 26/07/2023]

553 UNCTAD, *Investment Policy Framework for Sustainable Development*, United Nations, New York and Geneve, 2012.

554 UNCTAD, *Investment Policy Framework for Sustainable Development*, United Nations, New York and Geneve, 2015.

555 El texto de este Modelo de APPRI puede consultarse en https://investmentpolicy.unctad.org/international-investment-agreements/treaty-files/5832/download

Declaración Universal de Derechos Humanos[556], así como Bélgica y Luxemburgo que en 2019 adoptaron conjuntamente un Modelo de APPRI (*BLEU Model BIT*) que prioriza el derecho al desarrollo a través del desarrollo sostenible[557] destacando la importancia de la cooperación internacional de carácter multilateral.

No obstante, aún queda mucho camino por recorrer como demuestran las cifras, pues de la actual red cercana a los 3.000 IIAs, la gran mayoría de ellos no hacen ninguna referencia a los ODS y por lo que respecta a los textos más modernos, si bien desde la adopción de los ODS por la Asamblea General de Naciones Unidas en 2015 se han aprobado 224 IIAs, tan sólo el 31%[558] de ellos incluyen disposiciones relativas a los ODS[559] que, en la mayoría de los casos, limitan su efectividad a excepciones, recomendaciones o compro-

---

Para tener una visión del potencial reformador de este modelo, véase BRABANDERE, E., "The 2019 Dutch Model Bilateral Investment Treaty: Navigating the Turbulent Ocean of Investment Treaty Reform", *ICSID Review-Foreign Investment Law Journal*, Volume 36, nº 2, 2021, págs. 319-338.

556 Véanse en especial el artículo 6(6), el Preámbulo y los artículos 2, 3 y 5 de este Modelo de APPRI.

557 Véanse especialmente los artículos 14 a 18.

558 Human Rights Council (Expert Mechanism on the Right to Develop), Right to development in International Investment Law, A/HRC/EMRDT/5/CRP.2, pág. 4.

559 A modo de ejemplo, los IIAA incluyen a veces: una referencia al desarrollo sostenible en su preámbulo (por ejemplo, el APPRI firmado entre Brasil e India (2020) y el APPRI entre República Islámica del Irán y Eslovaquia (2016)); una definición de "inversión" que incluye la contribución al desarrollo sostenible del país receptor (por ejemplo ej. el APPRI firmado entre Colombia y Emiratos Árabes Unidos (2017) y el APPRI entre Japón y Marruecos (2020). En otras ocasiones incorporan obligaciones para los inversores relativas a una conducta empresarial responsable (ej. el APPRI entre Brasil y Etiopía (2018) o consistentes en impedir prácticas corruptas (ej. el APPRI concluido entre Georgia y Japón (2021) y disposiciones específicas que promuevan el cumplimiento del desarrollo sostenible en la inversión extranjera directa (ej. el ALC entre la Unión Europea y Singapur (2019). Del mismo modo, los principios de cooperación y desarrollo de capacidades a veces se mencionan expresamente en los APPRIs, por ejemplo, en el APPRI entre Brasil y Malawi (2015), que destaca el fortalecimiento de la creación de capacidad local a través de una estrecha cooperación con la comunidad local con el fin de contribuir al desarrollo sostenible del país anfitrión. Human Rights Council (Expert Mechanism on the Right to Develop), Right to development in International Investment Law, A/HRC/EMRDT/5/CRP.2, pág. 3.

misos políticos en lugar de imponer obligaciones vinculantes de contribuir al desarrollo sostenible sobre los Estados o sobre los inversores[560].

A esto debe unirse la incógnita sobre la futura interpretación que los tribunales arbitrales harán del concepto de "desarrollo sostenible" incorporado en los más modernos APPRIs, desconociédose todavía si las referencias al desarrollo sostenible adquirirán el status de *hard law* constituyendo un elemento esencial de la protección dispensada a la inversión o si serán consideradas meras recomendaciones no vinculantes[561].

Otro de los aspectos conflictivos del régimen de protección dispensada por los APPRIs es la relativa al ISDS como método de resolución de controversias habitualmente previsto de forma generalizada en los acuerdos, si bien su aplicación en el ámbito del Derecho Internacional de Inversiones es cada vez más controvertida, habiéndose convertido en un instrumento políticamente tóxico incluso para los países exportadores de capital.

Esta desconfianza creciente en el ISDS como mecanismo de resolución de controversias y las críticas de las que ha sido objeto —especialmente en cuestiones de legitimidad, coherencia y transparencia— ha llevado a la Comisión de las Naciones Unidas para el Derecho Mercantil Internacional (UNCITRAL, por sus siglas en inglés *United Nations Commission on International Trade Law*) crear un grupo de trabajo que, desde 2017, persigue el establecimiento de un mecanismo permanente para resolver las controversias en materia de inversiones: el Tribunal Multilateral de Inversiones (*Multilateral Investment Court*, MIC) que también cuenta con el beneplácito de la Comisión Europea a la vista de que el 20 de marzo de 2018 el Consejo adoptara las directrices de negociación por las que le autorizaba a negociar en nombre de la UE un Convenio Constitutivo del MIC. No obstante, cinco años después del inicio de este primer proceso multilateral de reforma de la resolución de litigios entre inversores y Estados, los avances han sido limitados, salvo en lo que se

560 FAUCHALD, O.K., "International Investment law in support of the right to development?", *Leiden Journal of International Law*, nº 32, 2021, pág. 189.

561 Human Rights Council (Expert Mechanism on the Right to Develop), Right to development in International Investment Law, A/HRC/EMRDT/5/CRP.2, pág. 4.

refiere a la elaboración de un código de conducta de los árbitros, cuyos detalles aún están por perfilar[562].

Ante esta acuciante necesidad de reformar la actual red de APPRIs, la OCDE fijó en marzo de 2021 un ambicioso programa de trabajo[563] bajo la denominación "*The Future of Investment Treaties*" que explora cómo los APPRIs pueden ayudar a superar estos retos y cómo abordar la reforma de los acuerdos existentes de forma pragmática y que, sin duda, abonará el terreno para próximos cambios en el contenido y estructura de los APPRIs.

2.2. LA COMPLEJA RELACIÓN ENTRE LOS APPRIS Y EL DERECHO DE LA UNIÓN EUROPEA: LA EJECUCIÓN DE LAUDOS ARBITRALES COMO AYUDAS DE ESTADO

Otra de las cuestiones que debe ser destacada es la compleja relación existente entre el Derecho de la UE y el Derecho Internacional de Inversiones.

Las fricciones entre ambos cuerpos jurídicos comenzaron a evidenciarse en el pronunciamiento del Tribunal de Justicia de la UE en el caso Achmea en el que el TJUE declaró la incompatibilidad del arbitraje previsto en los APPRIs intracomunitarios con los artículos 267 y 344 TFUE, que se basa en la consideración de que los tribunales de inversiones (que no tienen la condición de órgano judicial de un Estado miembro debido al carácter excepcional de su jurisdicción) pueden potencialmente interpretar el Derecho de la UE. Además, dado que un laudo dictado por un tribunal arbitral no está sujeto al control de un órgano jurisdiccional de un Estado miembro de la UE, el con-

562 Dictamen del Comité Económico y Social Europeo, Tribunal multilateral de arbitraje entre inversores y Estados, REX/551, aprobado en pleno el 26 de octubre de 2022.

563 El programa de trabajo, que se esbozó por primera vez en un documento de trabajo en marzo de 2021, tiene una duración de dos años y consta de dos vertientes. La primera está abierta a la participación de organizaciones de la sociedad civil y se centra en el papel de los tratados de inversión a la hora de abordar grandes retos como el cambio climático. En la segunda, restringida a la participación de los gobiernos nacionales, se debatirán disposiciones sustantivas específicas de tratados obsoletos y posibles vías de reforma.

trol jurisdiccional de la posible interpretación y aplicación del Derecho de la UE por el TJUE en última instancia no está garantizado[564].

El pronunciamiento en el caso Achmea hunde sus raíces en el polémico Dictamen 2/2013 del TJUE que, si bien fue el primero de los pronunciamientos de la curia europea en los últimos años sobre la compleja y difícil relación entre el Derecho de la UE y el Derecho Internacional de Inversiones, no ha sido el único al estar seguido del (1) Dictamen 1/17 del Tribunal de Justicia de 30 de abril de 2019 relativo al CETA en el que el TJUE confirmó y precisó el razonamiento del asunto Achmea, (2) la sentencia del TJUE de 2 de septiembre de 2021 en el asunto C-741/19, Komstroy LLC[565], en la que el Tribunal extendió los efectos de la sentencia Achmea también a los arbitrajes intracomunitarios en virtud del Tratado sobre la Carta de la Energía y (3) la sentencia de 26 de octubre de 2021 en el asunto C-109/20 PL Holdings[566], considerada un complemento de la doctrina Achmea.

Posteriormente, la Comisión Europea, en una vuelta de tuerca en su cruzada contra los APPRIs intracomunitarios, recurrió en el asunto Micula a la normativa sobre ayudas de Estado para atacar la ejecución de los laudos arbitrales dictados sobre la base jurídica de un APPRI intraeuropeo considerando su ejecución como un supuesto de ayuda de Estado[567].

Los hechos que dieron inicio al asunto Micula vinieron constituidos por la retirada de unos beneficios fiscales por parte de Rumanía que perjudicó los intereses de unos inversores extranjeros suecos que acudieron a un tri-

---

564 Sentencia del TJUE de 6 de marzo de 2018, Acunsto C-284/16, Achmea *[Tol 6526031]*. Para un análisis en profundidad de este pronunciamiento, véase PÉREZ BERNABEU, B., "El arbitraje internacional de inversiones como fuente de protección del contribuyente en el ámbito internacional tras la sentencia del TJUE de 6 de marzo de 2018, caso Achmea" en *Estudios sobre Jurisprudencia Europea (Materiales del III Encuentro Anual del Centro español del European Law Institute)* Vol. II, Editorial Sepin, Madrid, 2020, págs. 693-709.

565 Sentencia del TJUE de 2 de septiembre de 2021, République de Moldavie v Komstroy LLC, Asunto C-741/19 *[Tol 8570494]*.

566 Sentencia del TJUE de 26 de octubre de 2021, Republiken Polen contra PL Holdings Sàrl, Asunto C-109/20 *[Tol 8625415]*.

567 Para un análisis en profundidad sobre el asunto Micula véanse PÉREZ BERNABEU, B., "Taxation, State Aid Rules and Arbitral Courts: a BIT of a mess (The Micula Saga in the Spotlight)", *ob. cit.*, págs. 329-338; "La interacción entre el Derecho internacional de inversiones y la normativa europea sobre ayudas de Estado en el ámbito tributario", *ob. cit.*, págs. 89-112.

bunal arbitral de inversiones sobre la base jurídica del APPRI firmado entre Rumanía y Suecia que dictó un laudo que imponía a Rumanía la obligación de pago de cuantiosas indemnizaciones a favor de los inversores por haber incumplido sus obligaciones derivadas del APPRI.

El 26 de mayo de 2014, la Comisión adoptó la Decisión C(2014) 3192, por la que obligaba a Rumanía, de conformidad con el artículo 11, apartado 1, del —entonces vigente— Reglamento nº 659/1999, a suspender inmediatamente cualquier acción que pudiera conducir a la aplicación o ejecución del laudo arbitral, debido a que dicha acción parecía constituir una ayuda de Estado ilegal, hasta que la Comisión adoptara una decisión definitiva sobre la compatibilidad de dicha ayuda de Estado con el mercado interior.

Por último, en una carta de 1 de octubre de 2014, la Comisión informó a Rumanía de que había decidido incoar el procedimiento de investigación formal establecido en el artículo 108, apartado 2, del TFUE en relación con la ejecución parcial del laudo arbitral por Rumanía a principios de 2014. Posteriormente, tras una investigación en profundidad, el 30 de marzo de 2015, la Comisión adoptó la Decisión Micula[568], en la que constató que la compensación abonada por Rumanía infringía las normas sobre ayudas de Estado de la UE y ordenó a Rumanía que recuperara de los beneficiarios la ayuda ya abonada[569].

Ante la falta de cumplimiento del laudo arbitral por parte de Rumanía, los inversores decidieron solicitar la ejecución del laudo arbitral ante los tribunales nacionales de otros Estados, acudiendo no sólo a las jurisdicciones de otros Estados miembros, sino también a tribunales nacionales no europeos, hecho en el que radica el éxito procesal de los inversores. En concreto, los inversores presentaron solicitudes de reconocimiento del laudo arbitral en el marco de procedimientos de exequátur o *ex parte* ante tribunales de Suecia, Bélgica, Francia, Luxemburgo, Suiza, el Reino Unido de Gran Bretaña e Irlanda del Norte y los Estados Unidos (todos los cuales eran Estados contratantes del CIADI y, por lo tanto, estaban obligados a ejecutar el laudo).

568 European Commission Decision (EU) 2015/1470 of 30 March 2015 on State aid SA.38517 (2014/C) (ex 2014/NN) implemented by Romania – Arbitral award Micula v Romania of 11 December 2013, OJ L 232/43 de 4 de septiembre de 2015.

569 Para profundizar en el análisis de esta decision de la Comisión Europea véase MATEI I., “SA.38517-Commission Decision of 30 March 2015 on State aid granted by Romania to Micula”, *European State Aid Law Quarterly (EStAL)*, Vol 15, nº 1, 2016, págs. 134-141.

Este punto de vista de la Comisión Europea genera un riesgo indudable que se cierne sobre nuestro país —cual espada de Damocles— como demuestra la apertura[570], el pasado julio de 2021, de un procedimiento de investigación formal[571] por parte de la Comisión en relación al pago por España de una indemnización de 101 millones de euros impuesta por un laudo arbitral dictado en 2018 a favor del grupo Antin (formado por una empresa luxemburguesa y otra holandesa del sector de las energías renovables[572]).

El inicio de este procedimiento de investigación por la Comisión en relación en el caso Antin es solo la punta del iceberg del problema al que se enfrenta España que ha sido condenada sobre la base jurídica del Tratado de la Carta de la Energía en numerosos laudos[573] al pago de indemnizaciones a empresas del sector de las energías renovables (algunas de ellas de otros Estados miembros de la UE) a causa de la reforma operada en 2013 en este sector.

En esta tesitura, España ha desplegado una estrategia jurídica para evitar la ejecución de estos laudos basada, principalmente, en la solicitud de anulación de estos laudos que, en ocasiones, dan resultados positivos para nuestro país como ejemplifican la decisión del tribunal de arbitraje de la *Stockholm Chamber of Commerce* (SCC) que dio la razón a España en relación al asunto Green Power iniciado en 2016 que anuló el laudo condenatorio a España. La relevancia de esta decisión de junio de 2022 radica en que esta fue la primera vez que un tribunal arbitral constituido en el marco del Tratado de la Carta de la Energía admitió una objeción jurisdiccional intra-UE, dando así preferencia a la normativa de la Unión Europea sobre el Tratado de la Carta de la Energía[574]. Poco después, el 16

---

570 Ayuda estatal SA.54155 (2021/N)-Laudo arbitral de Antin-España, Invitación a presentar observaciones en aplicación del artículo 108, apartado 2, del Tratado de Funcionamiento de la Unión Europea (2021/C 450/02), DOUE C 450 de 5 de noviembre de 2021.

571 Para llevar a cabo un seguimiento de este procedimiento, véase SA.54155 (2021/NN-2021/C) Arbitration award to Antin-Spain, https://ec.europa.eu/competition/elojade/isef/case_details.cfm?proc_code=3_SA_54155

572 Antin Infrastructure Services Luxembourg S.à.r.l. y Antin Energia Termosolar B.V.

573 Véase el Anexo I de este trabajo.

574 Para un análisis de este pronunciamiento véase https://www.iisd.org/itn/es/2022/10/07/ect-tribunal-upholds-intra-eu-treaty-jurisdictional-objection-for-the-first-time-green-power-v-spain-anqi-wang/

de noviembre de 2022, la Abogacía del Estado española cosechó otro éxito materializado en la decisión del Tribunal de Apelación de Svea en el caso Novenergia c. España que confirmaba la petición de anulación de España.

No obstante, en otros casos, España no ha conseguido obtener la anulación solicitada, como ilustra la decisión de 16 de noviembre de 2022 del ICSID en relación con el caso 9REN Holding SARL en la que la petición de anulación presentada por España fue rechazada.

En los casos en los que no se anula el laudo, los inversores extranjeros están acudiendo a otros países para obtener la ejecución forzosa de los laudos y aunque la aplicación de la doctrina Achmea imposibilita la ejecución de los laudos arbitrales que condenaban a España en cualquier país de la UE, los inversores que han solicitado la ejecución del laudo ante tribunales ubicados fuera de la UE están obteniendo sentencias favorables[575] si bien nuestro país insiste en no proceder a su pago, convirtiéndose en el Estado más incumplidor de laudos arbitrales a nivel mundial[576].

Un ejemplo de ello es, precisamente, la sentencia de 25 de junio de 2021 del Tribunal Federal de Australia, en la que el Tribunal condenó a España a indemnizar a dos inversores extranjeros (Infrastructure Services Luxemburg y Energia Termosolar) con 101 millones de euros más intereses por incumplimiento del Tratado sobre la Carta de la Energía según el laudo emitido por el CIADI en 2017 y 2018[577] que ha sido precisamente, el pago que ha provocado la apertura del procedimiento de investigación formal en materia de ayudas de Estado por la Comisión el pasado 2021.

575 Para profundizar en las excusas oponibles a la ejecución de un laudo y las grandes dificultades, cuando no imposibilidad, de evitar la ejecución de los laudos arbitrales desfavorables a España fuera del territorio de la UE, véase PÉREZ BERNABEU, B. "State Aid Through Arbitration Awards: EU Law as a Ground for Non-enforcement", *ob. cit.*, págs. 219-231.

576 LAVRANOS, N., "Report on Compliance with Investment Treaty Arbitration Awards 2023, (2nd updated edition)", *International Law Compliance*, Issue 2, October 2023 [en línea] https://www.internationallawcompliance.com/

577 Y ello sucedió a pesar de que, tanto España como la Unión Europea, alegaron que el reconocimiento de este laudo contravenía el Derecho de la UE. Sin embargo, el tribunal arbitral no abordó este argumento, aplicando los artículos 53, 54 y 55 del Convenio del CIADI y afirmando que el Derecho europeo o el interés de la UE "no es una cuestión de interés público australiano".

BIBLIOGRAFÍA

ALIA, A., "Similarity/in like circumstances", Jus Mundi, https://jusmundi.com/en/document/ publication/en-similarity-in-like-circumstances

ALLEN, B., "The use of non-pecuniary remedies in ETO Dispute settlement: lessons for arbitral practitioners" en *Performance as a Remedy: Non-Monetary Relief in International Arbitration*, Swiss Association Arbitration, Special Series nº 30, Michael Schneider; Joachim Knoll (Eds.), Jurisnet, EE. UU., 2011.

ÁLVAREZ, J., *The Public International Law Regime Governing International Investment*, Cambridge University Press, 2011.

AVERY JONES, J.F., "Are tax treaties necessary? (The David R. Tillinghast Second Lecture, 1997)", *Tax Law Review (New York University School of Law),* Vol.53, nº 1, 1999.

AVI-YONAH, R., "Pilar 2 and the BITs", 28 de mayo de 2023, [en línea], (2023), https://ssrn.com/abstract=4461285 o http://dx.doi.org/10.2139/ssrn.4461285

AVI YONAH, R.S.; HALABI, O., "Double or nothing: a tax treaty for the 21st century", *Law and Economics Research Paper Series*, Paper nº 12 009, Nocmber 2012.

BAETENS, F.; BUATTE, T.; TIETJE, C. Y VALKANOU, T, *The impact of Investor-State-Dispute Sttlement (ISDS) in the Transatlantic Trade and Investment Partnership, Study prepared for Minister for Foreign Trade and Development Cooperation*, Ministry of Foreign Affairs, Países Bajos, 2014.

BARKLEM, C.; ALBERTO PRIETO-RÍOS, E., "The concept of indirect expropriation, its appearance in the international system and its effects in the regulatory activity of governments", *Civilizar*, Vol. 11, nº 21, 2011.

BAS VILIZZIO, M. "Algunas reflexiones en torno al retiro de Bolivia, Ecuador y Venezuela del CIADI", Revista Densidades, *nº 17, 2015.*

BATIFORT, S. AND HEATH, J.B., "The New Debate on the Interpretation of MFN Clauses in Investment Treaties: Putting the Brakes on Multilateralization", *American Journal of International Law*, Vol. 111, nº 4, 2017.

BENTOLILA, D., "Hacia una jurisprudencia arbitral en el arbitraje internacional de inversiones", *Anuario Mexicano de Derecho Internacional*, 2012.

BERNAL GUTIÉRREZ, R.; CANO VALENCIA, J.C.; GUZMÁN-MARTÍNEZ, D.; CASTAÑEDA JIMÉNEZ, L. SÁNCHEZ MARTÍNEZ, J. P., "El precedente en el arbitraje internacional", *UNA Revista de Derecho*, 2019, Vol. 4.

BLACKABY, N.; CAMARGO GARCÍA, A., "Alternativas de reparación en el arbitraje internacional de inversiones. Un debate entre la teoría y la práctica", Anuario Colombiano de Derecho Internacional, Vol 1, 2008.

BLACKABY, N.; PARTASIDES, C.; REDFERN, A.; HUNTER, M., *Redfern and Hunter on International Arbitration*, 7th Edition, Oxford University Press, 2022.

BOHOSLAVSKY, J.P., *Tratados de protección de las inversiones implicaciones para la formulación de políticas públicas (especial referencia a los servicios de agua potable y saneamiento),* Naciones Unidas (Comisión Económica para América Latina y el Caribe), Santiago de Chile, 2010.

BONDY, C., "Fair and Equitable Treatment – Ten Years On", en *Evolution and Adaptation: The Future of International Arbitration*, Jean Engelmayer Kalicki and Mohamed Abdel Raouf (Eds.), ICCA Congress Series, Volume 20, Kluwer Law International, Países Bajos, 2019.

BRABANDERE, E., "The 2019 Dutch Model Bilateral Investment Treaty: Navigating the Turbulent Ocean of Investment Treaty Reform", *ICSID Review-Foreign Investment Law Journal,* Volume 36, nº 2, 2021.

BRAUNER, Y., "United States", en *The impact of Bilateral Investment Treaties on Taxation*, IBFD, Países Bajos, 2017.

BROWN, J.G., "International Investment Agreements: Regulatory Chill in the face of litigious heat?", *Western Journal of Legal Studies*, 2013, Vol. 3, nº 1.

BROWN C.; WHITSITT, E., "Implementing Pillar Two: potential conflicts with Investment Treaties", *Canadian Tax Journal/Revue Fiscale Canadienne*, Vol. 71, nº. 1, 2023, págs. 189-207.

CADDE, J.; JENSEN N.M., "Which host country government actors are most involved in disputes with foreign investors?", *Columbia FDI Perspectives*, nº 120, April 28, 2014.

CÁMARA BARROSO, M.ª C., "Una regularización basada en la aplicación de una cláusula general antiauso impide la iniciación de un procedimiento amistoso: análisis de la sentencia del Tribunal Supremo de 22 de septiembre de 2021", *Nueva Fiscalidad*, nº 4, 2021.

CARDEN, N.; DAVIES KC.; PERMESLY, J.; HONE, J., "Exploring Potential Investor-State Treaty Challenges to the OECD's Pillar Two Model Tax Rules", [en línea] (2023), https://www.skadden.com/insights/publications/2023/03/exploring-potential-investor-state-treaty-challenges

CARON, D.D.; SHIRLOW, E., "Most-Favored-Nation Treatment: Substantive Protection" en *Building International Investment Law: The First 50 Years of ICSID*, Kinnear, M., Fischer G.R., Almeida J.M., Torres, L.F., Bidegain, M.U., Wolters Kluwer, Países Bajos, 2015.

CASADO OLLERO, G.; MARTÍN QUERALT, J; ONRUBIA FERNÁNDEZ, J.; ORÓN MORATAL, G.; RODRÍGUEZ BEREIJO, A.; TEJERIZO LÓPEZ, J.M., *Estudio preliminar sobre la adecuación a la Constitución y al Derecho Comunitario del gravamen temporal a entidades de crédito y establecimientos financieros de crédito*, Instituto de Estudios Económicos, septiembre 2022.

CASTRILLÓN VELASCO, C., "Protección a la inversión extranjera: La historia por ser contada en Colombia", *Revista Instituto Colombiano de Derecho Tributario*, nº 76, 2017.

CHAISE, J., International Investment Law and Taxation: from coexistence to cooperation, E15 Task Force on Investment Policy, [en línea] (2016), http://e15initiative.org/publications/international-investment-law-taxation-coexistence-cooperation/

CHAISSE, J.; KIRKWOOD, J., Foreign Investors vs. National Tax Measures: Assessing the Role of International Investment Agreements en *Taxation, International Cooperation and the 2030 Sustainable Development Agenda*, Irma Mosquera Valderrama; Dries Lesage; Wouter Lips (Eds.), United Nations University Series on Regionalism, Vol 19. Springer, Cham, 2021.

CHANG-FA LO, "A comparison of BIT and the Investment Chapter of Free Trade Agreement from policy perspective", *Asian Journal of WTO & International Health Law*, Vol. 3, 2008.

CHOI, S., "Judicial Enforcement of Arbitration Awards under the ICSID and New York Conventions", *New York University Journal of International Law and Politic*, nº 1-2, 1995

COCKFIELD, A. J.; ARNOLD, B. J., "What can trade teach tax? Examining reform options for article 24 (Non-discrimination) of the OECD Model", *World Tax Journal*, Vol. 2, nº 2, 2010.

CÔTÉ, C., "Is it chilly out there? International Investment Agreements and Government Regulatory Autonomy", *AIB insights*, Vol. 16, nº 1, 2016.

CROWFORD, J; OLLENSON, S., "The Nature and forms of international responsibility" en *International Law*, MD Evans (Ed.), 4th edición, OUP Oxford, Reino Unido, 2014.

DANON, R.J., "Interpreting tax treaties in light of investment agreements: the role of the principle of systemic integration in tax treaty disputes", en *Building Global International Tax Law*, Pasquale Pistone (ed.), IBFD, Países Bajos, 2022.

DANON, R.J.; WUSHKA, S., "International Investment Agreements and the international tax system: the potential of complementarity and Harmonious interpretation", *Bulletin of International Taxation*, Vol. 75, nº 11/12, 2021.

DAVIE, M., Taxation-Based Investment Treaty Claims", *Journal of International Dispute Settlement*, nº 8, 2015.

DEBELVA, F.; DE BROE, L., "Pillar 2: An Analysis of the IIR and UTPR from an International Customary Law, Tax Treaty Law and European Union Law Perspective", *Intertax*, Vol. 50, Issue 12, 2022.

DE HEER, L. J.; KRAAN, P.C.R., "Legal protection in International Tax Disputes-How Investment protection agreements address arbitration", *European Taxation*, Vol. 52, nº 1, 2012.

DE MELO VIERA, M., "The regulation of tax matters in bilateral investment treaties: a dispute resolution perspective", *Dispute Resolution International*, Vol. 8, nº 1, 2014.

DESAI, N.; KUMAR, M., "The Vodafone Saga. An analysis of the Indian Supreme Courts decision", *Bulletin for International Taxation*, Vol. 66, nº 7, 2012.

DESAX, M., "Bilateral investment protection treaties: hidden fount of taxpayer protection", *Archiv für Schweizerisches Abgaberecht*, Vol. 83, nº 11/12, 2014/2015.

DÍEZ-HOCHLEITNER RODRÍGUEZ, J. "El arbitraje internacional como cauce de protección de los inversores extranjeros en los APPRIS", *Actualidad Jurídica Uría y Menéndez*, nº 11, 2005.

– "El incierto futuro del arbitraje de inversiones (A propósito de las negociaciones del TTIP)", *La Ley Mercantil*, nº 19, noviembre, 2015.

DOLZER, R.; SCHREUER, C., *Principles of International Investment Law*, Oxford University Press, 2012, 2nd edition.

DULAC, E.; LIN HOE, J., "Substantive protections: fairness", *Global Arbitration Review*, 14 enero 2022, [en línea], (2022), https://globalarbitrationreview.com/guide/the-guide-investment-treaty-protection-and-enforcement/first-edition/article/substantive-protections-fairness#footnote-033

DUMBERRY, P., "The Formation and Identification of Rules of Customary International Law" en *International Investment Law*, Cambridge University Press, 2016.

EBERHARDT, P, "La protección de las inversiones en una encrucijada. La TTIP y el futuro del derecho global de las inversiones", *Friedrich Ebert Stiftung*, julio de 2014. [en línea], (2014), http://www.fes.de/cgi-bin/gbv.cgi?id=11011&ty=pdf

ENDICOTT, M., "Remedies in Investor-State Arbitration:Restitution, Specific Performance and Declaratory Awards" en *New Aspects of International Investment Law,* Philippe Kahn and Thomas Wälde, (Eds.), Brill, Países Bajos, 2007.

ERMAN ÖZGUR, U., *Taxation of foreign investments under International Law: Article 21 of the Energy Charter Treaty in context*, Energy Charter Secretariat, Brussels, 2016.

FALCÓN Y TELLA, R., "Exenciones, beneficios fiscales y derechos adquiridos en el Impuesto sobre Sociedades", *Crónica Tributaria*, nº 59, 1989.

FAUCHALD, O.K., "International Investment Law in support of the right to development?", *Leiden Journal of International Law*, nº 32, 2021.

FAYA RODRÍGUEZ, A., "¿Cómo se determina una expropiación indirecta bajo tratados internacionales en materia de inversión? Un análisis contemporáneo", en *Foro de arbitraje en materia de inversión. Tendencias y Novedades*, Sonia Rodriguez Jimnez y Herfried Wöss (Coord.), Universidad nacional Autónoma de México, 2013.

FONTANELLI, F; BIANCO, G., "Converging Towards NAFTA: an analysis of FTA Investment Chapters in the European Union and the United States", *Standford Journal of International Law*, 50, 2014.

GARCÍA ANTÓN, R., "The domestic GAAR and the initiation of the MAP in the context of the Germany-Spain double tax convention (the Carbon Holding case)" en *Tax treaty case law around the globe 2022*, Eric Kemmeren et alter (Eds.), IBFD, 2023 (en prensa).

- "Arbitration and tax abuse cases. An agenda for futher research", *The Indian Journal of International Economic Law Blog*, [en línea], (30 de noviembre de 2022), https://ijiel.in/blog/f/arbitration-and-tax-abuse-cases-%E2%80%93-an-agenda-for-further-research?blogcategory=International+Investment+Law
- "The fragmentation of taxpayers´ rights in international dispute resolution settings. Healing Anxieties through judicial dialogue", *World Tax Journal*, Vol. 10 nº 1, 2018.

GARCÍA JIMÉNEZ, A., "La estimación de reparaciones en el arbitraje de inversiones en materia de finanzas del CIADI", *Revista electrónica Iberoamericana*, Vol. 9, nº 2, 2015.

GAUKRODGER, D., *Investment Treaties and Shareholder Claims for Reflective Loss: Insights from Advanced Systems of Corporate Law*, OECD Working Papers on International Investment, OECD Publishing, 2014.

- *Investment Treaties and Shareholder Claims: Analysis of Treaty Practice*, OECD Working Papers on International Investment, OECD Publishing, 2014.

GHOURI, A.A., "Resolving Incompatibilities of Bilateral Investment Treaties of the EU Member States with the EC Treaty: Individual and Collective Options", *European Law Journal*, Vol. 16, nº 6, 2010.

GIL GARCÍA, E., *Los incentivos fiscales a la I+D+i*, Tirant Lo Blanch, Valencia, 2017.

GILDEMEISTER, A., "Germany" en *The impact of Bilateral Investment Treaties on Taxation*, IBFD, 2017.

- "Burlington Resources, Inc v Republic of Ecuador: How Much is Too Much: When is Taxation Tantamount to Expropriation?", *ICSID Review Foreign Investment Law Journal*, Vol. 29, Issue 2, 2014

GONZÁLEZ DE COSSÍO, F., "Medidas equivalentes a expropiación en arbitraje de inversión", *Revista Internacional de Arbitraje,* nº 4, enero-junio, 2006.

GRANATO, L., NAHUEL ODDONE, C., "Derecho internacional, ¿protección del inversor extranjero y acuerdos bilaterales, quo vadis?", *Revista Universidad EAFIT*, nº 148, 2007.

GREGOIRE, M., "Taxation and expropiation under bilateral investment treaties: setting the standard", *Butterworhs Journal of International Banking and Financing Law*, November 2015.

GURRÍA, A., "The growing pains of investment treaties" en *Debate the Issues: Investment,* OECD Insights, OECD Publishing, Paris, 2016.

HOBER, K., "State responsibility and Investment Arbitration", *Journal of International Arbitration*, nº 5, 2008.

HONGLER, P.; MOSQUERA, I.; DEBELVA, F.; CHAND, V.; CHAISSE, J., "UTPR Potential Conflicts With International Law?", *Tax Notes International*, Vol. 111, 10 de julio, 2023, págs. 141-150.

ILLESCAS FERNÁNDEZ-BERMEJO, F. J., "Los Tratados de Protección de Inversiones y su utilidad para los inversores españoles en Latinoamérica", *Actualidad Jurídica Uría y Menéndez*, nº 5, 2003.

ISMER, R., PIOTROWSKI, S., "A BIT too much: or how best to resolve tax treaty disputes?", *Intertax,* Vol. 44, Issue 5, 2016.

KARDACHAKI, A., *"Tax Aspects of International non-tax agreements"*, IFA Research Paper.

KELLER, X., *International Tax Arbitration: Private International Authority in the realm of Taxation*, Term Paper, Otto-Suhr-Institut für Politikwissenschaft, Freie Universität Berlin, 2013.

KNOLL-TUDOR, I., "The fair and equitable treatment standard and human rights norms", en *Human rights in International Investment Law and Arbitration*, Pierre-Marie Dupuy; Francesco Francioni; Ernst-Ulrich Petersmann (Eds.), Oxford University Press, London, 2009.

KOLO, A., "Expropiatory taxation in the Latin American experience", en *International Investment Law in Latin America: Problems and Prospects,* Attila Tanzi, Alessandra Asteriti, Rodrigo Polanco Lazo, Paolo Turrini (Eds.), Nijhoff International Investment Law Series, Brill, Países Bajos, 2016.

- "Tax veto as a special jurisdictional and substantive issue in investor-state arbitration: need for reassessment?", *Suffolk Transnational Law Review,* Vol. 32, nº 2, 2009.
- "Investor protection vs Host State regulatory autonomy during economic crisis: treatment of capital transfers and restrictions under modern investment treaties", *Journal World Investment & Trade*, nº 457, 2007.

KOUTRAKOS, P., "Case C-205/06, commission v. Austria, judgment of the Court (Grand Chamber) of 3 March 2009, not yet reported; Case C-249/06, commission v. Sweden, judgment of the Court (Grand Chamber) of 3 March 2009", *Common Market Law Review*, Vol. 46 nº 6, 2009.

KRAJEWSKI, M. "Modalities for investment protection and Investor –State Dispute Settlement (ISDS) in TTIP from a trade union perspective", Friedrich Ebert Stiftung, [en línea] 2014), http://library.fes.de/pdf-files/bueros/bruessel/11044.pdf

KRIEBAUM, U., "Regulatory takings: balancing the interests of the investor and the State", *The Journal of World Investment & Trade*, Vol. 8, nº 5, 2007.

KURTZ, J., "Australia´s rejection of Investor-State arbitration: causation, omission and implication", *ICSID Review*, Vol. 27, nº 1, 2012.

KUZNIACKI, B., "The Compatibility of the Substance over Form Doctrine with Tax and Investment Treaties: A Case Study of Lone Star v the Republic of Korea", ICSID Review - Foreign Investment Law Journal, 2024; siad035, https.//academic.oup.com/icsidreview/advance-article-abstract/doi/10.1093/icsidreview/siad035/7512622

KUZNIACKI, B.; VAN WEEGUEL, S., "Cairn Energy: when retroactive taxation not justified by prevention of tax avoidance is unfair and inequitable", Arbitration International, Vol. 39, Issue 1, 2023.

LAVRANOS, N., "Commission v. Austria. Case C-205/06. Judgment; Commission v. Sweden. Case C-249/06 Judgment", The American Journal of International Law, Vol. 103, nº 4, 2009.

- "Report on Compliance with Investment Treaty Arbitration Awards 2023, (2nd updated edition)", *International Law Compliance*, Issue 2, October 2023 [en línea] https://www.internationallawcompliance.com/

LEVASHOVA, Y., *The Right of States to Regulate in International Investment Law: The Search for Balance Between Public Interest and Fair and Equitable Treatment*, International Arbitration Law Library, Volume 50, Kluwer Law International, 2019.

LUJA, R., "State aid recovery and investor protection for US taxpayers before and after TTIP: how back taxes might lead to an inequitable treatment", Draft 15 January 2016) to be included in the 10TH GREIT Conference Reports, [en línea] (2016), http://ssrn.com/abstract=2725924 o http://dx.doi.org/10.2139/ssrn.2725924

- "State aid recovery & investor protection for non-EU taxpayers: How back taxes might lead to an inequitable treat..." en *EU law and the building of global supranational tax law: EU BEPS and state aid*, Dennis Weber (Ed.), IBFD (GREIT Conference Series No. 10), Países Bajos, 2017.

MANN, F.A., *The Legal Aspect of Money*, Oxford, Reino Unido, 1992.

MANN, H.; VON MOLTKE, K.; PETERSON, L. E. COSBEY, A., A *Model International Agreement on Investment for Sustainable Development. Negotiators' Handbook*, Second Edition, IISD, 2006.

MARIAN, C., *The State's Power to Tax in the Investment Arbitration of Energy Disputes*, Kluwer Law International, 2020.

MARTÍN JIMÉNEZ, A., "International Investment Agreements and anti-tax avoidance measures: incoherencies in the International Law system, systemic interpretation and taxpayer rights" en *Building Global International Tax Law*, Pasquale Pistone (ed.), IBFD, Países Bajos, 2022.

- "El principio de no discriminación en el artículo 24 del modelo de convenio de la OCDE de 2008", *Revista de Derecho Fiscal*, nº 5, marzo 2011.

MARTÍN QUERALT, J; LOZANO SERRANO, C.; CASADO OLLERO, G; TEJERIZO LÓPEZ, J.M., *Curso de Derecho Financiero*, Tecnos, Madrid, 2022.

MATEI, E., "SA.38517-Commission Decision of 30 March 2015 on State aid granted by Romania to Micula", *European State Aid Law Quarterly*, Vol 15, nº 1, 2016.

MORENO BLESA, L., "El arbitraje del CIADI y su contribución al desarrollo a la luz de las inversiones directas en mercados emergentes", *Revista Iberoamericana de Estudios de Desarrollo*, Vol. IV-1, 2015.

MOSTAFA, B., "The sole effects doctrine, Policy powers and Indirect Expropiation under International Law", *Australian International Law Journal*, Vol. 15, 2008.

NAVARRO, A., "Spanish Supreme Court denies access to MAP in domestic GAAR tax case", MNE Tax, 2 de noviembre de 2021, [en línea], (2021), https://mnetax.com/spanish-supreme-court-denies-access-to-map-in-domestic-gaar-tax-case-46099

NEWCOMBE, A.; PARADELL, L., *Law and practice of investment Treaties: Standars of Treatment*, Kluwer Law International, The Hague, 2009.

NOTTAGE, L., "The anti-ISDS Bill before the Senate: What future for Investor-State Arbitration in Australia", *International Trade and Business Law Review*, nº 18, 2015.

- "The rise and possible fall of Investor-State Arbitration in Asia: a skeptic's view of Australia's Gillard Government Trade Policy Statement", *Legal Studies Research Paper*, University of Sidney, nº 11/32, June 2011.

OECD, *Neutralising the Effects of Hybrid Mismatch Arrangements, Action 2-2015 Final Report, OECD/G20 Base Erosion and Profit Shifting Project*, OECD Publishing, Paris, 2015.

- *Líneas Directrices de la OCDE para Empresas Multinacionales*, OECD Publishing, 2013.
- *Working Papers on International Investment, Fair and Equitable Treatment Stardard in International Investment Law*, Paris, September 2004.
- *Indirect Expropriation and the Right to Regulate in International Investment Law*, Working Papers on International Investment 2004/04, OECD Publishing, September 2004.

PARK, W., "Arbitrability and Tax" en *Arbitrability & Comparative Perspectives*, Loukas Mistelis, Stavros Brekoulakis (Eds.), Kluwer International Law, 2009.

- "Arbitration and the Fisc: NAFTA's Tax veto", *Chicago Journal of International Law*, Vol 2, nº 1, 2001.

PASTOR PALOMAR, A., "Protección de inversiones con conceptos indeterminados: el trato justo y equitativo en los APPRIS celebrados por España", *Revista Española de Derecho Internacional*, Vol. 58, nº 1, 2006.

PÉREZ BERNABEU, B. "State Aid Through Arbitration Awards: EU Law as a Ground for Non-enforcement", *Intertax*, Vol. 51, Issue 3, 2023.

- "La interacción entre el Derecho internacional de inversiones y la normativa europea sobre ayudas de Estado en el ámbito tributario" en *El arbitraje en materia tributaria*, F. Alfredo García Prats (Dir.), Carlos Pedrosa López (Coord.), Tirant Lo Blanch, Valencia, 2022.
- "Desafíos jurídicos derivados de los cambios en la política fiscal energética (Un análisis desde la perspectiva internacional)" en *La transición energética en el cumplimiento de los objetivos de desarrollo sostenible y la justicia fiscal*, Maria Luisa González-Cuéllar Serrano y Enrique Ortiz Calle (Dir.), Tirant lo Blanch, Valencia, 2021.
- "El arbitraje internacional de inversiones como fuente de protección del contribuyente en el ámbito internacional tras la sentencia del TJUE de 6 de marzo de 2018, caso Achmea" en *Estudios sobre Jurisprudencia Europea (Materiales del III Encuentro Anual del Centro español del European Law Institute) Vol. II*, Editorial Sepin, Madrid, 2020.
- "Taxation, State Aid Rules and Arbitral Courts: a BIT of a mess (The Micula Saga in the Spotlight)", *European StateAaid Quarterly (EStAL)*, Volume 19, Issue 3, 2020.

- “Las medidas adoptadas por los Estados miembros bajo el prisma de la protección a la inversión extranjera: pasado y ¿futuro?” en *El mercado único en la Unión Europea. Balance y perspectivas jurídico-políticas*, Laura García Álvarez y José Miguel Martín Rodríguez (Dirs.), Dykinson, 2019.
- “Environmental tax regulations in the light of the «indirect expropriation» doctrine: the threat of State liability” en *Environmental Tax Studies for the Ecological Transition. Comparative Analysis Addresing Urban Concentration and Increasing Transport Challenges*, Marta Villar Ezcurra (Dir.) y Carmen Cámara Barroso (Ed.), Thomson Reuters Civitas, 2019.
- “Redefiniendo la estrategia europea de resolución de conflictos tributarios relacionados con la inversión extranjera: implicaciones para los actuales mecanismos arbitrales de resolución de controversias tributarias en el ámbito internacional”, Documentos de Trabajo del Instituto de Estudios Fiscales 11/2019, VII Encuentro de Derecho Financiero y Tributario “Una estrategia global al servicio de la reducción de la conflictividad en materia tributaria”.
- “El arbitraje internacional de inversiones previsto en los APPRIs como medida alternativa de resolución de conflictos en materia tributaria” en *Las Medidas Alternativas de Resolución de Conflictos (ADR) en las Distintas Esferas del Ordenamiento Jurídico*, Pablo Chico de la Cámara (Dir.), Ed. Tirant lo Blanch, Valencia, 2018.
- “Consecuencias en materia tributaria del Capítulo sobre inversiones del TTIP”, *Crónica Tributaria*, nº 161, 2016.
- “Límites a la autonomía legislativa en materia tributaria derivados del TTIP: el regulatory chill effect”, *Revista Jurídica de la Universidad Autónoma de Madrid (RJUAM)*, nº 34, 2016-II.

PISTONE, P., “General report”, en *The impact of Bilateral Investment Treaties on Taxation*, IBFD, Países Bajos, 2017.

PISTONE, P.; LAZAROV, I., “The fundamental right to Fair and Equitable Treatment in the cross-border recovery of taxes within the EU: a need for a common minimum standard”, *World Tax Journal*, 2023, Vol. 15, nº 1.

PRIETO MUÑOZ, J.G., “El precedente en el derecho internacional de inversiones. El valor argumentativo de decisiones arbitrales previas”, *Iuris Dictio*, 2018, nº 22.

El trato justo y equitativo en el derecho internacional de inversiones, Corporación Editorial Nacional y Universidad Andina Simón Bolívar, Quito, 2013.

PRIETO, Mª. J., “Expropiación indirecta por medidas cautelares en procedimiento tributario”, *Revista Chilena de Derecho*, Vol. 39, nº 3, 2012.

RANJAN, P., “Investor-state dispute settlement and tax matters: limitations on state´s sovereign right to tax”, *Asia Pacific Law Review*, Vol. 31, nº 1, 2023.

RANJAN, P.; ANAND, P., "Determination of indirect expropiation and doctrine of pólice power in international investment las: a critical appraisal", en *Judging the State in International Trade and Investment Law*, Leïla Choukroune, (Ed.), Springer, Berlín, 2016.

REDFERN, A.; HUNTER, M; BLACKABY, N; PARTASIDES, C., *Law and Practice of International Commercial Arbitration*, Sweet and Maxwell, London, 2004.

REQUENA CASANOVA, M., "La solución de controversias en los Modelos de APPRI: cláusulas tradicionales y nuevas tendencias", Revista electrónica de estudios internacionales, nº 24, [en línea] (2012), http://www.reei.org/index.php/revista/num24/articulos/solucion-controversias-modelos-appri-clausulas-tradicionales-nuevas-tendencias

RIBES RIBES, A., "Necesidad y viabilidad del arbitraje internacional tributario: el reto de la acción 14 BEPS", *Comunicación presentada a las XXIX Jornadas Latinoamericanas de Derecho Tributario*, organizadas por el Instituto Latinoamericano de Derecho Tributario (ILADT), Santa Cruz de la Sierra (Bolivia), noviembre 2016.

- *Los impuestos de salida*, Tirant Lo Blanch, Valencia, 2014.
- "Modificación del artículo 25 del convenio modelo de la OCDE y de sus comentarios: el borrador de la OCDE de 1 de febrero de 2006", *Quincena Fiscal*, nº 20, 2006.

RIZA, L., "Taxpayers' Lack of Standing in International Tax Dispute Resolutions: An Analysis Based on the Hybrid Norms of International Taxation", *Pace Law Review*, Vol 34, nº 3, 2014.

ROJAS YEROVI, F.A., *La figura de la medida tributaria expropiatoria en el marco de los Tratados bilaterales de protección y promoción de inversiones*, Universidad Andina Simón Bolívar, Quito, 2013.

SALGADO, C., *La materia tributaria en los tratados internacionales de inversiones,* Corporación Editora Nacional-Universidad Andina Simon Bolivar, Quito, 2011.

SCHILL, S. W., "MFN Clauses as Bilateral Commitments to Multilateralism: A Reply to Simon Batifort and J. Benton Heath", *American Journal of International Law*, Vol. 111, nº 4, 2017.

- "Maffezini v. Plama: reflections on the jurisprudential schism in the application of Most Favoured Nation clauses to matters of dispute settlement", *Amsterdam Law School Legal Studies*, Research Paper No. 2017-12.

SCHNEIDERMAN, D., "Legitimacy and reflexivity in International Investmen Arbitration: a new self-restraint", *Journal of International Dispute Settlement*, Vol. 2, nº 2, 2011.

SCHREUER, C., "Fair and Equitable Treatment in Arbitral Practice", *Journal of World Investment & Trade*, Vol. 6, nº 3, 2005.

- "Non-pecuniary remedies in ICSID Arbitration", *Arbitration International*, Vol. 20, nº 4, 2004.

SIMONIS, P.H.M.,"BITs and taxes", *Intertax,* Vol. 42, Issue 4, 2014, pág. 238.

SMITH, H., "China-Taiwan bilateral investment protection agreement: dispute resolution mechanisms exclude international arbitration", *Arbitration News*, 23 August 2012.

SOLER ROCH, Mª T., "El arbitraje internacional en materia tributaria: ¿cuestión pendiente o nueva frontera?" en *Conflictos actuales de derecho tributario: Homenaje a la profesora doctora Manuela Fernández Junquera*, Eva María Cordero González (Coord.); Isabel García-Ovies Sarandeses, José Pedreira Menéndez, Begoña Sesma Sánchez (Dirs.), Thomson Reuters Aranzadi, 2017, págs. 359-380.

SORNARAJAH, M., "The Myth of International Contract Law", *Journal of World Trade*, nº 15, Issue 3, 1981.

SPEARS, S., "Making way for the public interest in international investment agreements", en *Evolution in investment Treaty Law and arbitration*, Chester Brown and Kate Miles (Eds.), Cambridge University Press, 2011.

TAMBURINI, F., "Historia y destino de la "Doctrina Calvo": ¿actualidad u obsolescencia del pensamiento de Carlos Calvo", *Revista de Estudios Histórico-Jurídicos,* nº 24, 2022.

TIENHAARA, K, "Regulatory chill and the threat of arbitration: a view from political science", in *Evolution in investment treaty law and arbitration*, Brown C and Miles, K (Editors), Cambridge University Press, Cambridge, 2011.

TITI, C., *The Right to Regulate in International Investment Law*, Bloomsbury Publishing, London, 2014.

TRAKMAN, L.E., "Investor-State Arbitration: evaluating Australia´s evolving position", *The Journal of World Investment & Trade*, nº 15, 2014

TRAVERSA, E., RICHELLE, I., "Belgium" en *The impact of Bilateral Investment Treaties on Taxation*, IBFD, Países Bajos, 2017.

UNCTAD, *World Investment Report 2023,* United Nations, 2023.

- *International investment agreements and their implications for tax measures: what tax policymakers need to know*, United Nations, 2021.
- *Investment Policy Framework for Sustainable Development*, United Nations, New York and Geneve, 2015.
- *Fair and Equitable Treatment: UNCTAD Series on IIAs II: A Sequel*, New York and Geneve, 2012.
- *Expropiation: a sequel,* UNCTAD Series on Issues in International Investment Agreements II, United Nations, New York and Geneve, 2012.

- *Investment Policy Framework for Sustainable Development*, United Nations, New York and Geneve, 2012.
- *Scope and Definition: a sequel*, UNCTAD Series on Issues in International Investment Agreements II, United Nations, New York and Geneve, 2011.
- *Regulación internacional de la inversión: balance, retos y camino a seguir*, Naciones Unidas, Nueva York y Ginebra, 2008.
- *The REIO exception in MFN treatment clauses*, Series on International Investment Policies for Development, United Nations, New York and Geneva, 2004.
- *Taxation*, Series on Issues in International Investment Agreements, United Nations, New York and Geneve 2000.
- *National Treatment*, UNCTAD Series on issues in International Investment Agreements, United Nations, New York and Geneva, 1999.
- *Transfer pricing*, UNCTAD Series on issues in international investment agreements, United Nations, New York and Geneve, 1999.

URIBE, D; MONTES, M.F., "Building a mirage: the effectiveness of tax carve-out provisions in International Investment Agreements", *Investment Policy Brief*, nº 14, marzo, 2019.

VANDERBRUGGEN, E., "Investment arbitration in tax matters: some thoughts on selected international Case Law", *Conferencia presentada en el 25th Annual Conference of the Australian Tax Teachers Association*, University of Auckland Business School, 25 de enero de 2013, [en línea], (2013), https://www.nzica.com/~/media/NZICA/Docs/Resources%20and%20publications/2013%20Tax%20Conference/TC13%20E%20Vanderbruggen%20paper.ashx

VICENTE BLANCO, D.J., "La protección de las inversiones extranjeras y la codificación internacional del arbitraje", *Anales de Estudios Económicos y Empresariales*, nº 7, 1992.

WÄLDE, T., "Remedies and compensation in international investment law", *Transnational Dispute Management*, Vol. 2, nº 5, November 2005.

WÄLDE, T; KOLO, A., "Coverage of taxation under modern investment Treaties", The Oxford Handbook of International Investment Law, Peter Muchlinski; Federico Ortino; Christoph Schreuer (Eds.), Oxford University Press, 2008.

- "Investor-State disputes: the interface between Treaty-based international investment protection and fiscal sovereignity", *Intertax*, Volume 35, Issue 8/9, 2007.

WORLD TRADE ORGANIZATION, Working Group on the Relationship between Trade and Investment, *Scope and definition: "investment" and "investor"*, WT/WGTI/W/108, 21 March 2002.

XAVIER, C., "Lessons from South Africa's BITs Review", *Columbia FDI Perspectives*, nº 109, 2013.

Anexo I
LITIGIOS ARBITRALES CONTRA ESPAÑA MOTIVADOS POR LA REFORMA DEL SECTOR DE LAS ENERGÍAS RENOVABLES

Nº	AÑO DE INICIO	DATOS DEL LITIGIO	ESTADO DEL PROCESO ARBITRAL	ESTADO DE ORIGEN DEL INVERSOR
1	2022	WOC Photovoltaik Portfolio GmbH & Co. KG and others v. Kingdom of Spain, (ICSID Case No. ARB/22/12	Pendiente	Alemania
2	2021	Spanish Solar 1 Limited and Spanish Solar 2 Limited v. Kingdom of Spain ICSID Case No. ARB/21/39	Pendiente	Irlanda
3	2021	TS Villalba GmbH and others v. Kingdom of Spain, ICSID Case No. ARB/21/43	Demanda retirada	Alemania
4	2020	Mitsui & Co., Ltd. v. Kingdom of Spain, ICSID Case No. ARB/20/47	Pendiente	Japón

Nº	AÑO DE INICIO	DATOS DEL LITIGIO	ESTADO DEL PROCESO ARBITRAL	ESTADO DE ORIGEN DEL INVERSOR
5	2019	Canepa Green Energy Opportunities I, S.á r.l. and Canepa Green Energy Opportunities II, S.á r.l. v. Kingdom of Spain, ICSID Case No. ARB/19/4	Pendiente	Luxemburgo
6	2019	Sapec, S.A. v. Kingdom of Spain, ICSID Case No. ARB/19/23	Pendiente	Bélgica
7	2019	M Solar GmbH & Co. KG, M Solar Verwaltungs GmbH, Solarizz Holding GmbH & Co. KG and others v. Kingdom of Spain, ICSID Case No. ARB/19/30	Pendiente	Alemania
8	2018	EBL (Genossenschaft Elektra Baselland) and Tubo Sol PE2 S.L. v. Kingdom of Spain, ICSID Case No. ARB/18/42	Pendiente	Suiza
9	2018	European Solar Farms A/S v. Kingdom of Spain, ICSID Case No. ARB/18/45	Pendiente	Dinamarca
10	2018	Itochu Corporation v. Kingdom of Spain, ICSID Case No. ARB/18/25	Pendiente	Japón
11	2017	DCM Energy GmbH & Co. Solar 1 KG, DCM Energy GmbH & Co. Solar 2 KG, Edisun Power Europe A.G., Hannover Leasing Sun Invest 2 Spanien Beteiligungs GmbH, and Hannover Leasing Sun Invest 2 Spanien GmbH & Co. KG v. Kingdom of Spain, ICSID Case No. ARB/17/41	Pendiente	Alemania y Suiza
12	2017	FREIF Eurowind v. SpainFREIF Eurowind Holdings Ltd. v. Kingdom of Spain, SCC Case No. 2017/060	Laudo de 8 de marzo (a favor del Estado)	Reino Unido
13	2017	Portigon AG v. Kingdom of Spain, ICSID Case No. ARB/17/15	Pendiente	Alemania
14	2017	Triodos SICAV II v. Kingdom of Spain, SCC Case No. 2017-194	Pendiente	Luxemburgo

Nº	AÑO DE INICIO	DATOS DEL LITIGIO	ESTADO DEL PROCESO ARBITRAL	ESTADO DE ORIGEN DEL INVERSOR
15	2016	Aharon Naftali Biram, Gilatz Spain SL, Redmill Holdings Ltd and Sun-Flower Olmeda GmbH v. Kingdom of Spain, ICSID Case No. ARB/16/17	Laudo de 22 de junio de 2021 (a favor del inversor 47,30 mln EUR)	Alemania y Reino Unido
16	2016	Cordoba Beheer B.V., Cross Retail S.L., Sevilla Beheer B.V., Spanish project companies v. Kingdom of Spain, ICSID Case No. ARB/16/27	Laudo de 22 de mayo de 2023 (a favor del inversor 6.80 mln EUR)	Paises Bajos
17	2016	EDF Energies Nouvelles S.A. v. Kingdom of Spain, PCA Case No. AA613	Pendiente	Francia
18	2016	Eurus Energy Holdings Corporation v. Kingdom of Spain, ICSID Case No. ARB/16/4	Laudo de 14 de noviembre de 2022 (a favor del inversor 106.20 mln EUR)	Japón y Países Bajos
19	2016	Green Power Partners K/S and SCE Solar Don Benito APS v. Kingdom of Spain, SCC Case No. 2016/135	Laudo de 16 de junio de 2022 (a favor del Estado)	Dinamarca
20	2016	Infracapital F1 S.à r.l. and Infracapital Solar B.V. v. Kingdom of Spain, ICSID Case No. ARB/16/18	Laudo de 2 de mayo de 2023 (a favor del inversor 24.90 mln EUR)	Luxemburgo y Países Bajos
21	2015	9REN Holding S.a.r.l v. Kingdom of Spain, ICSID Case No. ARB/15/15	Laudo de 31 de mayo de 2019 (a favor del inversor 41,8 mln EUR)	Luxemburgo
22	2015	Alten Renewable Energy Developments BV v. Kingdom of Spain, SCC Case No. 2015/036	Demanda retirada	Países Bajos
23	2015	BayWa r.e. Renewable Energy GmbH and BayWa r.e. Asset Holding GmbH v. Kingdom of Spain, ICSID Case No. ARB/15/16	Laudo de 25 de enero de 2021 (a favor del inversor 22 mln EUR)	Alemania
24	2015	Cavalum SGPS, S.A. v. Kingdom of Spain, ICSID Case No. ARB/15/34	Laudo de 29 de septiembre de 2022 (a favor del inversor 7.40 mln EUR)	Portugal

Nº	AÑO DE INICIO	DATOS DEL LITIGIO	ESTADO DEL PROCESO ARBITRAL	ESTADO DE ORIGEN DEL INVERSOR
25	2015	Cube Infrastructure Fund SICAV and others v. Kingdom of Spain, ICSID Case No. ARB/15/20	Laudo de 15 de julio de 2019 (a favor del inversor 33,7 mln EUR)	Francia y Luxemburgo
26	2015	E.ON SE, E.ON Finanzanlagen GmbH and E.ON Iberia Holding GmbH v. Kingdom of Spain, ICSID Case No. ARB/15/35	Pendiente	Alemania
27	2015	Foresight Luxembourg Solar 1 S.Á.R.L., Foresight Luxembourg Solar 2 S.Á.R.L., Greentech Energy System A/S, GWM Renewable Energy I S.P.A and GWM Renewable Energy II S.P.A v. Kingdom of Spain, SCC Case No. 2015/150	Laudo de 14 de noviembre de 2018 (a favor del inversor 39 mln EUR)	Luxmburgo, Dinamarca e Italia
28	2015	Hydro Energy 1 S.à r.l. and Hydroxana Sweden AB v. Kingdom of Spain, ICSID Case No. ARB/15/42	Laudo de 5 de agosto de 2020 (a favor del inversor 30,9 mln EUR)	Luxemburgo y Suecia
29	2015	JGC Holdings Corporation (formerly JGC Corporation) v. Kingdom of Spain, ICSID Case No. ARB/15/27	Laudo de 9 de noviembre de 2021 (a favor del inversor 23,5 mln EUR)	Japón
30	2015	Frank Schumm, Joachim Kruck, Jürgen Reiss and others v. Kingdom of Spain, ICSID Case No. ARB/15/23	Pendiente	Alemania
31	2015	KS Invest GmbH and TLS Invest GmbH v. Kingdom of Spain, ICSID Case No. ARB/15/25	Pendiente	Alemania
32	2015	Landesbank Baden-Württemberg, HSH Nordbank AG, Landesbank Hessen-Thüringen Girozentrale and Norddeutsche Landesbank-Girozentrale v. Kingdom of Spain, ICSID Case No. ARB/15/45	Pendiente	Alemania
33	2015	Novenergia II-Energy & Environment (SCA), SICAR v. Kingdom of Spain, SCC Case No. 063/2015	Laudo de 15 de febrero de 2018 (a favor del inversor 53,3 mln EUR)	Luxemburgo

Nº	AÑO DE INICIO	DATOS DEL LITIGIO	ESTADO DEL PROCESO ARBITRAL	ESTADO DE ORIGEN DEL INVERSOR
34	2015	OperaFund Eco-Invest SICAV PLC and Schwab Holding AG v. Kingdom of Spain, ICSID Case No. ARB/15/36	Laudo de 6 de septiembre de 2019 (a favor del inversor 29.3 mln USD)	Malta y Suiza
35	2015	Solarpark Management GmbH & Co. Atum I KG v. Kingdom of Spain, SCC Case No. 2015/163	Demanda retirada	Alemania
36	2015	SolEs Badajoz GmbH v. Kingdom of Spain, ICSID Case No. ARB/15/38	Laudo de 31 de julio 2019 (a favor del inversor 40,5 mln EUR)	Alemania
37	2015	Stadtwerke München GmbH and others v. Kingdom of Spain, ICSID Case No. ARB/15/1	Laudo de 2 de diciembre 2019 (a favor del Estado)	Alemania
38	2015	STEAG GmbH v. Kingdom of Spain, ICSID Case No. ARB/15/4	Laudo de 17 agosto de 2021 (a favor del inversor 27,7 mln EUR)	Alemania
39	2015	Watkins Holdings S.à r.l. and others v. Kingdom of Spain, ICSID Case No. ARB/15/44	Laudo de 21 de enero de 2020 (a favor del inversor 77 mln EUR)	Luxemburgo y Países Bajos
40	2014	InfraRed Environmental Infrastructure GP Limited and others v. Kingdom of Spain, ICSID Case No. ARB/14/12	Laudo de 2 de agosto de 2019 (a favor del inversor 28,2 mln EUR)	Reino Unido
41	2014	Masdar Solar & Wind Cooperatief U.A. v. Kingdom of Spain, ICSID Case No. ARB/14/1	Laudo de 16 de mayo de 2018 (a favor del inversor 64,5 mln EUR)	Países Bajos
42	2014	NextEra Energy Global Holdings B.V. and NextEra Energy Spain Holdings B.V. v. Kingdom of Spain, ICSID Case No. ARB/14/11	Laudo de 1 de mayo de 2019 (a favor del inversor 290, 6 mln EUR)	Países Bajos
43	2014	RENERGY S.à r.l. v. Kingdom of Spain, ICSID Case No. ARB/14/18	Laudo de 6 de mayo de 2022 (a favor del inversor 32,9 mln EUR)	Luxemburgo

Nº	AÑO DE INICIO	DATOS DEL LITIGIO	ESTADO DEL PROCESO ARBITRAL	ESTADO DE ORIGEN DEL INVERSOR
44	2014	RWE Innogy GmbH and RWE Innogy Aersa S.A.U. v. Kingdom of Spain, ICSID Case No. ARB/14/34	Laudo de 18 de diciembre de 2020 (a favor del inversor 28,10 mln EUR)	Alemania
45	2013	CSP Equity Investment Sarl v. Kingdom of Spain, SCC Case No. 094/2013	Laudo de 16 de noviembre de 2021 (a favor del Estado)	Luxemburgo
46	2013	Eiser Infrastructure Limited and Energía Solar Luxembourg S.à r.l. v. Kingdom of Spain, ICSID Case No. ARB/13/36	Laudo de 4 de mayo de 2017 (a favor del inversor 128 mln EUR)	Luxemburgo y Reino Unido
47	2013	Infrastructure Services Luxembourg S.à.r.l. and Energia Termosolar B.V. (formerly Antin Infrastructure Services Luxembourg S.à.r.l. and Antin Energia Termosolar B.V.) v. Kingdom of Spain, ICSID Case No. ARB/13/31	Laudo de 1 de junio de 2018 (a favor del inversor 101 mln EUR)	Luxemburgo y Países Bajos
48	2013	Isolux Infrastructure Netherlands B.V. v. Kingdom of Spain, SCC Case No. 2013/153	Laudo de 12 de julio de 2016 (a favor del Estado)	Países Bajos
49	2013	RREEF Infrastructure (G.P.) Limited and RREEF Pan-European Infrastructure Two Lux S.à r.l. v. Kingdom of Spain, ICSID Case No. ARB/13/30	Laudo de 11 de diciembre de 2019 (a favor del inversor 59,6 mln EUR)	Luxemburgo y Reino Unido
50	2012	Charanne B.V. and Construction Investments S.a.r.l. v. Spain, SCC Case No. 062/2012	Laudo de 21 de enero de 2016 (a favor del Estado)	Luxemburgo y Países Bajos
51	2011	The PV Investors v. Spain, PCA Case No. 2012-14	Laudo de 28 de febrero 2020 (a favor del inversor 91,1 mln EUR)	Alemania, Luemburgo y Países Bajos

Fuente: Navegador de solución de diferencias relativas a inversiones (Investment Dispute Settlement Navigator) de la UNCTAD, Naciones Unidas. (https://investmentpolicy.unctad.org/investment-dispute-settlement/country/197/spain) Fecha de última actualizacion del estado de los procesos arbitrales de este anexo: 26 de enero de 2024.

Anexo II
APPRIS FIRMADOS POR ESPAÑA

(A) APPRIs FIRMADOS POR ESPAÑA ACTUALMENTE EN VIGOR

ESTADO	FIRMA	BOE	ENTRADA EN VIGOR
Albania	05 06 2003	13-02-2004	14-01-2004
Arabia Saudí	09-04-2006	28-11-2016	14-12-2016
Argelia	23-12-1994	28-11-2016	17-01-1996
Argentina	03-10-1991	18-11-1992	28-09-1992
Armenia[578]	26-10-1990	17-12-1991	28-11-1991
Azerbaiyán[579]	26-10-1990	17-12-1991	28-11-1991
Baréin	22-05-2008	03-04-2015	17-12-2014
Bielorrusia[580]	26-10-1990	17-12-1991	28-11-1991
Bosnia-Herzegovina	25-04-2002	03-07-2003	21-05-2003
Chile	02-10-1991	19-03-1994	29-03-1994
China	14-11-2005	08-07-2008	01-07-2008

578 Se trata del APPRI originariamente firmado con la antigua Unión de Repúblicas Socialistas Soviéticas.

579 Se trata del APPRI originariamente firmado con la antigua Unión de Repúblicas Socialistas Soviéticas.

580 Se trata del APPRI originariamente firmado con la antigua Unión de Repúblicas Socialistas Soviéticas

ESTADO	FIRMA	BOE	ENTRADA EN VIGOR
Colombia (Un nuevo acuerdo se firmó 16-09-2021, todavía no en vigor)	31-03-2005	12-09-2007	22-09-2007
Corea del Sur	17-01-1994	13-12-1994	19-07-1994
Costa Rica	08-07-1997	17-07-1999	09-06-1999
Cuba	27-05-1994	18-11-1995	09-06-1995
Egipto	03-11-1992	30-06-1994	26/04/1994
El Salvador	14-02-1995	10-05-1996	20-02-1996
Filipinas	19-10-1993	17-11-1994	21-09-1994
Gabón	02-03-1995	25-01-2002	12-12-2001
Georgia[581]	26-10-1990	17-12-1991	28-11-1991
Guatemala	09-12-2002	17-06-2004	21-05-2004
Guinea Ecuatorial	22-11-2003	12-01-2004	11-08-2009 (Aplicación provisional desde 22/11/2003)
Honduras	18-03-1994	20-07-1996	23-05-1996
Irán	29-10-2002	10-08-2004	13-07-2004
Jamaica	13-03-2002	13-01-2003	25-11-2002
Jordania	20-10-1999	10-01-2001	13-12-2000
Kazajistán[582]	23/03/1994	30-04-1996	22/06/1995
Kirguistán	26-10-1990[583]	17-12-1991	28-11-1991
Kuwait	08-09-2005	01-04-2008	08-03-2008
Líbano	22/02/1996	22-02-1997	29/04/1997
Libia	17-12-2007	01-10-2009	01-08-2009
Macedonia	20-06-2005	19-02-2007	30-01-2007

581 Se trata del APPRI originariamente firmado con la antigua Unión de Repúblicas Socialistas Soviéticas.

582 Se trata del APPRI originariamente firmado con la antigua Unión de Repúblicas Socialistas Soviéticas.

583 Se trata del APPRI originariamente firmado con la antigua Unión de Repúblicas Socialistas Soviéticas.

ESTADO	FIRMA	BOE	ENTRADA EN VIGOR
Malasia	04-04-1995	08-03-1996	16-02-1996
Marruecos	11-12-1997	11-04-2005	13-04-2005
Mauritania	24-07-2008	26-03-2016	07-03-2016
México	10-10-2006	03-04-2008	03-04-2008
Moldavia	11-05-2006	12-02-2007	17-01-2007
Montenegro	25-06-2002	04-06-2004	31-04-2004
Namibia	21-02-2003	18-08-2004	28-06-2004
Nicaragua	16-03-1994	28-03-1995	25-04-1995
Nigeria	09-07-2002	11-02-2006	19-01-2006
Pakistán	15-09-1994	12-06-1996	26-04-1996
Panamá	10-11-1997	23-10-1998	31-07-1998
Paraguay	11-10-1993	09-01-1997	22-11-1996
Perú	16-3-1994	25-04-1995	28-03-1995
República Dominicana	16-3-1995	22-11-1996	07-10-1996
Rusia	26-10-1990	17-12-1991	28-11-1991
Senegal	22-11-2007	19-03-2015	04-02-2011
Serbia[584]	25-06-2002	04-06-2004	31-03-2004
Siria	20-10-2003	14-12-2004	18-02-2005
Tayikistán[585]	26-10-1990	17-12-1991	28-11-1991
Trinidad y Tobago	03-07-1999	19-10-2004	17-09-2004
Túnez	28-05-1991	20-07-1994	20-06-1994
Turkmenistán[586]	26-10-1990	17-12-1991	28-11-1991
Turquía	15-02-1995	24-03-1998	03-03-1998
Ucrania	26-02-1998	05-05-2000	13-03-2000

584 Se trata del APPRI originariamente firmado con la República Federal de Yugoslavia.

585 Se trata del APPRI originariamente firmado con la antigua Unión de Repúblicas Socialistas Soviéticas.

586 Se trata del APPRI originariamente firmado con la antigua Unión de Repúblicas Socialistas Soviéticas.

ESTADO	FIRMA	BOE	ENTRADA EN VIGOR
Uruguay	07-04-1992	27-05-1994	06-05-1994
Uzbekistán	28-01-2003	31-03-2004	03-12-2003
Venezuela	02-11-1995	13-10-1997	10-09-1997
Vietnam	20-02-2006	17-12-2011	29-07-2011

(B) APPRIs FIRMADOS POR ESPAÑA YA DENUNCIADOS, PERO EN VIGOR DEBIDO A LA CLÁUSULA DE REMANENCIA

ESTADO	BOE DENUNCIA	FECHA DE FINALIZACIÓN	FECHA DE FIN DEL PERÍODO DE REMANENCIA
Ecuador	28-07-2022	18-06-2022	18-06-2032
India	23-05-2017 (Corrección de errores 25-05-2017)	23-09-2016	23-09-2031
Indonesia		18-12-2016	18-12-2026
Sudáfrica	17-02-2016	22-12-2013	22-12-2023

(C) APPRIs FIRMADOS POR ESPAÑA, PERO TODAVÍA NO EN VIGOR

ESTADO	APPRI EN VIGOR PREEXISTENTE	FECHA DE FIRMA
Colombia	Sí	16-09-2021
Haiti	No	17-11-2012
Etiopía	No	17-03-2009
Congo	No	18-12-2008
Gambia	No	17-12-2008
Yemen	No	29-1-2008
Angola	No	21-11-2007
Gana	No	06-10-2006

Fuentes: UNCTAD Internacional Investment Agreements Navigator (https://investmentpolicy.unctad.org/international-investment-agreements/countries/197/spain); Ministerio de Industria, Comercio y Turismo (https://comercio.gob.es/InversionesExteriores/AcuerdosInternacionales/Paginas/APPRIs.aspx). Elaboración propia. Fecha de última actualizacion: 9 abril 2023.

Anexo III
DECISIONES ARBITRALES Y PRONUNCIAMIENTOS JUDICIALES CITADOS EN EL TRABAJO

(A) DECISIONES ARBITRALES

Walter Fletcher Smith v. La Compañía Urbanizadora del parquet y Playa de Marianao, Award, 2 May 1929.

Kugele v. Polish State, Upper Silesian Arbitral Tribunal, Decision, 5 February 1932.

British Petroleum Company Ltd v. Libya, Award, 10 October 1973.

Kaiser Bauxite v. Jamaica, ICSID Case n° ARB/74/3, Decision on Jurisdiction and Competence, 6 July 1975.

Texaco v. Libya, Award, 19 January 1977.

Libyan American Oil Company (LIAMCO) v. Libya, Award, 12 April 1977.

Tippetts, Abbett, McCarthy, Stratton v. TAMS-AFFA Consulting Engineers of Iran, IUSCT Case No. 141-7-2, Award, 29 June 1984.

Amco v. Indonesia ICSID Case n° ARB/81/1, Award, 20 November 1984.

Phelps Dodge Corp. and Overseas Private Investment Corp. v. The Islamic Republic of Iran, IUSCT Case No. 99, Award No. 217-99-2, 19 March 1986.

Antoine Biloune and Marine Drive Complex Ltd. v. Ghana Investments Centre and the Government of Ghana, UNCITRAL PCA 1994, Ad hoc Award, 27 October 1989.

Southern Pacific Properties (Middle East) Limited v. Arab Republic of Egypt, ICSID Case No. ARB/84/3, Award, 20 May 1992.

Antoine Goetz et consorts v. République du Burundi, ICSID Case No. ARB/95/3, Award, 10 February 1999.

Alcoa Minerals v. Jamaica, ICSID Case n° ARB/74/2, Decision on Jurisdiction and Competence Case n° ARB/95/3, Award, 10 February 1999.

Emilio Agustín Maffezini v. The Kingdom of Spain, ICSID Case No. ARB/97/7, Decision of the Tribunal on Objections to Jurisdiction, 25 January 2000.

Metalclad Corporation v.United Mexican States, Caso CIADI N° Arb/97/1, Award, 30 August 2000.

Emilio Agustin Maffezini v The kingdom of Spain, ICSID Case n° ARB/97/7, Award, 13 November 2000.

S.D. Mayers Inc. Vs, Gobierno de Canada, UNCITRAL, Partial Award, 13 November 2000.

Pope & Talbot v. Government of Canada Award on the Merits of Phase 2, 10 April 2001.

Casado v. Republic of Chile (Provisional Measures), ICSID Case n°. ARB/98/2, 25 September 2001.

Link-Trading Joint Stock Company v. Department for Customs Control of the Republic of Moldova, UNCITRAL, Final Award, 18 April 2002.

Feldman v. Mexico, ICSID Car No. ARB(AF)/99/1, Award, 16 December 2002.

Marvin Roy Feldman Karpa v. United Mexican States, ICSID Case No. ARB(AF)/99/1, Award, 16 December 2002.

Técnicas Medioambientales Tecmed, S.A. v. The United Mexican States, ICSID Case No. ARB (AF)/00/2, Award, 29 May 2003.

Loewen Group, Inc. and Raymond L. Loewen v. United States of America, ICSID Case No. ARB(AF)/98/3, Award, 26 June 2003.

Aucoven v. Venezuela, ICSID, Award, 23 September 2003.

Enron Corp. v. Argentine Republic, ICSID Case n° ARB/01/3, Award on Jurisdiction, 14 January 2004.

MTD Equity Sdn. Bhd. and MTD Chile S.A. v. Chile, ICSID Case No. ARB/01/7, Award, 25 May 2004.

Occidental Exploration and Production Co. v. Ecuador, London Court of International Arbitration, Case UN 3467, Award, 1 July 2004.

Methanex Corporation v. United States of America, UNCITRAL, Final Award, 3 August 2005.

EnCana Corporation v. Republic of Ecuador, LCIA Case No. UN3481, UNCITRAL, Award, 3 February 2006.

Saluka Investment B.V. vs. República Checa, UNCITRAL, Partial Award, 17 March 2006.

Antoine Goetz et consorts c. Républic du Burundi, ICSID Case No. ARB/95/3, Award, 22 May 2007.

Enron Corporation and Ponderosa Assets, L.P. v. The Argentine Republic, ICSID, Case No. ARB/01/03, Award 22 May 2007.

United Parcel Service of America, Inc. (UPS) v. Government of Canada, Award on the Merits, 24 May 2007.

LG&E Energy Corp. Et alter v. Argentine Republic, ICSID Case n° ARB/02/01, Decision on Damages, 25 July 2007.

Tokois Tokeles vs. Ucrania, ICSID Caso N° ARB/02/18, Award, 26 July 2007.

Occidental Petroleum Corp. V. Republic of Ecuador, ICSD Case n° ARB/06/11, Provisional Measures, 17 August 2007.

Compañía de Aguas del Aconquija S.A. and Vivendi Universal S.A. v. Argentine Republic (Vivendi II), ICSID Case No. ARB/97/3, Award, 20 August 2007.

Enron Corp. V. Argentina, ICSID Case n° ARB/01/3, Request for Rectification and/or Supplementary Decision, 25 October 2007.

Archer Daniels Midland Company and Tate & Lyle Ingredients Americas Inc v. The United Mexican States, ICSID Case no. ARB (AF)/04/5, Award, 21 November 2007.

Corn Products International, Inc. v. United Mexican States, ICSID Case No. ARB(AF)/04/1, Decision on Responsibility, 15 January 2008.

Cargill, Incorporated v. Republic of Poland, ICSID Case No. ARB(AF)/04/2 ICSID, Final Award, 29 February 2008.

Noble Energy Inc. and Machala Power Cía. Ltd. v. Republic of Ecuador and Consejo Nacional de Electricidad, ICSID Case No. ARB/05/12, Decision on Jurisdiction, 5 March 2008.

Limited Liability Company Amto v. Ukraine, SCC Case No. 080/2005, Award, 26 March 2008.

Marvin and Elaine Gottlieb v. Canada, Letter from Canada Tax Authority, 22 April 2008.

City Oriente Ltd, V. Republic of Ecuador, ICSID Case n° ARB/06/21, 13 May 2008.

Rumeli Telekom A.S. and Telsim Mobil Telekomunikasyon Hizmetleri A.S. v. Republic of Kazakhstan, ICSID Case No. ARB/05/16, Award, 29 July 2008.

Duke Energy v. Ecuador, ICSID Case No. ARB/04/19, Award, 18 August 2008.

Plama Consortium Limited v. Republic of Bulgaria, ICSID Case No. ARB/03/24, Award, 28 August 2008.

Micula v. Romania (I), ICSID Case n° ARB/05/20, Decision on Jurisdiction and Admissibility, 24 September 2008.

Quasar de Valores SICAV S.A., Orgor de Valores SICAV S.A., GBI 9000 SICAV S.A. and ALOS 34 S.L. v. The Russian Federation, SCC Case No. 24/2007, Award on Preliminary Objections, 20 March 2009.

Lucich v. Canada, Withdrawn, Notice of Intent, 2 April 2009.

Phoenix Action, Ltd. v. The Czech Republic, ICSID Case No. ARB/06/5, Award, 15 April 2009.

Corn Products International, Inc. v. United Mexican States, ICSID Case No. ARB (AF)/04/1, Award, 18 August 2009.

Bayindir Insaat Turizm Ticaret Ve Sanayi A.S. v. Islamic Republic of Pakistan (I), ICSID Case No. ARB/03/29, Award, 27 Aug 2009.

Cargill, Incorporated v. United Mexican States, ICSID Case No. ARB(AF)/05/2, Award, 18 September 2009.

EDF (Services) Limited v. Romania, ICSID Case No. ARB/05/13, Award, 8 October 2009.

Yukos Universal Limited (Isle of Man) v. The Russian Federation, UNCITRAL, PCA Case No. 2005-04/AA227, Interim Award on Jurisdiction and Admissibility, 30 November 2009.

ATA Construction, Industrial and Trading Company v. The Hashemite Kingdom of Jordan, ICSID Case No. ARB/08/2, Award, 18 May 2010.

Burlington v. Ecuador, ICSID Case No ARB/08/5, Decision on Jurisdiction, 2 June 2010.

AWG Group Ltd vs. República Argentina, UNCITRAL, Decision on Liability, 30 June 2010.

Chemtura Corporation vs. Gobierno de Canadá, NAFTA Tribunal, Award, 2 August 2010.

RosInvestCo UK Ltd. v. The Russian Federation, SCC Case No. V079/2005, Final Award, 12 September 2010.

Total S.A. v. Argentine Republic, ICSID Case No. ARB/04/01, Decision on Liability, 27 December 2010.

Grand River Enterprises Six Nations, Ltd., et.al. v. United States of America, UNCITRAL, Award, 11 January 2011.

Sergej Paushok, CJSC Golden East Company and CJSC Vostokneftegaz Company v the Government of Mongolia, UNCITRAL, Award on jurisdiction and liability, 28 April 2011.

Occidental Exploration and Production Company v. The Republic of Ecuador, UNCITRAL, Award on Jurisdiction and Liability, 28 April 2011.

MMS v. Central African Republic CIRDI, Sentence arbitrale (extraits), 12 May 2011.

Perenco v. Ecuador ICSID, Decision on Jurisdiction, 30 June 2011.

Tza Yap Shum v. The Republic of Peru, ICSID Case No. ARB/07/6, Award, 7 July 2011.

El Paso Energy International Company v. The Argentine Republic, ICSID Case n° ARB/03/15, Award, 31 October 2011.

Roussalis v. Romania, ICSID, Award, 7 December 2011.

Jan Oostergetel and Theodora Laurentius v. The Slovak Republic, UNCITRAL, Final Award, 23 April 2012.

Toto construzioni Generali S.p.A. v. The Republic of Lebanon, ICSID Case No. ARB/07/12, Award, 7 June 2012.

EDF International S.A., SAUR International S.A. and León Participaciones Argentinas S.A. v. Argentine Republic, ICSID Case No. ARB/03/23, Award, 11 June 2012.

Railroad Development Corporation (RDC) v. Republic of Guatemala, ICSID Case No. ARB/07/23, Award, 29 June 2012.

Renta 4 S.V.S.A, Ahorro Corporación Emergentes F.I., Ahorro Corporación Eurofondo F.I., Rovime Inversiones SICAV S.A., Quasar de Valors SICAV S.A., Orgor de Valores SICAV S.A., GBI 9000 SICAV S.A. and others v. Russia, SCC Case No. 24/2007, Award, 20 July 2012.

Burlington v. Ecuador, ICSID, Decision on Liability, 14 December 2012.

Mr. Franck Charles Arif v. Republic of Moldova, ICSID Case No. ARB/11/23, Award, 8 April 2013.

The Rompetrol Group N.V. v. Romania, ICSID Case No. ARB/06/3, Award, 6 May 2013.

Micula v. Romania (I), ICSID, Final Award, 11 December 2013.

Hulley Enterprises Limited (Cyprus) v. The Russian Federation, PCA Case No. AA 226, Award, 18 July 2014.

Veteran Petroleum Limited (Cyprus) v. The Russian Federation, UNCITRAL, PCA Case No. 2005-05/AA228, Final Award, 18 July 2014.

Yukos Universal Ltd (Isle of Man) v the Russian Federation, PCA Case n° AA 227, Final Award, 18 July 2014.

PAO Tatneft (formerly OAO Tatneft) v. Ukraine, PCA Case No. 2008-8, Award on the Merits, 29 July 2014.

Perenco v. Ecuador ICSID, Decision on Remaining Issues of Jurisdiction and on Liability, 12 September 2014.

Mobil Cerro negro, Ltd., Mobil Cerro Negro Holding, Ltd. Mobil Corporation, Mobil Venezolana de Petróleos Holdings, Inc., Mobil Venezolana de Petróleos, Inc., Venezuelza Holdings, B.V. v. Bolivarian Republic of Venezuela, ICSID Case No. ARB/07/2/, Award, 9 October 2014.

Hesham Talaat M. Al-Warraq v. The Republic of Indonesia, Final Award, 15 December 2014.

William Ralph Clayton, William Douglas Clayton, Daniel Clayton and Bilcon of Delaware, Inc. v. Government of Canada, PCA Case No. 2009-04, Award on Jurisdiction and Liability, 17 March 2015.

Mamidoil v. Albania, ICSID, Award, 30 March 2015.

Vincent J. Ryan, Schooner Capital LLC and Atlantic Investment Partners LLC v. Republic of Poland, ICSID Case No. ARB(AF)/11/3, Award, 24 November 2015.

Philip Morris Asia Limited (Hong Kong) v. The Commonwealth of Australia, PCA Case No. 2012-12, Award on Jurisdiction and Admissibility, 17 December 2015.

Charanne B.V. and Construction Investments S.A.R.L. v. Spain, SCC Case No. 062/2012, Award, 21 January 2016.

İçkale İnşaat Limited Şirketi v. Turkmenistan, ICSID Case No. ARB/10/24, Award, 8 March 2016.

Murphy v. Ecuador (II), PCA, Partial Final Award, 6 May 2016.

REEF v. Spain, ICSID, Decision on Jurisdiction, 6 June 2016.

Philip Morris Brand Sàrl (Switzerland) v. Oriental Republic of Uruguay, ICSID Case No. ARB/10/7, Award, 8 July 2016.

Isolux Netherlands, BV v. Kingdom of Spain, SCC Case V2013/15, Award, 12 July 2016.

CC/Devas (Mauritius) Ltd., Devas Employees Mauritius Private Limited, and Telcom Devas Mauritius Limited v. Republic of India, PCA Case No. 2013-09, Award on Jurisdiction and Merits, 25 July 2016.

Kontinental Conseil Ingénierie v. Gabonese Republic, PCA Case No. 2015-25, Final Award, 23 December 2016.

Burlington Resources Inc. v. Republic of Ecuador, ICSID Case No. ARB/08/5, Decision on Reconsideration and Award, 7 February 2017.

Ampal-American and others v. Egypt, ICSID, Decision on Liability and Heads of Loss, 21 February 2017.

Eiser v. Spain, ICSID, Award, 4 May 2017.

Teinver S.A., Transportes de Cercanías S.A. and Autobuses Urbanos del Sur S.A. v. Argentine Republic, ICSID Case No. ARB/09/1, Award, 21 July 2017.

JSW Solar (zwei) Gmbh & Co. Kg, Gisela Wirtgen, Júrgen and Stefan Wirtgen v. Czech Republic, PCA Case No. 2014-03, Final Award, 11 October 2017.

Novenergia v. Spain SCC, Final Award, 15 February 2018.

ENGIE SAA v. Hungary, ICSIC Case No. ARB/16/14, Order of the Tribunal, 23 February 2018.

Mercer International, Inc. v. Canada, ICSID Case No. ARB(AF)/12/3, Award, 6 March 2018.

Antaris Solar GmbH and Dr. Michael Göde v. Czech Republic, PCA Case No. 2014-01, Award, 2 May 2018.

Hulley Enterprises v. Russia, PCA, Final Award, 18 July 2014.

Yukos Universal v. Russia, PCA, Final Award, 18 July 2014.

Georg Gavrilovic and Gavrilovic d.o.o. v. Republic of Croatia, ICSID Case No. ARB/12/39, Award, 26 July 2018.

JKX Oil & Gas and Poltava v. Ukraine, Total E&P Uganda BV v. Republic of Uganda, ICSID Case No. ARB/15/11, Note of the Tribunal, 3 August 2018.

Cengiz [illegible]n[illegible]aat Sanayi ve Ticaret A.S v. Libya, ICC Case No. 21537/ZF/AYZ, Award, 7 November 2018.

Foresight Luxembourg Solar 1 S.Á.R.L., Foresight Luxembourg Solar 2 S.Á.R.L., Greentech Energy System A/S, GWM Renewable Energy I S.P.A and GWM Renewable Energy II S.P.A v. Kingdom of Spain, SCC Case No. 2015/150, Final Award, 14 November 2018.

RREEF Infrastructure (G.P.) Limited and RREEF Pan-European Infrastructure Two Lux S.à r.l. v. Kingdom of Spain, ICSID Case No. ARB/13/30, Decision on Responsibility and on the Principles of Quantum, 30 November 2018.

Nissan v. India, PCA, Decision on Jurisdiction, 29 April 2019.

Albacora S.A. v. Republic of Ecuador, PCA Case No. 2016-11, Award, 18 July 2019

InfraRed v. Spain, ICSID, Award, 2 August 2019.

Perenco Ecuador Ltd. v. The Republic of Ecuador and Empresa Estatal Petróleos del Ecuador (Petroecuador), ICSID (ARB/08/6), Award, 27 September 2019.

BayWa v. Spain, ICSID, Decision on Jurisdiction, Liability and Directions on Quantum, 2 December 2019.

Watkins Holdings v. Spain, ICSID, Award, 21 January 2020.

Consutel Group S.P.A. in liquidazione v. People's Democratic Republic of Algeria, PCA Case No. 2017-33, Final Award, 3 February 2020.

Hydro Energy 1 and Hydroxana v. Spain, ICSID, Decision on Jurisdiction, Liability and Directions on Quantum, 9 March 2020.

SunReserve v. Italy, SCC, Final Award, 25 March 2020.

GPF GP S.à.r.l v. Poland, SCC Case No. 2014/168, Final Award, 29 April 2020.

Vento Motorcycles, Inc. v. United Mexican States, ICSID Case No. ARB(AF)/17/3 Award, 6 July 2020.

Cavalum SGPS v. Spain, ICSID, Decision on Jurisdiction, Liability and Directions on Quantum, 31 August 2020.

ESPF and others v. Italy, ICSID, Award, 14 September 2020.

Vodafone International Holdings BV v India, PCA Case No. 2016-35, Final Award, 25 September 2020.

Spółdzielnia Pracy Muszynianka v. Slovak Republic, PCA Case No. 2017-08/AA629, Award, 7 October 2020.

STEAG v. Spain, ICSID, Decision on Jurisdiction, Liability and Directions on Quantum, 8 October 2020.

Vedanta Resources PLC v. The Republic of India, PCA Case No. 2016-05, Judgment of High Court of Singapore, 8 October 2020.

Vodafone Group Plc and Vodafone Consolidated Holdings Limited v. India (II), PCA Case No. 2016-7, Award, 21 December 2020.

Cairn Energy PLC and Cairn UK Holding Limited v The Republic of India, PCA Case No 2016-07, 21 December 2020.

Eurus Energy v. Spain, ICSID, Decision on Jurisdiction and Liability, 17 March 2021.

Mathias Kruck and others v. Spain, ICSID, Decision on Jurisdiction and Admissibility, 19 April 2021.

Muhammet Çap & Sehil Inşaat Endustri ve Ticaret Ltd. Sti. v. Turkmenistan, ICSID Case No. ARB/12/6, Award, 4 May 2021.

Infracapital F1 S.à r.l. and Infracapital Solar B.V. v. Kingdom of Spain, ICSID Case No. ARB/16/18, Decision on Jurisdiction, Liability and Directions on Quantum, 13 September 2021.

Sevilla Beheer and others v. Spain, ICSID, Decision on Jurisdiction, Liability and the Principles of Quantum, 11 February 2022.

ULSF-KEB Holdings SCA and others v Republic of Korea ("Lone Star"), ICSID Case No. ARB/12/37, 30 August 2022.

(B) PRONUNCIAMIENTOS JUDICIALES CITADOS EN EL TRABAJO

Sentencia de la Corte Permanente de Justicia Internacional, de 13 de septiembre de 1928, (Affaire relative à l'Usine de Chorzów, Serie A N° 17).

Sentencia del TJUE de 17 de septiembre de 1980, Philip Morris contra Comisión, Asunto 730/79.

Sentencia del Tribunal Constitucional de 4 de febrero de 1983.

Sentencia del Tribunal Constitucional de 18 de mayo de 1983.

Sentencia del TJUE de 10 de julio de 1986, Bélgica contra Comisión, Asunto 40/85.

Sentencia del TJUE de 27 de septiembre de 1988, Asteris AE y otros contra República Helénica y Comunidad Económica Europea, Asuntos acumulados 106 a 120/87.

Sentencia del TJUE de 13 de julio de 1993, The Queen contra Inland Revenue Commissioners, ex parte Commerzbank AG, Asunto C-330/91.

Sentencia del TG de 30 de abril de 1998, Vlaams Gewest contra Comision, Asunto T-214/95.

Sentencia del TG de 30 de enero de 2002, Keller y Keller Mecánica contra Comisión, Asunto T-35/99.

Sentencia del TG de 18 de junio de 2019, European Foods contra Comisión, Asuntos acumulados T-624/15, T-694/15 y T-704/15.

Sentencia del TJUE de 2 de septiembre de 2021, République de Moldavie v Komstroy LLC, Asunto C-741/19.

Sentencia del TJUE de 26 de octubre de 2021, Republiken Polen contra PL Holdings Sàrl, Asunto C-109/20.

Sentencia del TJUE de 25 de enero de 2022, Comisión Europea contra European Food S.A., Asunto C-638/19P.